U0563010

1949年以来的澳中关系

60年贸易与政治

Australia-China Relations post 1949
Sixty Years of Trade and Politics

王 毅 (Yi Wang) 著

喻常森 等 译

社会科学文献出版社
SOCIAL SCIENCES ACADEMIC PRESS (CHINA)

版权声明

© Yi Wang, September 2012

This translation of Australia – China Relations post 1949 is published by arrangement with Ashgate Publishing Limited.

本书根据阿什盖特出版社2012年版译出。

中文版序

既不是冷门， 也不是显学

我很高兴您在看到书名之后没有就此罢手，而是继续翻看着、思索着。无论您出于何种动机翻看这本书，既然肯花时间这样做，我猜想您不仅是一位具有国际视野的读者，而且对澳大利亚或多或少抱有兴趣，至少没有持不屑一顾的态度。这使我看到了希望。

我最初对澳大利亚表示兴趣的时候，周围的人大多流露出鄙夷的神态，这是20多年前我开始做出国梦时的情形。人们的鄙夷反而增加了我对澳洲的兴趣，使我最终不惜辞去铁饭碗，漂洋过海，负笈南寰。当时的想法很简单，与其随大流，做些锦上添花的事情，不如报个冷门儿专业，学成归国，或许能赶上机会做点雪中送炭的研究工作。

但独辟蹊径也是一种冒险，我虽然按时完成学业，可归国效力的愿望未能实现。这一方面是因为当时国内澳研依旧门庭冷落，另一方面是因为年轻的我没能抵御住资本主义"糖衣炮弹"的强大攻势，接受了国际企业的雇用，结果在西方职场打拼多年，直到最近才幡然悔悟。我现在虽仍然身居海外，但已经重新步入学界。

通过这两年的学术交流，我发现中国澳研的面貌已经焕然一新，澳研学者不再孤独，澳研门庭也不再冷落。有人用"方兴未艾"来概括这一新形势，也有人用"雨后春笋"来形容几十所澳研中心相继出现在大江南北的局面。拙作在这种形势下问世已经算不上雪中送炭，但系统探讨澳中关系的专著仍然缺乏（详见本书第一章的具体阐释），赶上这一时机成书着实幸运，否则不可能这么快就出中文版。这尤其应当归功于中山大学大洋洲研究中心特别是喻常森教授的不懈努力和社会科学文献出版社的大力支持。

但澳研远非显学，同美国研究和日本研究等相比，还有很长的路要走。不够火爆并不是坏事，不温不火、细水长流其实更好，唯其中庸，方能持久。澳研不如其他一些领域发达，反而为那些有志从事澳研的人提供了更多施展空间。

作为一个跨学科综合领域，澳研在中国以语言文学为先导，进而扩展到文化、社会和经济等学科，而政治和外交研究较为稀缺。中山大学大洋洲研究中心近年来在研究澳大利亚政治和外交方面颇有作为，喻常森老师及其领导和同事所做的工作得到了业内人士的肯定，这正是拙作交由中山大学翻译的重要原因，我在此向喻老师和各位译者表示感谢。我还要特别提到社会科学文献出版社，该出版社对澳研的大力支持是有目共睹的，离开这种支持，上述许多澳研成果都无从谈起，本书中文版也不可能付梓发行，我在此向社会科学文献出版社表示敬意。

历史与现实

历史永远赶不上现实。拙作截稿时，吉拉德仍然是澳大利亚总理，她领导的工党政府当时正在采取具体步骤发展对华关系，她任内出台的"亚洲世纪"白皮书重点提到中国在澳亚关系中举足轻重的地位，并鼓励澳洲中小学生学好中文。白皮书发表后引起了很大反响，但吉拉德的政治生涯也走到了尽头，三年前被她赶下台的陆克文卷土重来，再次执掌工党政府。吉拉德在告别政坛的讲话中特别提及对华关系，把她两度访华（尤其是第二次访华）所取得的成果作为一大政绩。

陆克文二度出山不仅报了三年前的一箭之仇，而且使工党支持率一度反弹。但好景不长，在上任十周后（2013年9月7日）的联邦大选中工党溃败，以阿博特为首的自由—国家党联盟获胜。陆克文虽然两度执政，但两次加起来还不满三年，无法充分实施他的执政理念，包括对华政策。大选失利后不久，这位唯一会说汉语普通话的西方领导人宣布退出澳洲政治舞台，引退时仍然不忘用中文通过微博把这一消息告诉华人网友。

阿博特已有20年的从政经验，曾在霍华德执政时期担任内阁部长。阿博特政府上台伊始，其对华意图已略显端倪，有正反两件事可以说明问题。阿博特出任总理后不久，在印尼参加亚太经合组织峰会期间向习近平主席表示，中国的崛起是世界的福音，不是挑战，他希望两国尽快达成自由贸易协议；习近平主席也积极回应，表示期待中澳关系成为和谐相处、合作共赢的典范。这是第一件事。

一个多月后便发生了第二件事，给双边关系蒙上了一层阴影。2013年11月25日，也就是阿博特政府就职两个半月后，其外长毕晓普召见了中国驻澳大使，对中国宣布划定东海防空识别区的时间和方式提出异议，认为中方的做法无助于地区稳定；中国外交部迅速予以回应，对澳方的"说三道四"表示强烈不满，要求堪培拉"立即纠正错误"。这篇序言落笔之时，双方的争执仍在继续。

这两件事说明什么问题呢？为什么阿博特刚刚向中国示好，毕晓普紧接着又向北京示威呢？他们难道是在唱双簧吗？要么是受到了美国的唆使？不然的话，为什么一方面呼吁在经贸上同北京达成协议，另一方面又在政治战略上对中国说三道四呢？这些问题的答案您可以在本书的有关章节中寻到踪影。我不是有意卖关子，因为本书涵盖的60多年历史反复涉及类似的问题，希望您通读全书后能够得出自己的答案。这正是所谓以史为鉴，历史虽然赶不上现实，却是现实的根基，不仅可以为人们当前的行动提供借鉴，而且可以为解开眼下的谜团提供线索。

译本与原作

翻译难，翻译双语人的作品更难。我羡慕中山大学诸位译者的勇气，这部书时间跨度较大，涉及大量历史人物、事件、典章制度和各类专有名词，他们不辞辛劳，在短时间内完成了翻译任务，值得赞许。由于时间和精力所限，我只粗略地翻看了一下原译稿，纠正了一些误译之处（这是无论多么高明的翻译都难以杜绝的），未触及原译文的筋骨；至于译文中很难避免的冗长欧化句式，以及那些较为生硬的译法，我仅就目力所及之处，提出过些许修改建议。幸好有喻老师和出版社编辑最后把关，我现在可以坐享其成了。

拙作 2012 年刚出版时，年迈的母亲曾兴奋地戴上老花镜，手捧英文精装本反复端详，然后叹息道："除了儿子的名字能认出来，剩下的字，它认识我，我不认识它。"我听到这话，脑中闪过一个念头，想直接用中文写本类似的书，以飨母亲这样的读者，但未能付诸实施。现在中文版问世了，我正好借花献佛，以此奉献给养育我的母亲、栽培我的师长和关心我的亲友。

当然，译本毕竟不是原著。作为作者，我仍然对英文原著情有独钟，如果您是双语读者的话，不妨把原作找来看看，相信您读后会有不同的感受。

王　毅

2013 年圣诞节于墨尔本

致　谢

我想感谢格里菲斯大学给我的鼓励和支持，否则的话，我既没有手段，也没有动力来撰写此书。尤其感激以安德鲁·欧内尔（Andrew O'Neil）教授为首的格里菲斯亚洲研究所（GAI）为我提供经济赞助，同时感谢语言学院（LAL）为我专心写作提供方便。我要感谢格里菲斯大学过去和现在的所有同事，是他们给予了我所亟须的鼓励和支持。

在长达20年的研究过程中，我一直有幸能够同中国和澳大利亚的知名人士，包括前任总理、大使及各级官员和学者进行对话。由于数量太多，无法在此逐一列举，但部分澳大利亚人士在本书附录中列出。我想对所有花费时间与我分享真知灼见的人表示谢意，尽管我本人必须为本书终稿负责。

特别值得一提的是在我求学道路上影响深远的两个人——帕特里克·韦勒（Patrick Weller）教授和南茜·维维安妮（Nancy Viviani）教授，他们不仅在20年前指导我的研究生学习，而且自那时起一直是我学术上的良师益友。他们分别是政治学和国际关系学科的权威学者，尤其在公共政策和外交政策研究方面具有高深的造诣，这使我能够在研究中借鉴二者之长，进行兼容并包的研究。我永远感激他们多年来一贯的支持。

从更实际的层面上讲，我要感谢苏珊·贾维斯（Susan Jarvis）在编辑方面给予我的协助，她使我避免了不必要的失误，也确保此书在体例上符合出版社的严格要求。我还要感谢阿什盖特（Ashgate）的编辑和职员，特别是玛格丽特·雅戈尔（Margaret Younger）、萨迪·科普利美（Sadie Copley-May),以及尼克·温（Nick Wain），是他们提供的专业帮助，使得此书最终得以出版。还应提到希尔斯廷·豪盖特（Kirstin Howgate）在出版社发挥的领导作用和卡罗琳（Carolyn Court）在具体事务上的帮助。

同时，如果不感谢那些匿名的评论家们，这篇致谢也将不完整，因为正是他们博学多识且有见地的评论，才使这本书变得更好。确实，如果没有他们的大力推荐，以及阿什盖特出版社对我的写作提纲的积极审议［包括在计划初期莫特森（Natalja Mortensen）的策划］，本书将难以面世。

我还对天津外国语学校和北京外国语大学的同学、BBC和SBS的同事及ABC澳广同仁心存感激，各位的信任与友情我铭记在心。

最重要的是，我永远感激妻子Michelle Li，感谢她无论顺境还是逆境，这么多年对我锲而不舍的陪伴和支持。若没有她在精神上、学识上、生活上的支持，我将无法完成此书。因此，我将本书献给她，以此对她忠贞不渝的陪伴表示由衷的感激。

王　毅
2012年5月

目录

前　言 …………………………………………………………… 1

第一章　导论：从"美帝走狗"说起 ………………………… 3

第二章　建交前的博弈（1949～1972） …………………… 12

第三章　从惠特拉姆到弗雷泽（1972～1983） …………… 43

第四章　霍克时期（1983～1989） ………………………… 73

第五章　从霍克到基廷（1989～1996） …………………… 114

第六章　霍华德时期（1996～2007） ……………………… 165

第七章　陆克文时期（2007～2010） ……………………… 193

第八章　回望与前瞻 ………………………………………… 228

附录　受访者名单 …………………………………………… 236

参考文献 ……………………………………………………… 242

译后记 ………………………………………………………… 262

表目录

表 2-1 澳大利亚对华贸易，1947~1973 年 …………………………… 16

表 3-1 澳大利亚对华贸易，1972~1983 年 …………………………… 51

表 4-1 澳大利亚对华贸易，1981~1990 年 …………………………… 82

表 4-2 澳大利亚对华投资 ………………………………………………… 100

表 4-3 中国对澳大利亚的投资 …………………………………………… 100

表 5-1 澳大利亚对华贸易，1989~1995 年 …………………………… 133

表 5-2 澳大利亚对华官方发展援助计划，1988~1994 年 …………… 136

表 6-1 澳大利亚对华贸易，1995~2010 年 …………………………… 188

表 6-2 国外投资审查员会（FIRB）批准的中国在澳大利亚的投资，
1993~2010 年 ……………………………………………………… 190

表 7-1 澳大利亚对华贸易，2006~2010 年 …………………………… 219

前　言

选题由来

在国际关系领域，对澳中关系的研究一直不足。尽管澳中关系越来越重要，但最近15年中，几乎没有出版过这方面的完整著作。15年前——20世纪90年代中期及以前——曾有少数几本关于澳中关系的著作存世，但都出自历史学家之手，没有从政治学和国际关系学视角加以研究的。

作为澳大利亚最大的贸易伙伴，中国已经吸引了研究人员和业界人士越来越多的关注，近年来，两国召开了很多相关主题的研讨会，但这些研讨会，只产生了一系列会议论文，分别涉及澳中关系的不同时期和不同层面，而没有出现从政治学角度对澳中关系发展历程进行综合性研究的著作。

所以，现在推出一部这样的专著正当其时。由于澳中关系具有非常重要的意义，有必要探究这种关系的过去，为我们了解现状和展望未来提供启迪。然而，本书并不局限于对历史事件的描述，而是试图通过历史回顾对外交政策和国际关系领域的三个颇为重要的议题进行考察。

第一个议题直接涉及澳大利亚外交政策的核心问题，即澳大利亚在制定对外政策（包括对华政策）时，是否依赖所谓"强大的盟友"，本书第一章将对此议题加以详细阐述。随后的章节试图回答澳大利亚在发展与中国的关系的时候，是否具有独立性的问题。

第二个议题涉及澳大利亚制定对华政策过程中，经济和政治因素的相对重要性。现有文献倾向于将经济和政治剥离，分别加以考察。经济学者忙于分析来自双边贸易各个领域的数据资料,而政治历史学者主要关注两国政治和外交领域的议题。本书的研究,试图解释政策实施过程中,贸易与政治之间的相互关系及其原因。

鉴于历史分析时间跨度大,自然会引出政策变化与延续这一议题。因此,除了探讨外交自主性这一核心问题、揭示贸易和政治的相对关系之外,本研究也会对澳大利亚对华政策的制定过程——自1949年中华人民共和国成立至今——中的变化与延续的模式加以概括。

第一章 导论：从"美帝走狗"说起

1995年5月26日，澳大利亚广播公司（ABC）在新闻报道中披露，从20世纪80年代中国驻澳大利亚使馆在堪培拉建造之时开始，澳大利亚秘密情报组织（ASIO）就在使馆内安装了光纤监听设备。翌日，ABC关于此事的更多细节报道成了许多澳大利亚报纸的头版内容（如《澳大利亚人报》1995年5月27日的第1版和第4版；《悉尼先驱晨报》1995年5月27日的第1版和第4版）。此类事件之所以受到如此关注，与其说是人们关心安装窃听设备对于中澳关系所造成影响的大小，倒不如说是澳大利亚公众担心该事件有可能削弱本国外交的自主性。

实际上，在别国外交馆舍安装窃听器的做法在世界上司空见惯，许多国家早已视之为公开的秘密，中国和澳大利亚也不例外。果不其然，中国大使馆发言人拒绝对ABC披露的事件做出回应。澳大利亚民众却被此事件困扰，因为监听设备不仅由美国提供，而且由美国国家安全机构（NSA）实际操作和掌控：监听设备窃听到的情报，通过位于中国大使馆院子附近的英国大使馆中转站直接发往华盛顿。这使得情报信息有可能在发回澳大利亚情报机构之前已被美国国家安全机构"过滤"。澳大利亚分析家因此担心这些被"过滤"的情报极有可能涉及中澳之间敏感度极高的粮食贸易谈判问题，因为其中牵涉与美国同行竞争对手的利益冲突，这就意味着，澳大利亚在处理与中国交往所需要的情报时，必须依赖美国的友好态度。澳大利亚联邦政府并不打算否认这些媒体报道，相反，而是启用所谓的D-警示（或者称"安全警示"）系统——在政府的要求下，和平时期自愿对某些信息进行控制，以阻止媒体发布一些与国家安全相关的信息。

依赖盟友还是另起炉灶？

这个事件牵涉一个长期以来争论不休的话题：澳大利亚是否已经独立自主地执行其外交政策？实际上，长期以来澳大利亚民众一直持有这样的看法：澳大利亚外交政策的制定如此依赖其实力强大的盟友，以至于在处理与其他国家的关系上，几乎没有留给澳大利亚自行思考和行动的空间。本书通过探讨澳大利亚外交关系的一个重要方面：与中国的关系——从地缘政治的角度来看，中国是亚太地区一个关键性的国家，同时也是澳大利亚外交决策者在该地区最为关注的国家——来挑战这一固有的观念。选取澳中关系作为出发点的另外一个依据是，在这一对关系中两个国家的规模和实力是不对称的。在国际关系中，中国被认为是一个大国，而澳大利亚则是一个小国或者中等强国，这对于澳大利亚是否独立制定并执行其外交政策，在对待中国的问题上是否凭借自主的、有意识的努力去保障澳大利亚自身安全与福祉来说，是真正的检验。因此，本书关注自1949年中华人民共和国成立以来澳大利亚的对华政策。

当澳大利亚不断降低与欧洲为中心的世界的血统联系，并且逐渐增加其对于亚太地区的认同的时候，挑战澳大利亚依赖强大的盟友这一观念显得多此一举。然而，旧有的观念一时难以消除，并且对当今的澳大利亚外交政策仍然有实际的影响——不仅澳大利亚，中国也一样。对澳大利亚的研究以往没有受到重视，澳大利亚为附属国的思维定式并没有随着时间和环境的转换而消失。

在中国，对澳大利亚外交政策的研究确实存在。然而，甚至在中国社会科学院（CASS）——中国社会科学领域的最全面的综合性研究机构中，澳大利亚直到近些年才被纳入研究范围。中国社会科学院早就有美国研究所以及类似的以研究对象地区命名的研究所，直到20世纪90年代，原东南亚研究所才扩大为亚洲太平洋研究所，将大洋洲地区包括进去。

对于澳大利亚研究的次优先考虑不仅存在于中国学术界。直到不久前，

第一章

导论：从"美帝走狗"说起

每当有人提及澳大利亚外交，常常听见类似以下的回应："小小的澳大利亚还有什么可研究的？如果你想了解澳大利亚的外交政策是什么样的，只要去看看美国的所作所为就可以了。"更多的时候，根本没人谈及澳大利亚外交政策的议题，上述典型的意见则普遍存在，尽管并非总是如此明确地表达出来。这种情绪在冷战初期非常常见，中国将一些西方的中小国家，包括澳大利亚，看作美帝国主义的"走狗"。

一篇由中国学者孙辉明若干年前发表的文章，就体现了这种定式思维。根据孙（Sun, 2002）的观点，澳大利亚战后外交政策重心长期偏向美国，澳大利亚的中国政策一直以来追随着美国对华政策的脚步，澳中关系的起落只是美中关系发展的写照。

然而，如果将上述态度看作冷战遗留产物，认为中国对澳大利亚的后殖民现实缺乏应有的了解，那也未免过于简单化。类似的观点也可以在澳大利亚找到。

20世纪90年代中期在澳大利亚从事田野调查期间，经常惊讶地听到很多澳大利亚朋友对本人的研究主题评论道："哦，你在研究澳大利亚外交政策，但是我们有外交政策吗？我以为我们只是跟随强国（的外交政策）呢。"澳大利亚专家的观点，当然不像这些大众观点那么笼统，而是更加具有洞察力，近些年尤其如此。很多专家认为1972年年底惠特拉姆政府上台可以看作澳大利亚国际定位的分水岭。在1972年以前，澳大利亚长期扮演一个依附国角色，开始依附于英国，后来是美国。约翰·麦卡锡（John McCarthy, 1989）对澳大利亚当时的情况是这样概括的：

> 简要地说，1972年的观点是，澳大利亚简直成了依附国，当其政策与强大的盟国协调一致时，才心满意足。无须深究便可以看出，澳大利亚似乎的确如此行事。例如，将20世纪30年代莱恩斯（Lyons）和孟席斯（Menzies）支持对于欧洲独裁者采取绥靖政策和20世纪60年代澳大利亚派遣军队前往越南战场的政策进行对比，不难发现两者之间的相似之处。在1937年的联邦选举中，英国海军的能力以及对于皇家的忠诚是选举的主要议题。约瑟夫·莱恩斯在"配合英国"的口

号下赢得了选举。1966年哈罗德·霍尔特（Harold Holt）借助美国总统约翰逊（L. B. Johnson）的访问和"一切跟着约翰逊走"的口号以41席的优势获胜。此后，另外一位自由党总理约翰·戈顿（John Gorton）告诉尼克松（Richard Nixon）"我们一起唱着民谣向前进"。如果这些评论反映政策实质的话，着实令人担忧。这表明他们确实严重缺乏独立的思想，反映了澳大利亚真实的依赖状态。（John McCarthy, 1989: 1-2）

但是，惠特拉姆政府上台后，通过一系列努力，试图改变澳大利亚对外过分依赖的形象。自此以后，历届政府，特别是澳大利亚的工党政府（ALP）都刻意强调澳大利亚在国际行为上独立自主的特点。从此，学术界也出现了观点分野，但是，澳大利亚知识分子阶层中对于澳大利亚的依赖政策的批评仍然可见。

科拉尔·贝尔（Coral Bell）在她充满挑衅意味的作品《依赖盟友》中指出：

> 澳大利亚仍然是英语世界中的一个省，而这个英语世界的首都一开始是英国，现在是美国，但是绝无可能是澳大利亚。……（与英国和美国的）亲和感甜化了澳大利亚的依赖意识。（1988: 203）

不久前，知名作者埃里森·布罗伊诺夫斯基（Alison Broinowski, 2007）出版了一本引起争论的书《醉心联盟》，将澳大利亚比作"校园里的学童，一心想讨好小霸王，为了一些小小的甜头，在小霸王的指使下去踢周围更为弱小的孩子，始终希望借此获得小霸王的保护"。她将自己的观点进一步表达如下：

> 澳大利亚总是在大多数事情上不加批判地、主动地去模仿其主要盟友（美国）和次要盟友（英国）的行为，然而缺乏独立行事和独辟蹊径能力的澳大利亚从一诞生便染上了依赖的毒瘾，沉迷于结盟。（2007: 2）

由此可见，这场大辩论仍在继续。2010年11月，以美国国务卿希拉里·克林顿（Hillary Clinton）和国防部部长罗伯特·盖茨（Robert Gates）为一方，澳大利亚外长陆克文（Kevin Rudd）和国防部部长史蒂芬·史密斯（Stephen Smith）为另一方，在澳大利亚墨尔本召开了澳美部长级会议（AUSMIN）。澳大利亚媒体就此评论，质疑堪培拉在与华盛顿互动过程中享有多少回旋余地。这不禁让人联想起上述中国大使馆遭窃听的事件，正好说明国家独立自主问题不仅是真实存在的，而且是澳大利亚公众真正关心的问题。但是，大使馆遭窃听事件所披露的问题能够被用来支持这样的观点吗？——澳大利亚的外交政策十分依赖其他国家、仅仅通过观察其强大的盟主美国就能够明白澳大利亚的外交政策？

从某个层次来看，澳大利亚战后的对外行为看上去的确与美国外交政策相似。澳大利亚最初追随美国参加朝鲜战争，之后又加入所谓反抗共产主义"威胁"的越南战争。澳大利亚直到美国总统尼克松改变了以往对红色中国的遏制政策以后才承认新中国。和美国一样，在1989年政治风波发生后，澳大利亚对中国的人权问题进行了强烈的谴责。同样的，在"9·11"事件发生后，澳大利亚很快响应美国，加入美国主导的反恐战争中去，其中包括对阿富汗的武装干涉和对伊拉克的入侵。然而，仔细观察澳大利亚和美国的行为，就会发现差异。而两者行为上的差异可以很容易从两国对华政策和态度上找到例子。

20世纪50年代和60年代被认为是澳大利亚依赖澳美同盟关系的巅峰期，恰恰在这个时期，美国对中华人民共和国实行完全贸易禁运，而澳大利亚继续与中国大陆保持贸易联系。20世纪70年代初期，尼克松派遣国家安全事务助理基辛格（Henry Kissinger）访问北京，其后相当长的时间里，堪培拉仍然坚持其长期执行的拒绝承认新中国的政策。直到1972年年底，澳大利亚才承认中华人民共和国政府是中国的唯一合法政府。更近一些时候，当克林顿政府考虑将中国人权纪录同最惠国待遇挂钩时，澳大利亚政府反对这一计划，并且加入了反对实施该计划的国际游说行列。而且，澳大利亚先于美国，因为人权问题向中国派遣了第一个议会代表团。

这些例子显然质疑了之前的命题，即认为澳大利亚外交在利益和行动上等同于其强大的盟友。不过，在以此为据来反驳上述命题之前，有必要对澳大利亚外交政策过程相关方面做更加彻底的探究。此研究的主要目的是探讨澳大利亚1949年以来的对华政策在多大程度上享有独立自主。就此而言，接下来的考察也可被视作一个案例分析来检验如下命题是否正确，该命题认为，在国际社会中，一个如澳大利亚这样的中小国家只能充当其强大盟国的傀儡，这些中小国家与中国这类国家的外交关系不必专门去研究，只要看看其强大盟友采取的行动就可轻易得出结论。

分析框架

就理论基础而言，以上主张体现了传统的现实主义思维，认为在国际关系中，国家的地位主要由其在国际等级秩序中的权力特质所决定。现实主义的范式——至少在他们的批判者眼中——倾向于认为，世界处于一种无政府的状态，主权国家之间的互动就像桌球一样（Bull, 1977），小国加入大国的联盟以寻求保护。而传统现实主义者很少关注国家主权内的事务，特别是小国内部的政治行动，认为其对世界事务的影响微不足道。（Barston, 1973；Pettman, 1976；Holbraad, 1984）用这样的方式看待世界，对我们的研究目标无济于事，因为其对依赖和影响一开始就抱有偏见。因此，目前的研究在于寻求汲取各种理论模型之长，特别是多元论以令人信服的方式为打破国际和国内政治分析之间的壁垒而提出的论断。

因此，本书的分析框架由三个独立的变量组成：体系的、国内的、特质的。体系变量来源于现实主义流派，强调国际关系中的外部决定因素以及相关国家（此处指澳大利亚）的外部环境状况。这些状况包括国际体系的特性；一国在全球体系中的地位；一国与其他国家——在这个案例中，主要是指中国以及澳大利亚的主要盟国，如美国——的互动。国内的和特质的变量基于其他流派的理论，强调在制定国家对外政策时一国国内政治对其产生的影响。国内变量涉及相关国家管辖范围内的状况，如其政治和经济的发展，公众对外交政策制定和实施过程的影响。特质的（个性化的、特殊的）变量是上述国内状况中的特殊种类，涉及相关国家的政策制定者，

第一章
导论：从"美帝走狗"说起

这些人一方面协调国际体系与国内条件之间的关系，另一方面通过外交决策来施加他们的影响。

通过考察这些变量，有可能探讨某一特定国家如澳大利亚的外交政策制定过程中，内部和外部影响的相对权重。由此说来，如果研究发现体系的变量在外交过程中始终产生最主要的影响，那么之前认为澳大利亚外交依赖性的预设将被证实是基本正确的。相反，如果研究发现国内的和特质的因素一直扮演着重要的或者是决定性的角色，那么之前的假设就将被证明是错误的。

本书通过考察澳大利亚对华政策发展的各个历史时期，试图回答上述假设涉及的问题。第一个历史时期从1949年中华人民共和国成立到1972年澳中两国建立外交关系。第二个历史时期包括1972年惠特拉姆政府上台到1983年弗雷泽政府结束时期澳大利亚与中国的官方关系。第三阶段为1983～1989年霍克政府执政的大部分时期，此后中国发生的政治风波，使澳中双边关系陷入了低谷。第四个阶段为20世纪90年代，即从1989年两国关系的倒退到恢复交往和关系正常化时期。第五和第六阶段包括了近期的大部分时期，分别是霍华德和陆克文政府执政时期。最后一章对历史事件进行总结，并对近年来澳中两国关系发展趋势加以评论。

然而在以上提到的一些历史阶段中，比如前霍克时期，已经在一些文献中被系统地分析过了，另外一些时期则无人做过系统研究。因此，本书对历史调查采用的方法会根据已有的每个历史阶段研究文献的情况而略有不同。前人已经系统分析过的历史时期，现有的分析不但简明扼要而且侧重对中心议题的诠释；对于前人尚未系统涉足的历史时期，本书则力求兼顾记录史实和阐释主题的双重需要。

当前研究的价值

除了对于外交政策的制定感兴趣以外，本书同样希望为中澳关系领域的研究添砖加瓦。如上所述，在已有的文献中找不到一部系统阐述中华人民共和国成立以来澳大利亚对华政策的通史。① 本书尝试弥补这一缺憾——当然仅仅是初步的探索，即就1949年以来澳大利亚的对华政策进行系统分析。

此次研究不仅参考了可供查询的原始资料和第二手资料，而且得益于本书作者同政策制定参与者的大量访谈与互动，其中包括前驻华和驻澳大使，两国的外交官员，还包括了与此研究课题相关的各位健在的前总理（参见附录"受访者名单"）。在此基础上进行的历史分析取得了新的突破，特别是对霍克政府时期以来各个历史时期的分析，揭示了迄今为止在政策制定过程中被忽视的关键细节。

尽管如此，此书并不是一部口述史。由于存在敏感性等原因，大部分对政府官员的采访及谈话虽然在书中有所引用，但没有进行对号入座式的处理；尽管如此，在互动过程中获得的见解有助于本书作者对公开资料做出恰如其分的判断和解读。换句话说，本书的历史分析主要是基于公开的原始文献和第二手资料，并因本书作者与外交决策者和参与者之间的互动信息而得到补充完善。

此外，现有的大部分文献都存在分别探讨经济和政治因素的趋势，似乎两者互不相干。经济学家的论著（如 Bucknall, 1983a；Findlay and Xin, 1985；Findlay and Song, 1985）主要关注澳中贸易数据和行业分析，就像政治根本起不到重要作用一样。而政治史学家的论著（如 Andrews, 1985；Fung and Mackerras, 1985），尽管将贸易数据纳入他们的考虑范围，但是主

---

① 亨利·阿尔宾斯基（Henry Albinski, 1965）对1949～1956年间的澳中关系进行了开拓性的研究，而埃里克·安德鲁斯（Eric Andrews, 1985）和埃德蒙·冯与马克林（Edmund Fung and Colin Mackerras, 1985）所著的两部著作，以及由邓安佑和埃德蒙·冯（Hugh Dunn and Edmund Fung, 1985）合编的会议论文集均为霍克政府上台初期出现的作品。从那以后，只有一些零星的研究成果以及会议论文集出现，包括被收入有关澳大利亚外交政策或者澳中关系文集中的文章。马克林（Colin Mackerras, 1996）编辑的会议论文集和尼古拉斯·托马斯（Nicholas Thomas, 2004）编辑的多人合著论文集并没有系统主题或中心议题。十几年前，由拉特蓝·斯特拉恩（Lachlan Strahan, 1996）所撰写的英文专著，主要关注澳中关系的早期历史（1972年以前），不是关注外交政策，而是澳大利亚人民对中国的看法和印象。其后，侯敏跃（Hou Minyue）撰写了一些有价值的论著，但这些论著在研究范围和关注重点上均与我们目前的著作有极大不同。

要擅长政治分析而缺少对经济原因的追踪。本书试图将政治和经济结合在一起加以分析,从而探索政策制定过程中政治和经济因素的长期互动及其各自的重要性。

最后,几乎所有现存的关于澳大利亚外交政策的英文文献,包括澳中关系的英文论著,都是由澳大利亚人或者其他非中国人撰写的。本书作者作为移居海外的中国人与他们不同——不仅从小生长在中国,而且长期在国内接受教育并担任公职,一直到这本书的前期研究工作开始时才移居海外。但愿这种"独特的"位置能通过接下来的章节,或多或少为澳大利亚对华政策的英文论著,增添一些独特的中国视角。

第二章 建交前的博弈（1949~1972）

当1949年10月1日中华人民共和国宣告成立时，澳大利亚并没有立即给予回应，而是对新中国政府采取了观望的态度。尽管澳大利亚民众长期以来对于在国共内战中失败后逃到台湾省的国民党的所作所为感到失望，然而，该国民众对北京（国民革命时期称为北平）的共产党政府缺乏了解，对其同样持怀疑态度。随着历史的推进，这种怀疑演变成了恐惧与敌意，在接下来的20年内丝毫没有减弱。

政策走向

政治层面：拒不承认

在东西方冷战背景下，1949年10月新中国的成立，使得本·奇夫利（Ben Chifley）领导的工党政府面临一个艰难的选择：是承认已经事实上控制了中国大陆的共产党政府，还是继续保持与台湾当局的外交关系。有迹象表明，奇夫利政府已准备采取第一种方案。在中华人民共和国宣告成立后不久，前澳大利亚驻蒋介石南京政府大使基思·奥菲斯（Keith Officer）被召回澳大利亚，而当时部分大使馆职员退居香港，并在香港建立外交机构。这一步骤充分表明："无论是澳大利亚政府，还是大使馆本身，都将在香港的机构看作一个前线基地，一旦澳大利亚政府承认中华人民共和国，这支外交队伍便能够迅速进驻北京。"（Albinski，1965：26）此后不久，澳

第二章
建交前的博弈（1949~1972）

大利亚外交部在堪培拉召开会议，与会者一致建议承认中华人民共和国。外长伊瓦特（Herbert Evatt）也曾经指出尽快承认中华人民共和国的好处（Albinski, 1965: 27-28）。然而，工党政府在关于中国问题的公开声明中，仍然表现出模棱两可，避免做出明确承认新中国的承诺。不久以后，在新中国仅仅成立两个月时，奇夫利领导的工党政府在1949年12月的选举中失利，从而退出了政治舞台。

选举的结果，自由—乡村党联盟（LCP）取代工党成了执政党，孟席斯（Robert Menzies）成为总理——二战以后澳大利亚任职时间最长的总理。以反共为政纲赢得选举的保守型联盟党政府在承认新中国的问题上比工党政府更加缺乏意愿，尽管联盟政党的部分领导人在私下曾经有过想要承认新中国的暗示。（Penrose, 1994）在孟席斯执政时期先后有如下人物出任澳大利亚外长：珀西·斯彭德（Percy Spender, 1949年12月至1951年4月），理查德·凯西（Richard Casey, 1951年4月至1960年2月），加菲尔德·巴维克（Garfield Barwick, 1961年12月至1964年4月）和保罗·哈斯勒克（Paul Hasluck, 1964年4月至1969年2月），尽管他们对待中国问题的风格和手法不尽相同，但是他们都深信共产主义中国对于澳大利亚来说是一个威胁，并且公开支持对"红色中国"的遏制政策。

长期执政的孟席斯政府由一系列短暂的联盟党政府接替，孟席斯之后是哈罗德·霍尔特（Harold Holt, 1966年1月至1967年12月），约翰·麦克尤恩（John McEwen, 1967年12月至1968年1月），约翰·戈顿（John Gorton, 1968年1月至1971年3月）和威廉·麦克马洪（William McMahon, 1971年3月至1972年12月），这几届政府都受孟席斯政策的影响，在外交上并无创新之举。他们对待中国的外交政策仍然以敌意为主，不愿与共产主义政府妥协。然而，在这一历史时期，出现了一些不容忽视的情况。1966年，孟席斯卸任后，曾在他手下担任财长的霍尔特接任总理一职，因为不具备孟席斯的权威性，霍尔特在对外政策上无法打开新局面，但在敌视中华人民共和国的道路上迈出了新的一步——在台北建立了澳大利亚大使馆，并且派大使前往台湾，"这一举动使得澳大利亚完全陷入了原本迟早应摆脱的外交困境"（Fung, 1980: 15）。不久之后，霍尔特于1967年12

月在维多利亚海岸潜水时溺水身亡,自此从政治视野中消失。他的继任者约翰·麦克尤恩以及约翰·戈顿几乎没有偏离对于中华人民共和国的不承认政策,尽管他们在外交政策上曾尝试采取更加现实和更具弹性的努力。

承袭孟席斯传统的最后一位自由党总理麦克马洪于1971年3月掌权以后,世界局势已经与孟席斯所处的年代大为不同。在新的世界环境下,麦克马洪政府在对待中国问题上有了一些新特征。接任总理两个月后,麦克马洪宣布其政府希望与中华人民共和国对话。接下来,澳大利亚外交部先后两度进行政策审议,讨论重新评价中国问题。1972年5月,联盟党政府表示愿意在"两个中国"的框架下对中华人民共和国实行"简单承认",即在不与台湾当局"脱离"关系的前提下,承认中华人民共和国政府。尽管这一举动与之前联合政府的不承认政策已经有所不同,但是,这一模式仅仅是一种政治上的策略,无论是中华人民共和国,还是台湾国民党当局,都无法接受这种模式。这样,在过去的反共产主义言论和政策的沉重负担下,联盟党政府直到1972年年底失去统治权之前始终没有能够实现与中华人民共和国关系的正常化。

与此密切相关的另外一个问题是澳大利亚持续反对中华人民共和国在联合国恢复合法席位的问题。历届联盟党政府坚持主张,中华人民共和国只有"做出实际行动,以表明其有意愿在国际关系中为自己的行为负责"(Greenwood,1974:236),才能被接纳为国际社会的一员。澳大利亚在联合国关于中华人民共和国代表权的投票行为,很好地反映了上述态度。在20世纪50年代早期,堪培拉支持"暂缓"考虑中国的代表权问题。1966年,当推迟讨论的政策无法维持后,澳大利亚转而提议中华人民共和国的代表权是一个"重要"问题,而非"程序性"问题,这意味着只有获得2/3的绝大多数国家的同意才能改变现状。同一年,外长保罗·哈斯勒克(Paul Hasluck)在联合国大会上拒绝了意大利提出的建立一个中立委员会来研究中华人民共和国代表权问题的决议,支持该决议的有美国、加拿大、新西兰和日本等。无独有偶,1968年11月,澳大利亚代表对于阿尔巴尼亚代表团提出的接纳北京驱逐台湾的议案投了反对票。此后,当中华人民共和国在联合国代表权问题上不可避免地取得所需多数票的时候,麦克马洪政府开始打算凭双重代表权的方式,同意中华人民共和国进入联合国,同时支持继续维持台湾在联合国的席位。(Fung and Mackerras,1985:121)像"双重承认"模式一样,这种和稀泥的态度在实际操作中没有任何意义。阿尔巴尼亚的动议在1971年10月25日最终得到通过——中华人民共和国在联合国大会和安理会中取代台湾——这时澳大利亚发现自己和少数国家(包括美国、日本、柬埔寨高棉共和国和菲律宾)一样,只能绝望地投票反对这一无法更改的决议。

经贸层面:交战不误贸易

由于持续敌对的政策,在承认中华人民共和国之前,澳大利亚不可能与中国大陆存在直接的、官方的联系,除非是澳大利亚代表执行一些贸易任务或者在一些多边机制下会见中方代表。然而,缺少正式的联系并没有阻止个人之间的相互接触以及双方之间货物和服务的流动。实际上,长期以来存在的双边贸易继续在外交关系缺失的情况下发展,有时候展现出的活力甚至掩盖了政治上的举步维艰。

尽管双边贸易开始于很薄弱的基础,1949~1950年间仅达到390万澳元,10年后却增长了接近10倍,达到了4100万澳元(见表2-1)。20世纪50年代的上半期是澳大利亚对华出口的停滞期,1949/1950年度到1952/1953年度出现小额贸易赤字,20世纪50年代中期开始,出口的增长使得澳大利亚在贸易上处于出超地位。尽管双边贸易保持高增长率,但是规模很小,而且相互依赖程度较低。20世纪50年代,中华人民共和国从澳大利亚的进口从未超过澳大利亚出口的2%,而澳大利亚对中国的进口占中国对外出口的比例更低。(Bucknall,1983a:15)

20世纪60年代中澳贸易取得突破,原因是中国开始大量从澳大利亚进口小麦。大量购买小麦的结果是中国成了20世纪60年代澳大利亚的第六大市场。例如,1963/1964年度,澳大利亚向中国出口的小麦价值达到1.28亿澳元,占澳大利亚当年出口总额的1/3。这种势头一直延续到其后很长一段时间,除了特殊年份外,如1971/1972年度,中国暂停了对澳大利亚小麦的进口。① 20 世纪 60 年代末，双边贸易总量达到 1.6 亿澳元（以当时市价计算），比 1959/1960 年度小麦贸易开始之前增长了 3 倍（见表 2-1）。

表 2-1 澳大利亚对华贸易，1947~1973 年

单位：百万澳元（时价）

年 份	出 口	进 口	总 值	（进出口）差额
1947/1948	5.5	3.3	8.8	2.2
1948/1949	2.9	5.1	8.0	-2.2
1949/1950	1.0	2.9	3.9	-1.9
1950/1951	1.7	5.3	7.0	-3.6
1951/1952	0.6	6.2	6.8	-5.6
1952/1953	1.4	2.8	4.2	-1.4
1953/1954	4.4	4.0	8.4	0.4
1954/1955	5.4	3.5	8.9	1.9
1955/1956	5.5	4.5	9.9	0.8
1956/1957	12.9	4.2	17.1	8.6
1957/1958	19.5	6.2	25.8	13.3
1958/1959	27.1	7.1	34.3	20.0
1959/1960	32.3	8.8	41.1	23.4
1960/1961	79.7	7.9	87.6	71.8
1961/1962	131.9	7.6	139.5	124.3
1962/1963	129.3	11.3	140.5	118.0
1963/1964	168.2	16.4	184.5	151.8
1964/1965	135.6	22.9	158.5	112.8

---

① 20 世纪 70 年代初，由于中华人民共和国的小麦进口来源多元化，从而能够以贸易作为实现外交目标的手段。1971/1972 年度中止小麦订单就是一个例子。这使得在承认中华人民共和国问题上持顽固立场的澳大利亚联盟党政府颇感烦恼——这与持灵活立场的加拿大形成了鲜明对比，加拿大是澳大利亚向中国出口小麦的主要竞争对手，北京于是决定优先进口加拿大的小麦，给澳大利亚政府施压，所以，中国中止了 1971/1972 年度从澳大利亚进口小麦的合同。但是，在澳大利亚明白中方的用意后不久，中国随即恢复了澳大利亚小麦局的订单。相关详细资料请参阅 Fung（1982）以及 Bucknall and Fung（1980）。

续表

年份	出口	进口	总值	（进出口）差额
1965/1966	106.5	23.5	130.0	83.0
1966/1967	128.5	26.1	154.6	102.4
1967/1968	126.5	23.6	150.1	102.9
1968/1969	67.2	29.6	96.8	37.6
1969/1970	128.8	32.1	160.9	96.7
1970/1971	63.3	31.6	94.9	31.7
1971/1972	37.3	41.3	78.6	-4.0
1972/1973	62.8	49.9	112.7	12.9

资料来源：Australian Bureau of Statistics, *Australian Exports and Imports*, monthly series, Quoted in Senate Standing Committee on Industry and Trade (1984: 35)。

在贸易结构方面，20世纪50年代，羊毛是澳大利亚最重要的出口产品，在1958/1959年度，占对中国出口总额的84%。20世纪60年代，小麦以60%~80%的份额取代羊毛成为对中国最大的出口产品。从20世纪60年代中期起，由于澳大利亚出现矿业的极大繁荣，矿产品和金属（包括钢铁以及铜、铝、锌、铬和镍等有色金属）在对华出口中占据了越来越高的比重。其他不太重要的澳大利亚出口产品包括纺织纤维和废料、动物油和脂肪。（Bucknall, 1983a）

从中国进口的商品主要包括棉织物、纺织品、服装、食品、原材料、机械、玩具和家居用品（Fung, 1982: 5）。与澳大利亚的出口相比，这些进口规模较小，从20世纪50年代中期开始，澳大利亚的贸易顺差持续增长。在20世纪50年代，年度贸易顺差最高达到2000万澳元，而到20世纪60年代已攀升至1亿澳元，此时中国只是澳大利亚第十七大进口来源国。这种不平衡的现象在很长一段时间内成为中澳贸易的基本特征（除1971/1972年外）。

贸易与政治

在联盟党政府执政的20年间，澳大利亚的对华政策实践显示，即使缺乏政治接触，贸易同样能够活跃，这是否能够说明政治与贸易是相互分离的？如果仔细考察政府在贸易关系当中所持的态度与扮演的角色，就会发现答案没那么简单。一方面，为了与美国的对华政策保持一致，几乎每一届澳大利亚政府都会颁布对华战略物资的出口禁令；另一方面，澳大利亚领导人坚称政府不干预非战略性贸易。

1951年年中，澳大利亚在联合国关于禁止对中国、朝鲜出售战略物资的决议中投下赞成票，随后在中国委员会（CHINCOM）的指导下采纳了所谓"中国差别"的政策。1949年以来，西方国家以巴黎为总部成立了输出管制统筹委员会，即巴黎统筹委员会，负责协调与苏联阵营国家的贸易关系，中国委员会则是在1952年9月成立的一个小组委员会。所谓的"中国差别"是指在适用于所有共产主义国家的违禁品"总项目表"的基础上，增加禁止运送到中国的战略物资清单的政策。1957年，日本、英国和其他欧洲国家都已放弃采用"中国特殊名单"的做法，唯独澳大利亚直到1971年5月还保持这一歧视政策。但实际上，在这一显然过于严苛的外交政策立场下，澳大利亚采取了具有灵活性的措施，一定程度上实现了平衡。就像冯（Fung, 1982）所指出的：

> 澳大利亚的政策并不像它看上去那样死板，因为它有两份战略出口管制清单。第一份是绝对的禁运清单，在澳大利亚从未被公布，但据报道与英国贸易委员会发布的清单相同。另一份则是折中的清单，包括必须获得出口许可证的门类众多的货物。政府有权决定什么货物能被出口，在这一过程中，三个部门不同程度地参与进来：对外事务部负责决定何种货物可以装运，关税部负责实施许可证制度，而贸易和工业部则负责具体咨询事宜，往往发挥相对次要的作用。（Fung, 1982: 7）

在"中国差别"政策废除之前，尽管政府坚称非战略化，但有证据表明存在铁、钢和金红石的秘密出口，而这些物资都是具有战略用途的。（Fung, 1982: 8）

在非战略性商品方面，政府通过避免直接参与推动对华贸易的方式来

第二章
建交前的博弈（1949～1972）

执行表面上政经脱钩的政策。正如贸易与工业部部长约翰·麦克尤恩指出的那样，"这些（非战略物资）当然不是由澳大利亚政府运送到中国的，它们是由私人的贸易公司和澳大利亚小麦局负责运送过去的"（John McEwen, 1965: 514-515）。然而，实际上政府并不像看起来那样置身事外。亨利·阿尔宾斯基（Henry Albinski, 1965）列举了几起事件作为政府参与对华贸易的证据，包括澳大利亚贸易专员访华，以及澳大利亚储备银行和中国人民银行的互访。尽管没有正式的外交承认，但这些访问明显属于政府行为。

在1956年3月到4月间，澳大利亚的香港事务贸易专员H.C.孟席斯（H. C. Menzies）访问了中国部分城市，进行了诸如交换市场信息、澄清交易手续和支付手段当中的误解以及互派贸易代表团等经贸事宜的谈判。尽管孟席斯讨论的重点放在贸易问题而不是政治和外交问题上，但他仍会见了包括周恩来总理本人在内的一系列中国官员。澳大利亚当局随后对访问报告进行了考察和评估。有人认为，这次访问与20世纪50年代下半叶澳大利亚对华出口的激增不无关系。（Albinski, 1965: 259）当孟席斯的继任者帕特森（G. R. B. Patterson）上台以后，他在政府的资助下分别于1961年和1962年参加了广州贸易展览会（现在一般称"广交会"）。虽然政府在1963年阻止了贸易专员到中国"度假"的行为，但是，毫无疑问，以上提到的三次访问都是政府行为，显然得到了堪培拉官方的认可和批准。

1961年10月，当时的澳洲储备银行总裁H.C.库姆斯（H. C. Coombs）受中国人民银行之邀，前往中国参与技术性讨论。出于礼节需要，库姆斯对中国东道主说欢迎他们访问澳大利亚。中方将他的话当真，并随后要求正式发出邀请。结果，以中国人民银行行长曹菊如为首的三人代表团在次年6月访问了澳大利亚。在澳大利亚期间，中国的银行家们"更热衷于结识朋友、获取信息和广泛地推进贸易，而不是与澳洲储备银行进行技术性的常规谈话"（Albinski, 1965: 274）。虽然澳洲储备银行秘书长A.C.麦弗逊（A. C. McPherson）坚称这次访问"纯粹是一次澳洲储备银行与中国央行之间的交流关系"（Albinski, 1965: 274），然而，无可否认，政府确实介入了这种交流。库姆斯1961年去中国之前，曾咨询过财政部部长哈罗德·霍尔特。在1962年中国代表团访澳前，他再次向霍尔特征询意见，并知会了当时的总理兼外交部部长罗伯特·孟席斯以及对外事务部秘书阿瑟·丹下健三（Arthur Tange）。如果政府有意阻断访问，这是可以很容易做到的。首先，政府可以非正式地向库姆斯表示反对意见，这样一来他很可能取消上述中国之行。其次，即便这样做达不到目的，政府还可以对访问采取禁令。最后，即使万不得已，政府也可以对中国游客采取拒发签证措施，避免对澳洲储备银行施加压力而招致可能的尴尬。但政府没有这样做，而是默许了访问。

阿尔宾斯基（Albinski，1965）通过分析政府在澳大利亚对华销售额最大的羊毛和小麦贸易过程中扮演的角色，进一步证明了澳大利亚政府在澳中双边贸易当中的介入。在羊毛销售方面，阿尔宾斯基认为羊毛管理处（后更名为羊毛局）是作为一个准政府机构参与全面拓展与中国羊毛贸易过程的，他还专门讨论了在20世纪60年代初羊毛管理委员会主席威廉·冈恩（William Gunn）访问中国的重大意义。澳大利亚是国际羊毛局的最重要的成员国，冈恩正是以该秘书处主席的身份出访中国，并知会中方澳羊毛局计划对中国的纺织行业提供技术援助等事项的。虽然冈恩事先并没有就他的出访计划可能带来的影响充分征询政府的意见，但很明显的是政府不会采取任何行动阻止这一计划的实现。实际上，如果没有澳大利亚政府的默许，冈恩的中国之旅不会成行。

澳政府在对华小麦贸易上所起的作用要比在羊毛贸易方面更为突出。作为一个法定机构，澳大利亚小麦局（AWB）垄断了国内和国外的小麦销售业务，在开发中国市场方面发挥了关键作用。在同时取得联邦及各州法律的授权之下，小麦局与政府保持着多方面的联系，并在执行其职责和行使其权力过程当中最终向有关部长负责（1963年《稳定小麦产业法案》）。与羊毛局不同的是，小麦局是一个参与价格制定以及商业交易中技术层面谈判的营销组织。在小麦局与中国打交道的过程中，澳大利亚政府一直在幕后提供支持。在大多数情况下，政府通过默许批准赊销和利用小麦稳定基金会提供财政资助的措施来支持小麦贸易，但政府有时也会遏制小麦局的行动，比如它在1963年年中，怕引起不利政治影响颁布了行政令，要求小麦局不得延长信用证超过12个月的期限。

正如冯（Fung, 1982: 8）对此所总结的："政府在促进和鼓励小麦贸易方面发挥了重要的作用，包括提供银行融资以及资助澳中互访。事实上，如果没有堪培拉当局的庇护与合作，贸易不会得到如此蓬勃的发展。"肯尼迪（Kennedy, 1968: 411）则更进一步认为："联邦政府实际上在大的贸易框架下，利用诸如羊毛局与小麦局、联邦储备银行等法定机构来管理和发展着与中国的关系，它们往往行使着一般来说为对外事务部所拥有的外交职能。"

虽然这些结论大致是正确的，然而也不应该言过其实。澳大利亚政府确实介入了对华的贸易关系，并在必要时表明自身的立场，但是如果认为政府保持有意识且一以贯之的对华贸易政策——甚至，利用贸易来推进外交政策——的话，那将是不恰当的推断。值得注意的是，贸易专员和储备银行代表的访华行为并不多见。在长达20多年的联盟党政府执政期间，这一类型的访问人数少、规格低，并常常是对中国举措的回应而已。他们（访华）仅仅是例外情况。羊毛局和小麦管理局虽然是通过国会立法得以建立的，但它们在日常业务活动中享有很大的自主权，并主要通过市场机制运作，较少受到政府的干预。整体而言，在对华贸易当中，澳大利亚政府扮演着一个相对被动的角色，仅仅是因应变化而做出反应，并尽可能地否认已涉入其中。从现有证据来看，在促进与中国的贸易方面，建交前历届政府都很少采取明晰并始终如一的政策。如果有的话，也只是以消极的方式竭力避免公开介入贸易而已。正如威尔钦斯基（Wilczynski）1966年所指出的，"在对华贸易方面，澳大利亚政府成功地将其与总体外交政策实行了脱钩"（1966: 167）。

政策的决定因素

上文所勾勒的澳大利亚1949～1972年间对华政策的轮廓不免引出许多疑问：为什么澳大利亚政府坚持实行对中华人民共和国不承认的政策，并反对其加入联合国？在这种持续的敌意之下，为什么澳大利亚政府会允许发展双边的贸易关系？在前文建立的分析框架基础上，只要考察澳大利亚对华政策更为广泛的国际和国内背景,便可以回答上述及与其相关的问题。

体系因素

对华政策必须放在澳大利亚整体外交政策的框架当中来理解,尤其是其亚太地区政策。在这方面十分重要的是,我们需要认识到,澳大利亚拥有亚太地区的"欧洲前哨阵地"这一特殊国际地位,因而被普遍认为是这一地区的"另类"。从历史上看,澳大利亚的知识结构和语言结构都根植于欧洲,但在地理上位于亚洲的南端,现代澳大利亚(欧洲移民定居以后的澳大利亚)一直觉得自身被孤立在"陌生"的环境当中,并逐渐形成传统的对"亚洲部落"的恐惧心理——特别是数量众多的中国人,往往就被认为觊觎澳大利亚广袤而又人烟稀少的土地。就像埃文斯和格兰特(Evans and Grant,1991:15-16)指出的:"澳大利亚外交政策的演变,必须从澳大利亚政治中对亚洲威胁的持续性焦虑这种背景来理解:这一威胁有时是含糊不清和不加分别的,有时是十分具体的,但一直存在。"

对于亚洲的恐惧可以反映在澳大利亚早期阻止亚洲国家——尤其是中国和日本——申请移民的政策当中。例如,在澳大利亚联邦政府成立之前,所有澳洲大陆上的殖民地在1888年前几乎都通过了禁止中国移民的法令。在组成联邦之际,澳大利亚政府于1901年12月通过了《移民限制法》,从此实施了所谓的"白澳政策",其目的是利用臭名昭著的听写测试来限制非欧洲移民。虽然日本在1904~1905年的日俄战争当中显示了其海上优势,取代中国成为头号"黄祸",澳大利亚对于中国的恐惧似乎从未停息。第二次世界大战以后,对中国"威胁"的认知集中体现在这样的观察当中——"拥有7亿人口的中国大陆沉甸甸地悬挂在亚洲版图之上"(Clark,1967:188)。

如果说最初这样的威胁只是潜在的话,那么中华人民共和国的成立则让威胁变得愈加真实,因为此时中国公开表示对共产主义信念的追求,使得业已存在的"黄祸"增加了"红色威胁"色彩,对中国的恐惧转变为意识形态和心理两个层面的了。戈登·格林伍德(Gordon Greenwood,1974)对20世纪50~60年代的一系列事件如何影响澳大利亚的认知提供了有益的

第二章
建交前的博弈（1949~1972）

总结：

> 中国的政策——因为受到过去帝国主义剥削的影响——表现出一种强烈的反西方情绪，对西方——尤其美国——进行激烈的、口头上的诋毁，而且反复强调反帝国主义战争的必要性……在整个50年代和60年代，（中国的）这些行动和态度越发使澳大利亚政府确信，中国对亚洲及其相关地区的稳定构成潜在威胁。（Greenwood，1974：234）

这样的观念来源于澳大利亚与中国在冷战格局中所处的不同位置，因为冷战将国际关系按照意识形态划分成东西方两大阵营。世界政治的结构特征设定了执行澳大利亚外交政策的边界。与其传统实践相一致，澳大利亚与以美国为首的西方阵营结盟，以对抗包括苏联和中国在内的共产主义国家所组成的东方阵营。在此背景下，中国因素——包括传统的对于澳大利亚安全的威胁以及中国共产主义意识形态下的革命姿态——成为澳大利亚在西方阵营当中选择其政策立场的关键因素。

虽然奇夫利领导的工党政府曾考虑承认中华人民共和国，但出于国际和国内的限制，它无法采取果断的行动。冷战格局下，澳大利亚和其他西方国家不可避免地会将中国看作以苏联为首的共产主义阵营的盟国，认为其目的是致力于推动世界共产主义运动。在澳大利亚看来，承认中华人民共和国是一个敏感的议题，尤其考虑到反对党——自由—乡村党联盟——指责工党政府"对共产主义手软"。在国际上，奇夫利政府也避免不了要考虑西方列强的态度。在1949年的联邦大选前后，这些西方列强都没有正式承认中华人民共和国，虽然其中像英国这样的一些国家已经表示有意这样做了。作为西方联盟成员中的一个小国家，澳大利亚习惯于跟随西方大国，即使它有意愿，也很难在对华承认问题上坚持到底。作为邻居、兄弟的新西兰工党政府的做法似乎也对澳大利亚态度的形成发挥着作用。时任新西兰工党政府总理彼得·弗雷泽（Peter Fraser）在面临比澳大利亚早十天的大选时，要求澳大利亚工党政府同僚在新西兰大选结束之前不要"在中国问题上采取任何动作"，以避免反对派"大肆推出反共议题"（Fung and Mackerras，1985：21）。澳大利亚工党政府一方面不愿意给反对派任何可乘之机，另一方面牢记美国盟友的告诫,因此决定在对华承认问题上不做出任何承诺。

正如前文提到的,工党在大选当中败给了联盟党。由于西方世界采取了一系列反共产主义的部署,即使孟席斯政府愿意,也不能贸然决定承认中华人民共和国。但过了不久,在1950年6月朝鲜战争爆发后,澳大利亚发现在亚太地区这场艰苦卓绝的东西方对抗当中,澳本身被绑在了美国领导的联盟(即便是以联合国的名义)的战车上。在这样的情况下,对华承认议题被束之高阁。正如孟席斯(Menzies,1953:10)本人所称:"在与敌人作战时,我不愿讨论对其承认的问题。"实际上,直到1972年高夫·惠特拉姆(Gough Whitlam)领导的工党在选举中击败联盟党,这一议题才得以解决。

需要指出的是,澳大利亚在对华承认问题上的态度,反映了该国战略思维优先次序的调整。在传统意义上,澳大利亚曾将自己看作大英帝国的一部分,虽然有所保留,但它一直使自身的外交政策与伦敦方面保持一致,并依赖大英帝国实现自身安全。随着英国实力的下降以及由于如保罗·肯尼迪(Paul Kennedy)所说的"帝国过度扩张"而导致的海外战略收缩,澳大利亚逐渐将其注意力从英国转移到日益崛起的美国,以寻求安全保障。这一进程在1941年工党总理约翰·科廷(John Curtin)宣布美国作为其首要的保护者时便已经确立。当中华人民共和国成立时,澳大利亚更是加紧争取美国参与建立亚太区域安全机制,因为澳大利亚在这一地区拥有核心利益。所以,澳大利亚决定不效法英国的做法,因为英国早在1950年初即承认中华人民共和国。

然而,取得美国安全保护的过程,伴随着美澳围绕对日和平条约的艰难谈判。出于在亚洲地区遏制共产主义势力的战略需求,美国于20世纪50年代初决定与日本缔结和平条约,旨在将后者发展成为在亚太地区的反共堡垒。鉴于对日本在第二次世界大战当中的侵略行径记忆犹新,澳大利亚难以接受对日实现"软和平"。考虑到无法改变美国的决定,澳大利亚开始寻求一些"弥补性的安全机制",其中一个解决方案就是在1951年9月签署《澳新美安全条约》(ANZUS)(澳大利亚、新西兰和美国)。该条约规

第二章
建交前的博弈（1949~1972）

定，在太平洋地区出现武装攻击时，条约签署国需要采取一致行动来应对"共同的威胁"。虽然澳大利亚国内对于《澳新美安全条约》是否能作为抵御外来侵略的可靠保证意见不一，但至少条约通过具体的形式满足了澳大利亚对于美国保护的强烈需求，并从此成为澳大利亚的外交和国防政策的基石。《澳新美安全条约》的签署以及澳大利亚最终同意签订"温和"的对日和约，都还隐含着这样的一层恐惧心理，那就是如果对日压迫得过于厉害，日本有可能成为共产主义国家。跨过了对日和约的障碍以后，澳大利亚通过利用日本的经济起飞，来加快对日和解的步伐。当1957年澳日贸易协定签署完毕的时候，中国重新成了澳大利亚的主要敌人。

如果说《澳新美安全条约》为澳大利亚在亚太地区的利益提供了保障，假如多米诺骨牌理论真的成立的话，那么印度支那事件——尤其是1954年的奠边府战役中越南打败了法国——则充分展示了"共产主义威胁"是如何有可能扩散到东南亚的。（Bell，1965：180-181）这种焦虑促使澳大利亚在1954年9月以东南亚条约组织（SEATO）的形式加入了另一种形态的安全机制。如果说《澳新美安全条约》在一般意义上为澳大利亚提供保护伞，那么东南亚条约组织则更多的是专门应对中国的共产主义威胁，以及在特定区域满足澳大利亚的战略需求的，即致力于"利用美国的力量，防止唯一可能成为中国力量向南扩展到澳大利亚的通道——中南半岛和泰国——被武装征服"（Bell，1965：182）。

这些条约正式地将澳大利亚与西方联盟紧紧地绑在了一起，与此同时，正如前文中格林伍德（Greenwood，1974）所说，随着20世纪50年代和60年代一系列与中国相关事态的发展，澳大利亚对华的恐惧和敌意不断深化，进一步推动澳大利亚与美国保持行动一致。在这种情况下，就不难想象为什么分别在1954~1955年及1958年间中国近海岛屿的两轮中美对抗当中，澳大利亚会支持美国，尽管在第一回合中有所保留。同样，澳大利亚在1962年的中印边界冲突时支持英联邦成员国印度，也就不那么让人意外了。即使是在中苏这两个共产主义国家之间的争端当中，澳大利亚也认为苏联更容易理解，从而"两害相权取其轻"，指责中国追求更为激进的世界革命路线。本着同样的出发点，澳大利亚批评中国通过煽动共产主义叛乱在东南亚国家挑起事端,并认为中国的介入导致了 20 世纪 60 年代包括老挝和南越在内的印度支那危机的不断恶化。作为澳大利亚遏制中国共产主义的终极承诺,联盟党政府直接向南越派出地面部队以支援美国的战争努力。早在 1962 年,澳大利亚已派遣 30 名军事顾问去训练南越士兵如何在丛林中作战。到 1965 年 4 月,扩大派出一支 1400 名士兵组成的队伍前往南越参战。在此之后,成立了一个独立的澳大利亚作战部队。(Kennedy,1968:403)这一系列有关越战的卷入,给澳大利亚带来巨大的创伤,日后花了很大力气才恢复过来。

需要重点指出的是,虽然加入西方阵营的成本很高,但是在冷战高峰时期,澳大利亚政府十分愿意去承担这些成本。这是因为澳大利亚不是被迫加入美国领导的联盟的,而是为了保护自己免受共产主义威胁,自愿与"志同道合"的国家结为伙伴。实际上,尽管澳大利亚的外交政策时常与其他盟国保持一致,但是差异也很快浮现了。

如果说 20 世纪 50 年代到 60 年代见证了澳大利亚对华政策的连续性,即与美国遏制政策保持一致的对华敌视的态度,那么 20 世纪 70 年代初这一联盟则出现了新变化。作为 1969 年关岛谈话的体现,美国对亚洲的战略格局进行了重新评估,尼克松政府通过解除贸易和旅游禁令以及其他一系列措施来缓和与中国的关系。而更为重要的是,尼克松派他的国家安全顾问亨利·基辛格在 1971 年 7 月访华,与中国就中美关系正常化议题进行秘密会谈。恰巧,高夫·惠特拉姆也带领着工党代表团几乎同时出访中国,与基辛格的秘密访问不谋而合,被后人誉为历史壮举。这使得麦克马洪政府显得颇为尴尬。① 不仅如此,在次年年初,尼克松亲自出访中国,并与中国发布了著名的《上海公报》,概述了未来中美关系发展的基本原则。美国并不是唯一一个调整对华政策的国家,许多西方国家也见风使舵,在 20 世纪 70 年代初纷纷承认中国。除了英国(早在 1950 年已承认中国,在 1954 年开始以临时代办处的形式与中国保持外交联系,在 1972 年年中与台湾"断

---

① 这一访问的细节和意义可见于其他人的论述,相关细节的分析请参看 FitzGerald(1972);至于访问的意义分析请参看 Fung and Mackerras(1985)。

第二章
建交前的博弈（1949～1972）

交"以后将外交关系升格为大使级）和法国（1964年建交，是西方国家中率先与中国建立全面外交关系的国家）外，加拿大、意大利、日本和联邦德国等其他国家都在20世纪70年代初与中国建立了外交关系。

澳大利亚已经无法再对国际形势的发展无动于衷了。如前所述，麦克马洪政府也采取了一些措施来改变过去的对华敌对态度，包括不承认中国以及反对中国在联合国的合法代表权等。然而，与其他西方盟国相比，澳大利亚在应对新形势方面显得非常迟缓，未能做出必要的外交政策调整来适应国际趋势的发展。与中国实现和解的所有努力都在台湾问题上陷入停滞，无论是"简单承认"的做法，还是"两个中国"的模式都行不通，因为这对于台海两岸来说都是难以接受的。在对华政策方面，澳大利亚甚至落后于美国，尽管麦克马洪的说法是相反的。正如费思芬（Stephen FitzGerald，1972）指出的："在更实质性的问题上，美国已经走在了澳大利亚前面。"

如果澳大利亚对以美国为首的西方阵营的承诺是导致其不承认中国以及反对中国加入联合国的决定性因素，那么当美国政策转变之后，为什么澳大利亚没有紧随其后？澳大利亚与美国之间这些显而易见的行为差异，使得那些认为澳大利亚对华政策是"美国政策的翻版"的人（例如，Renouf，1979：318，325）难以自圆其说。如果说这种特点在20世纪50年代至60年代还保持一定说服力的话，那么在20世纪70年代初就肯定是明显错误的了。即使在前期的情况下，雷诺夫的观点也不应该被全盘接受。如前所示，澳大利亚长期以来存在着对中国的恐惧，渴望为其自身安全寻求某种程度上的保护。美国出于其自身的战略利益考虑，同意提供这样的保护，作为回报，澳大利亚同意与美国合作，共同遏制亚洲的共产主义。不管是《澳新美安全条约》还是东南亚条约组织的联盟形式都满足了双方的要求，尽管这些要求从未达成一致。如果说澳大利亚在一段时间内与美国保持了一致步调，那么这种政策上的相似性是来源于澳美利益的重合，而不是前者对后者领导的盲目追随。这一特点在贸易问题上体现得更为明显。在20世纪70年代之前，美国对华实施了全面的贸易禁运，并建议澳大利亚采取相同的措施。但联盟党政府并没有盲目跟风。在1957年，与其他的一些西方国家放弃对华禁运的措施不同，澳大利亚某种程度上出于美国的压力继续维持了"中国差别"的政策，但尽管如此，历届联盟党政府不顾美国的一再告诫，始终允许大量对华贸易的发展。（Albinsiki，1965）

国内因素

上述的差异表明，虽然澳大利亚的对华政策必然极大地受到以冷战冲突、东西方阵营两极对峙为主要特点的国际环境的制约，但这还不足以解释澳大利亚的外交政策。为了得出更让人满意的解释，我们需要进一步考察政策制定的国内环境。

外交政策——尤其是与中国有关的政策——一直是澳大利亚二战后国内政治中备受争议的议题。正如前面所提到的，长期以来对中国的恐惧，成为政党政治争论的话题。如果说中国在过去就被认为是对澳大利亚安全的重大威胁，那么当中国大陆变成共产主义政权后，这种认知不断地被强化了。当新中国成立时，澳大利亚国内事件带来的影响使得这种情况更趋恶化。在新中国成立前几年，澳大利亚已经经历了一系列由共产党领导的工会行动，最终以1949年共产党领导下持续近两个月的著名煤矿产业工人罢工事件而告终。和其他事件一道，这些事件促使反对党领袖孟席斯推动在澳大利亚禁止共产党，并趁机指责工党政府"对共产主义软弱"。在这种情况下，由于反共产主义情绪高涨以及换届选举迫在眉睫，奇夫利政府无法担负承认"共产主义中国"的巨大代价。在国内环境与前文提到的体系因素（或国际因素）的作用下，工党政府在对华承认问题上只能含糊其词。如果我们可以用这样的方式来解释为什么早期没有实现对华承认，那么什么样的国内因素可以解释，即使美国在20世纪70年代初已经改变了自身外交政策，澳大利亚却一直保持这一政策的延续性呢？我们也许可以从各党派对华态度的相互作用中找到线索。

联盟党政府的态度已经在前文中有所涉及。虽然两大执政党——自由党和乡村党——之间有时会出现分歧，但它们在对华承认以及中国的联合国会员国资格问题上基本持相同的观点。真正造成差异的是另外两个主要的政党。

第二章

建交前的博弈（1949~1972）

虽然澳大利亚工党在1949年大选前倾向于承认中华人民共和国，但在选举结束以后没有马上就该问题采取明确的政策。这在某种程度上是受到国际环境的制约，尤其朝鲜战争的爆发和印度支那危机的出现增加了解决这一问题的难度，不利于工党推出亲华的政策，但主要的还是工党内部本身对该问题有分歧。虽然工党领袖 H. V. 伊瓦特（H. V. Evatt）和包括高夫·惠特拉姆在内的许多其他成员都赞同承认新中国，但是工党中的右翼分子反对任何与"共产主义中国"达成妥协的企图。这些右翼主要由1945年成立的"工业团体"组成，主要目的是在工会当中抵抗共产主义的影响，灵感来源于 B. A. 圣塔马利亚（B. A. Santamaria）领导的世俗化的天主教"运动"（后来发展成为国家公民理事会）。（Fung and Mackerras, 1985：37；Albinski, 1965：181）随着朝鲜和印度支那敌对状况的缓解，英国与中国达成妥协，尤其是英国工党采取了亲华的态度，澳大利亚工党成员开始加紧呼吁承认中国，这样使得党派内部分歧变得愈加显著。（Albinski, 1965：187）在1955年3月工党的霍巴特会议上，这样的争论达到了高潮，当时右翼分子反对包括支持新中国恢复在联合国的席位等内容在内的党纲，标志着工党的正式分裂。当工党持主流意见的人士进一步将承认新中国正式列入党纲时，右翼分子组建了新党，即民主工党（DLP），并与国家公民理事会的保守势力联合起来，坚持反共和反华的政策。虽然中国问题只是工党内部分裂的其中一个因素，但无疑是十分显著的因素。如阿尔宾斯基（Albinski, 1965：183）所说："1954~1955年在（工党）党派内部和霍巴特会议上出现的震动说到底不是由外交政策上的分歧直接造成的，但这样的分歧，尤其是中国问题上的争执，无疑在党派内讧中产生了重要影响。"

在分裂以后，工党正式采取措施，承认新中国及支持恢复其在联合国的合法席位。然而，这并不意味着工党可以免受"中国威胁论"的影响。事实上，虽然工党和执政党就"中国威胁"的本质认识不同，但是"中国威胁"对于双方来说都是真实存在的，这一情况在亚瑟·卡尔韦尔（Arthur Calwell）担任工党领袖期间表现尤甚。例如，在1965年，卡尔韦尔认为，中国卷入越战，是对东南亚安全的一种威胁，但他相信中国采取的是政治颠覆，而不是军事入侵的形式，因此他反对澳大利亚向越南派驻军队。与此相反，工党更加倾向于采用一种"诱使中国重返国际舞台，并使其在国际社会中表现得更负责任"的外交政策。（Fung and Mackerras，1985：37－38）

基于对"中国人民解放军出兵越南是出于防守的目的，以及河内政府及越共与北京之间保持一定的独立性"的情况研判，从 1966 年开始，澳大利亚工党抛弃了它过去所持的中国对澳大利亚安全是潜在威胁的认识（Fung，1980：34），但这并没有使该党立即提出一套系统的主张，以应对政府不承认中华人民共和国和反对中国重返联合国的立场。实际上，澳大利亚政府 1966 年决定在台北设立大使馆使事情变得复杂了。澳大利亚工党尽管反对这个决定，但是无法制定出一套方案，既能解决对新中国的承认问题，又能够同时处理好同台湾当局的关系。如果有的话，此时澳大利亚工党成员西里尔·温德姆（Cyril Wyndham）倒是提出了一个倾向于"两个中国"的方案，但这和政府随后的立场没有什么不同。（Fung and Mackerras，1985：78）作为主要反对党的澳大利亚工党此时提不出一个清晰的中国政策，部分原因是受到越南战争的影响，因为，在这一时期，越南战争掩盖了其他的外交政策问题；同时，部分原因是工党内部的分裂造成的。加之这段时间恰好是中国"文化大革命"的高潮时期，这使得自身还处于领导权更替阶段的澳大利亚工党很难制定出一套完整清晰的对华政策。

20 世纪 60 年代末期，正如前面讨论的那样，世界战略联盟关系出现了分化组合。高夫·惠特拉姆这时已经在澳大利亚工党建立起绝对的领导权威，他抓住这一有利的国际形势，开始主张承认中华人民共和国政府为中国唯一合法政府，作为加强澳大利亚与中国大陆的经济联系和促进其他利益的积极步骤。根据这一政策思维，惠特拉姆率领澳大利亚工党代表团在 1971 年 7 月访问了中国。这次著名的访问，与基辛格秘密访华的时间恰好相同，虽然暴露了澳大利亚联合政府的政策误区，但是为惠特拉姆 1972 年成为澳大利亚总理后实现中澳关系正常化奠定了坚实的基础。

如果说澳大利亚工党探索多年才制定出这种明晰的对华政策的话，民主工党则从未放弃过其坚决反对接纳"共产主义中国"的态度。作为澳大利亚第三股政治力量的民主工党（连同国家公民理事会和其他保守势力），

第二章
建交前的博弈（1949~1972）

其反共论调限制了政府追求灵活外交政策的自由。民主工党自成立开始就坚决反对承认中华人民共和国及恢复其在联合国的合法席位，尝试运用各种手段，阻止堪培拉可能采取的任何对中国缓和敌意的做法。该党展开了强大的言论攻势，由于它在大选中具有联盟党政府与工党之间的平衡者的特殊地位，这种优势得以充分发挥，尤其是在20世纪60年代后期面临激烈的选举竞争态势的时候。通过指示选民投票，支持联盟党政府而不是工党，使得民主工党掌握着参选政党是否能够成功当选的关键。举例来说，1969年，当尼克松政府主动表态将放松对中国的贸易和其他接触的限制时，戈顿政府却没有调整对中国的政策，因为在即将到来的选举中，它不敢得罪民主工党。20世纪70年代早期，国际上出现了同中国恢复邦交的潮流，麦克马洪政府对中国问题却不上心，甚至落后于美国，尽管早先的联合政府总是跟随美国的脚步。对这种迟缓的解释又得归因于民主工党的因素。1972年1月，时任澳大利亚驻法国大使兼首席谈判代表艾伦·雷诺夫（Alan Renouf）在巴黎同中国代表就承认中国问题进行谈判的时候，被总理麦克马洪召回就中国问题进行磋商。当雷诺夫建议尽可能在最好的条件下与中国谈判建立外交关系时，被麦克马洪驳回，麦克马洪指出："你已经忘记了民主工党的影响。"雷诺夫（Renouf，1979：329）事后对此评论道："显然，那时候只有民主工党站在澳大利亚和中国之间。"

如果说澳大利亚在承认北京及其联合国席位这一政治问题上的立场在很大程度上受到国际体系变化的影响和国内政治的约束的话，那么，在对待中国贸易的态度上，问题则没有那么简单。一方面，如前所述，政府根据与西方联盟保持一致的政策，禁止了战略性物资对华出口；另一方面，尽管美国一再警告，澳大利亚仍然允许甚至鼓励同中国进行非战略性物资的贸易。澳大利亚这种公然违抗美国指令的做法，最好用澳大利亚国内政治和经济因素来解释。

从经济上来看，澳大利亚是一个富裕的社会，是世界上最富有的国家所组成的经济合作与发展组织（OECD）的成员之一。和经济合作与发展组织俱乐部的其他成员相比，澳大利亚的经济有它自身的特点。人们对澳大利亚经济典型的印象是将其看作骑在羊背上的国家，这似乎有一定道理。

由于拥有丰富的资源，澳大利亚的羊毛、谷物、水果和矿产等初级产品的出口非常繁荣，进口品则是具有高附加值的消费品。不像其他经济发达的国家，比如说日本，日本基本上是依靠国内需求来发展规模经济，而澳大利亚人口很少，国内市场狭小。为了提升经济效率和竞争力，澳大利亚需要扩展它的海外市场来保持和提高生产。不仅在初级产品部门是这样的，澳大利亚政府之后还试图增加经济的多样性，从传统的资源依赖型部门转向技术密集型的制造业，包括简单加工工业（STMs）和精细制造业（ETMs）。

二战后，澳大利亚经济一直被持续性的经常账户赤字和外债困扰，部分原因是，构成澳大利亚主要出口的初级产品的贸易条件不断恶化。1953~1963年这10年间，澳大利亚的贸易条件指数从100下降到68。（Albinski，1965：250）为了阻止这种趋势，政府和商业团体致力于增加出口和扩大海外市场。但是，从20世纪50年代开始，澳大利亚在传统的欧洲和北美市场上的份额不但没有扩大，反而呈现收缩的迹象。1958年，美国削减对澳大利亚的铅和锌的进口配额。美国还对澳大利亚的羊毛征收重税，限制肉和奶酪的进口。另外一个相关的例子是，随着《公共法案480》的实施，美国将它的剩余小麦以向发展中国家提供援助的方式进行出口，放弃要求硬通货支付。这种做法（类似于后来颁布的《出口增长计划》）威胁到澳大利亚小麦的出口。欧洲的发展也对澳大利亚的出口环境造成了不利的影响。特别值得关注的是英国即将加入欧洲经济共同体（EEC）。英国的帝国特惠制曾经使澳大利亚的贸易受益，一旦英国加入了欧洲经济共同体，那么澳大利亚无疑会受到影响。这些变化都迫使澳大利亚为它过剩的生产寻找新的出路。一种战略是利用日本经济的高速发展（1957年签署的对日贸易条约与此相关），另一个选择是中国，这个全球人口最多的国家，对澳大利亚的企业来说，是最具有吸引力的理想销售市场。

如果上述这些发展构成了澳大利亚努力进军中国市场的负面压力的话，同时，也存在这样做的积极动因。尽管在1960年经常性的小麦出口开始之前，澳大利亚和中国的贸易规模很小，但是，它毕竟为以后贸易关系的扩大提供了基础。实际上，如前所述，澳大利亚对中国的出口在20世纪50年代末期就有一种强劲的增长趋势。澳大利亚在中国的商务经验说明，中国

第二章
建交前的博弈（1949～1972）

市场是有利可图的，潜力是巨大的。例如，在1957年，澳大利亚初级产品工会莫纳罗区委员会的官员提议，派遣一批配有针织羊毛和针线设备的澳大利亚妇女到中国，向中国人普及羊毛知识。这一提议基于这样的考虑，即"如果每个中国人一年用一件羊毛制品，那么将使整个澳大利亚的羊毛制品销售一空"（Albinski, 1965：255）。

将这个想法在中国市场上部分转化为现实的机遇很快就出现了，不过不是羊毛，而是小麦的大量销售。的确，正当澳大利亚经济面临困难的时候，中国大量购买小麦的举动扭转了局面，开始显示出中国市场的巨大潜力。1985年，澳洲小麦局主席莱斯利·普锐斯（Leslie Price）对小麦贸易做了最好的总结。因为小麦贸易在澳大利亚和中国的贸易关系中占据极其重要的位置，这个案例值得引用。在概述了澳洲小麦局的功能和它早期在中国和日本销售小麦的作用后，普锐斯说：

> 主要由于受到欧洲战后经济恢复的影响，全世界的小麦贸易在20世纪50年代末是呈下降态势的。那些主要的澳大利亚传统小麦进口国，纷纷采取自给自足政策以及对本国产品进行大量的政府补贴，导致澳大利亚谷物储备日益增大……为了增加日本进口澳大利亚小麦的市场份额，解决小麦过剩问题，时任澳洲小麦局的总经理佩雷特（C. J. Perret）先生在1960年12月亲赴东京进行谈判。在回来的途中，他在香港做了停留。在香港期间，他在与中国商界朋友午餐时获悉，中国正在经历数年的干旱，可能需要进口小麦，而澳大利亚正好可以提供。席间，巧遇常驻香港代表中华人民共和国贸易公司与西方国家开展进出口贸易业务的高级官员，其表示中国确实有兴趣购买大量的小麦。经过这次讨论后，当天下午以及第二天双方便草签了一份总量达30万吨的小麦销售合同……第二年，也就是1961年，总经理又回到了香港，应中国方面要求，和中国贸易商协商签订另一份75万吨小麦的购买合约。头一年那30万吨小麦的正式合同也在这第二次访问中得以签署，事实上那第一批小麦此前早已装船运走。双方的互信是商业成功的基础条件，双方正是通过最初的谈判建立起这样的互信，在正

式合同尚未签署的情况下，货物就已经装运，货款也已经进账……1961年上半年，根据这两份合同，超过110万吨小麦和4.4万吨面粉运输到了中国，这对澳大利亚小麦局来说实在是意想不到的收获，解决了大量库存的问题，让他们松了一口气。这些合同也是具有历史意义的，因为它们是和中华人民共和国签订的第一批数量如此庞大的小麦购销合同。（Price，转引自 Dunn and Fung，1985：179 - 185）

1960年之后的对华小麦销售，引发了澳大利亚的小麦产业的空前繁荣，使得小麦被大量种植和生产。（Fung，1982：5）关于中国市场对澳大利亚的意义，威尔钦斯基（Wilczynski）在1966年写道：

并不像一般的出口市场那样，中国对澳大利亚来说比世界上其他的进口国家更有意义。中国吸收了澳大利亚5%的出口，加拿大和阿根廷只占2%，英国和法国不到1%。（Wilczynski，1966：165）

和中国进行贸易在经济上有着巨大利益，但在冷战时期，这在政治上是有争议的。一方面，一般公众，尤其是农民、羊毛生产者和大量的企业界人士，支持和中国贸易，主要是因为这对澳大利亚的经济有利；另一方面，主要政党在这个问题上的反应则是各种各样的。

作为反对党的工党积极支持同中国进行贸易，并且催促政府采取更加积极的措施促进这样的贸易。20世纪60年代末之前，澳大利亚工党曾将贸易作为抨击政府的一种政治手段，使其难堪，工党指责政府同一个没有被承认的国家进行贸易是"言行不一致的"和"虚伪的"。从1969年开始，澳大利亚工党在高夫·惠特拉姆的领导下改变了策略，从更加积极的方面看待贸易和承认问题，宣称强大的贸易关系能够保证外交关系的建立，反过来外交关系又能够促进贸易。（Fung，1982）

反对贸易的呼声主要来自民主工党、国家公民理事会和一些自由党的后排议员。一些人士认为，小麦销售可能导致对中国市场的过分依赖，从而使澳大利亚变得脆弱，有可能受到中国的政治讹诈。另一些人则指控政府通过小麦稳定基金，对小麦的销售进行补贴，将纳税人的钱用于装备中

第二章
建交前的博弈（1949~1972）

国军人，而这些军人从事着威胁澳大利亚国家安全的活动。还有一些人从道德制高点坚称，和信奉共产主义的敌人做生意是罪恶的，这会加强共产主义政权的力量和持续性。为了证明他们的观点，反对者们甚至提出一个计划，打算成立太平洋联盟，将一些反共国家联合起来，增强它们之间的经济联系，以此来取代中国市场。但是，认识到对华贸易得到了广泛的民众支持，而且反贸易的游说团体力量弱小，民主工党、国家公民理事会和其他有相似观念的团体也承认太平洋联盟不太可能成功，它更像是一种策略，来转移公众对贸易的注意力，而不是一个真正可选择的替代市场。（Albinski，1965）

鉴于经济的需求和不断扩大的民众支持，澳大利亚联盟党政府支持同中国进行非战略性贸易的态度现在就更好理解了。政府这种姑息对华贸易的态度，可以通过进一步考察乡村党的特殊作用做出更充分的解释。作为一个联合执政的伙伴，乡村党在同中国有关的政治问题上大多与自由党同僚持相同立场。但是在贸易问题上，乡村党一直在显示它的特殊性，并且这样做有正当的理由。乡村党代表着澳大利亚农业团体的利益，初级农产品贸易，如羊毛和小麦这两种在中国最畅销的商品的贸易对该党至关重要。以小麦为例，1961年以来联邦选举中获胜的17个乡村党议员中，有8个来自小麦产区，其中包含了14个被指定为重要小麦产地的选区。1963年的选举之后，20个乡村党的议员中有9个代表这些农业选区。（Albinski，1965：265）因此不难想见，乡村党比自由党对中国贸易持更为积极的态度。与此同时，乡村党领导人约翰·麦克文（John McEwen）既是联盟党政府的副总理又是贸易部部长，对中国贸易表现出极大的热心，认为共产党的钱也是钱，就算澳大利亚不卖东西给中国，其他国家也会卖。正如阿尔宾斯基（Albinski，1965：266）所指出的那样："最热心于对华贸易的政府官员是麦克文，而不是孟席斯或者外交部部长。"20世纪70年代初期，当中国从孤立状态中走出来，并希望把贸易作为实现政治目标的手段时，又是乡村党，通过它的新任领导人道格·安东尼（Doug Anthony）重新审视了对中国的政策，缓和了对中国的敌意，并且同中国进行探索性的对话。

正是这些国内因素，影响着澳大利亚政府对中国的非战略性贸易政策的制定。正如前文提到的，政府表面上极力撇清与这种贸易的关系，但暗中支持这种贸易。然而，政府的这种支持是有限度的。一般来说，在贸易和政治之间权衡，政治因素的考量会重于经济因素的考量。尽管和中国进行贸易在经济上很诱人，但联盟党政府在提升贸易关系方面的作为十分有限。事实证明，堪培拉只有在经济上获益和政治上便利的双重权衡的基础上才会允许这种贸易。不管何时，当贸易与政治发生冲突的时候，政治战略上的考虑就会高于一切。一个例子就是，1963年，政府直接否决了澳洲小麦局将对华贸易的信用条件从12个月延长到18个月的做法。① 另一个例子是，政府甚至试图用贸易来表达政治意图：

> 1967年，根据公开文件记录，澳大利亚政府指示澳大利亚小麦局在年末协商会议上告诉中国，如果不停止干涉东南亚事务，澳大利亚将重新考虑对中国的小麦供应。（Hayden，1984：86）

尽管这些只是联盟党政府将贸易和政治捆绑在一起的特殊而罕见的案例，即让贸易服务于政治，但这些案例表明了联盟党政府在制定对华政策过程中是如何权衡政治与贸易两者关系的。

总体来说，历届联盟党政府都遵循了一种对其有利的做法，即尽量避免直接介入日常对华贸易，而是让企业发挥作用，从而避免了政治上的尴尬。从这方面来说，澳大利亚政府在外交政策中，通过保持经济需要与政治谋划之间的平衡，成功地贯彻了现实政治原则。用阿尔宾斯基（Albinski，1965b：

---

① 阿尔宾斯基（Albinski，1965）对这个政府指令做出了很多解释，包括来自美国的压力，面临大选旗鼓相当的局面，害怕受到影响，对中国的信用保障缺乏信心等。但是他忽略了重要的一点。根据莱斯利·普锐斯（参见 Dunn and Fung，1985：181）的说法，从小麦贸易所构成的卖方市场这个层面来说，中国巨大的需求有时会推动澳大利亚小麦的生产能力走向极限。谈判时往往有必要向中国方面保证小麦供应是充足的。阿尔宾斯基（Albinski，1965）自己也曾经指出："很大程度上由于中国的购买，到1964年，海外市场对澳大利亚小麦的需求大大超过了库存。"（1965：284）澳大利亚政府在发布指令时肯定考虑到了这个情况，而不是担心中国取消对澳大利亚的小麦订单。但是，这一观点似乎并不影响政府做出基于政治因素而干预对华贸易的判断。

第二章
建交前的博弈（1949~1972）

127）的话来说，政府对华贸易的立场是，"在大多数情况下，两者兼得"。

特殊因素

尽管澳大利亚的对华政策大体上是由国际体系和国内因素共同决定的，但是与中国交往的过程中发生的一些特殊事例，无法仅仅从这两方面找出答案。一个明显的例子是，澳大利亚政府关于1966年在台北建立大使馆的决定。

1949年中华人民共和国成立之后，澳大利亚将它的大使馆从南京撤回，南京是战争时期"中华民国政府"的首都。尽管台湾当局仍保留其在堪培拉的大使馆，但澳大利亚并没有在台北建立大使馆，尽管它承认台湾地区的"国民党政府"。然而，1966年6月，澳大利亚政府决定在台北建立大使馆，目的是"恢复由于中国的首都迁离大陆而中断的澳大利亚在华代表机构"（《澳大利亚政府公报》，转引自 Fung, 1984：14）。尽管澳大利亚政府所做出的这个决定似乎是与台湾当局保持"外交关系"的自然步骤，但是这个决定的时机无法做出理性解释。有人会认为这是美国施压的结果。另外一些人则可能认为，这是活跃在堪培拉的那些亲台湾游说集团长期抗争，要求建立澳大利亚驻台北大使馆的结果。这些因素可能对这个决定的做出发挥了一定作用，但是，它们不能解释，为什么堪培拉对维系16年之久的做法突然加以改变。美国的确不时对澳大利亚施加压力，要求澳大利亚在台北建立大使馆，就像美国自己所做的那样。20世纪60年代开始，由于对中国"侵略性"的认知，以及民主工党及其追随者日益加深的影响，澳大利亚的对华政策变得强硬起来。然而，1966年和之前几年相比，并没有什么本质的区别。也许有人会说1966年中国开始了"文化大革命"，但是这个事件的影响在6月决定建立驻台北大使馆之前并没有充分显现出来。果真同之前几年相比的话，1966年更没有理由做出这样的决定。正如艾伦·雷诺夫（Alan Renouf, 1979）指出的：

> 澳大利亚对中国的政策在1966年开始恶化。当时的形势是，不少国家终止了与台湾当局的关系，转而与中国修好，澳大利亚却在这时决定在台北建立大使馆。这一举动既没有事先计划，也不合乎情理。

(Renouf, 1979: 327)

为什么澳大利亚政府会在这时选择做出这个决定？难道澳大利亚没有察觉到国际上出现承认中国的趋势？如果1966年国际和国内的形势和前几年没有什么不同，那么1966年有什么特殊之处，能够解释为什么澳大利亚向台湾进一步靠拢而不是尽早脱身呢？

再仔细研究，我们便会发现，1966年和之前的16年有一个巨大的不同之处，即澳大利亚政府最高领导层的人事变动。1966年1月，罗伯特·孟席斯在担任16年总理后退休，由他的财政部部长哈罗特·霍尔特接任。霍尔特的对外政策延续了孟席斯的传统，而且由保罗·哈斯拉克（Paul Hasluck）继续担任外交部部长，更加有助于这种连续性。但是两位总理的风格和施政重点有很大的不同。正如冯和马克林（Fung and Mackerras, 1985）所指出的那样：

> 在孟席斯的阴影下工作了近20年，霍尔特渴望摆脱孟席斯的形象和风格。的确，他们的性格截然不同……他们对澳大利亚强大朋友的感觉也有所不同。霍尔特不像孟席斯那样"从头到脚充满英国气息"，他比孟席斯更为倾向于美国一边。（Fung and Mackerras, 1985: 46）

他们两人在风格和关注点上的不同也反映在对中国问题的处理方法上。尽管战略上的考虑迫使孟席斯加入由美国领导的联盟，以保障澳大利亚的安全，但是，他是一个有着深厚帝国情结的人，不愿意盲目地投向美国的怀抱而使英国政府难堪。他的政府在对待中国贸易的问题上采取折中立场，既不同于美国对中国的完全贸易禁运，又有别于英国1957年之后取消所有对华非战略性贸易限制的政策。对驻台湾地区的外交机构问题，孟席斯政府也实施了一条折中路线，即一方面承认国民党政权，另一方面拖延在台北设立大使馆。[①]

[①] 20世纪70年代早期之前，美国在台北设有大使馆，当时英国已经与中华人民共和国建立了代办级外交关系，仅在台湾的淡水保留了一个领事馆。

第二章
建交前的博弈（1949~1972）

在其执政的 16 年间，孟席斯和他的外交代表们一直以外交事务部门缺乏训练有素的外交人员等技术性问题为借口，推迟在台北设立大使馆。当霍尔特执政时，他的亲美立场，以及他希望"充当亚洲非共产党国家的经济发展与政治稳定的桥梁和轴心"的愿望，促使他早日实现在台湾地区设立外交机构的愿望。（Fung and Mackerras，1985：46）6 月份的这个决定突出地表现了当时特殊环境下霍尔特的个人作用。根据有关这次事件的资料（Freudenberg，1977：201；Millar，1978：290；Renouf，1979：327），时任台湾当局驻澳"大使"陈之迈是一位杰出的学者和受人尊重的外交官，他和霍尔特有着极好的私人关系，他通过个人外交，对堪培拉的官僚们施加了很大的影响。6 月的一个晚上，陈之迈设宴款待霍尔特。为了回报"大使"的盛情款待，霍尔特承诺在台北设立大使馆。霍尔特做这个决定时并没有事先征求过外长哈斯拉克或者外交部门的意见。尽管做出这个承诺的方式看似草率，但是霍尔特很看重与台湾当局关系的发展。6 月做出这个决定之后，他就在第二年 4 月对台湾进行了"国事"访问。

尽管对霍尔特这么做的动机一直存在猜测（他的过早离世更加助长了这种猜测），但毫无疑问，这个决定的做出，应该是由于他自己的信条和性情。认知理论或许可以帮助我们更好地了解这类情况，尽管它无法提供一个确切的答案。根据这个理论，相同的外部刺激，由于不同个体的不同倾向和先前存在的信仰会产生不同的反应。同样的，20 世纪 60 年代中期，国际和国内的环境因为孟席斯和霍尔特不同的外交风格和关注重点会对他们产生不同的影响。对于同样的来自美国的压力，孟席斯没有霍尔特的感触那么强烈。同样的，霍尔特比孟席斯更能接受支持台湾的游说，包括台湾的"大使"陈之迈的游说。

可能还有人要问，为什么霍尔特会做出这样一个"糟糕的决定"，很明显这样做会限制澳大利亚在解决中国问题上的行动自由，而相反，其他国家都在竭力改善同新中国的关系。在这个案例里，要回答这个问题就得考虑决策者——霍尔特的性格特征。正如许多人指出的那样，霍尔特缺乏外交事务经验——米勒（Millar，1978：290）将他描述为一个"处理国际事务的新手"。冯和马克林（Fung and Mackerras，1985：47）评论霍尔特"缺乏外交天赋，对重大国际事件欠敏感"。也就是说，缺乏外交经验以及对国外事务了解肤浅可能导致了霍尔特的失败，使得他没有看清国际上与新中国交好的趋势，也没有预见到他的决定会产生的后果。实际上，霍尔特自认为他的决定是正确的，因为这一决定符合他对国际和国内形势的认知，他进而访问台湾的决定恰好印证了他确信其自我认知是正确的。

这个例子只是联盟党政府执政20多年来错误认知的冰山一角。格雷戈瑞·克拉克（Gregory Clark，1967）举出了更多的事例，证明澳大利亚政府未能将北京的言行加以对照，从而对中华人民共和国的意图做出误判。这个问题有如下两方面值得研究。

第一个方面，澳大利亚普遍缺乏对中国事务的了解，而具体到澳大利亚政府部门，尤其缺乏精通对华事务的人才。克拉克说："从1949年到1958年，找不到任何一个受过专门训练并精通一门亚洲语言的澳大利亚外交官。"这就导致了澳大利亚亚洲外交的局限性，在亚洲，只能依靠同精通英语的亚洲精英进行交流。直到1967年，在外交部官员中，也只有三个人受过中文训练。（Clark，1967：192）

第二个方面是，澳大利亚最高决策者具有一种倾向，即忽视那些与他们自己信念不相符的信息。尽管外交部缺乏有关中国的专门知识，但是，仍然有少数几位中国问题专家已经在部里工作了，包括格雷戈里·克拉克（Gregory Clark）、费思芬和安肯特（Ann Kent），确实能够为对外政策提供一些不同凡响的建议。他们不仅支持承认新中国，而且提供证据证明，新中国没有侵略性，因而不像大多数人假设的那样，对澳大利亚构成巨大威胁。但是，他们的建议往往被上司忽略。受到困扰以后，那些能够说中文的官员纷纷离开政府成为学者。（根据本书作者与这些人的谈话记录）这反过来又增强了外交部的"团体迷思"心理现象。

克拉克（Clark，1967）揭示出堪培拉的决策层中，由于存在对中国的恐惧，以及过分相信冷战两大阵营理论的"意识形态和心理反应"，不愿意接受不同的观点。这种现象也可以通过外交决策的认知理论来理解，这种理论指出，决策者倾向于"认同和他们的假设相符的证据，同时否认不同的假说"（Jervis，1976：181）。根据这些理论，由于出现了可选择的情况，或者说是不一致的因素,在心理上对决策者造成了不舒服的感觉,他/她会想办法"减少这种不一致以达到一致",同时,"竭力避免不和谐情况的发生和不一致信息的出现"。(Jervis,1976:382)基于对共产主义威胁和中华人民共和国侵略性的强大信念,堪培拉的政策决策者们对引起他们害怕和焦虑的证据非常敏感,而对于其他方面的信息要么有意忽略,要么认为是不真实的。抱有这种心态的后果就是巩固现有政策,也就是罗伯特·杰维斯所称的"政策惯性"(Robert Jervis,1976:406)。这种观点也许能够至少部分地解释,为什么面对国际环境的巨大变化,联盟党政府仍然在相当长的时间里对中国坚持敌对政策,以至于长期不承认中华人民共和国政府。

但是,当我们考察特质变量的重要性时,不应该忽略国际体系和国内因素。如果没有来自国际和国内环境的外部刺激因素,决策者便缺乏做出判断的基础。如果将冷战的国际环境与对中国共产党心存恐惧以及不信任的国内氛围剥离开来,澳大利亚的对华政策便无从谈起。重视决策分析理论往往导致过分强调个人作用,杰维斯明智地告诫人们,"除非人们看世界的视角有明显的变化,以至于影响了他们的行为,否则我们无须为了解释外交政策而探讨决策学"(Jervis,1976:14)。

结 论

1949~1972年,澳大利亚对华外交主要表现出政策连续性,而在这个时期的两端曾经发生过一些变化。早先的变化发生在中国参加朝鲜战争时期,那时澳大利亚表现出更加强硬的态度。之后的变化发生在尼克松政府修改了对"红色中国"的遏制政策之时,澳大利亚也随即缓和了对中国的敌意。在整个20世纪50年代和60年代对华政策除了些许微调,总的来说是缺乏变化的,即一直对中国保持敌意,只是对抗水平有所不同,其中,最显著的事件就是驻台北大使馆的建立。最明显的变化发生在联盟党政府执政的最初和最后,尤其是在20世纪70年代早期,可以看作施政手段的改变——比如开启与中国的对话,以及1971年取消"中国差别"——这些都是外交政策的新手段。然而,这些都不是根本性的政策改变,没有导致双边关系的根本突破。

这些政策趋势,必须结合体系的、国内的和特殊个性化因素等进行综合考察。系统变量,包括冷战、对共产主义扩张的恐惧、与美国的战略联盟等,使澳大利亚政治上拒不承认新中国政府,并在联合国席位问题上采取与北京敌对的立场;国内因素——包括政治和经济上的——促使澳政府对中国的贸易采取放任政策。这些变量——不管是体系变量还是国内变量——都和其他变量一起发挥作用,无法确定是哪个因素对政策的哪个方面起了作用。当无论是体系因素还是国内因素,无论单独还是共同加以分析,都无法令人满意地解释政策制定全过程时,对特质变量的分析也许不失为一个卓有成效的方法,正如上文解释霍尔特1966年为何做出在台北设立大使馆时所展示的方法。

总之,澳大利亚的中国政策,在承认新中国以前,是由政治/战略关注主导的,经济因素的考虑被放在第二位。主要是因为冷战时期的敌对环境和国家对安全的执着追求,澳政府在寻求贸易与政治之间的平衡关系时,不免向政治方面倾斜。这种心态阻碍了堪培拉执行独立的对华政策。然而,澳大利亚国内政治因素和主要决策者的偏好,使该国的若干政策结果与其强大盟国的要求不尽相同,甚至在冷战的高潮时期也是这样。正是这些细微差异,为下一届澳大利亚政府的决策者们打下了基础,使其在制定外交政策时,更多地考虑本国自身的利益。战后国际环境限制了堪培拉在开展对华外交时寻求更大自由空间的努力,这种努力不是一蹴而就的,日后还须走过漫长曲折的道路。因此,要扭转这种局面还有待国际环境的进一步改善和澳大利亚对外政策的重新定位。下一章将对此进行详细探讨。

第三章　从惠特拉姆到弗雷泽（1972~1983）

政策概要

1972年惠特拉姆政府的上台，是澳大利亚对华政策的一个历史性转折点，澳中关系进入了一个新时代。惠特拉姆执政后，澳中两国建立了外交关系，双边关系格局出现重大变化。

惠特拉姆时代

如果说20多年的联盟党政府执政时期澳大利亚对华政策没有任何重大改变的话，那么在高夫·惠特拉姆领导下的澳大利亚工党执政时期情况则大不一样。在1972年圣诞节前的选举过后，惠特拉姆的双人过渡内阁［由惠特拉姆和兰斯·巴纳德（Lance Barnard）组成］采取的第一个政策措施就是承认中华人民共和国政府为中国的唯一合法政府，并"将澳大利亚使馆从台北转移到北京"（Gough Whitlam，1985）。由于预见到新政府政策势必发生重大改变，时任澳大利亚驻台北"大使"邓安佑在选举结果公布后马上赶回国。不久以后，惠特拉姆任命费思芬为新中国成立后的首任驻华大使。费思芬是一位汉学家，曾经在1971年澳大利亚工党领袖访华期间担任顾问和翻译，并因此被中国政府领导人所熟悉。澳大利亚此举获得了北京的欢迎，也因此北京方面迅速做出反应，委任王国权为首任中华人民共和国驻澳大利亚大使，作为北京政府对于堪培拉新政府友好表示的回应。

对中华人民共和国政府做出外交承认之后，澳大利亚采取了一系列步骤，以巩固双边关系发展的基础。伴随着一个接一个的澳大利亚部长和其他高官的访华，双方政治关系保持着高速发展，直至1973年惠特拉姆访华——这是历史上首位澳大利亚总理访华。这次访问受到广泛好评（如Fung and Mackerras，1985：173－180），惠特拉姆及其代表团被中方高规格的接待和热情深深打动。这可能也是澳大利亚公众第一次能够用这样积极的眼光，以官方和开放的方式观察中国。尤其值得一提的是，在所有关注着惠特拉姆此行的人中，有一个来自昆士兰农场的16岁男孩，他受当时所见所闻的鼓舞，最终决定学习中文。这个来自澳大利亚乡村的年轻人名叫Kevin Rudd，也就是在34年后成为第一位可以说普通话的澳大利亚总理的陆克文，而这对于新世纪澳中关系有着重要的意义。

与两年前惠特拉姆还担任反对党领袖时，其重要的但也是颇具争议的到访不同的是，这一次他的到访不仅是作为一个国家的客人，更是以中国大陆人民的老朋友的身份来访，中国人民十分感激他在需要时所给予的支持。[①] 代表团不仅与周恩来总理对话，部分成员甚至还有幸出席了澳大利亚总理与"伟大舵手"毛泽东的首次会见。

此次访问更大的现实意义是——尽管当时并没有意识到——在代表团的中方陪同人员中有一个不容忽视的人物，那就是邓小平，他在几个月前刚恢复副总理职务，后又经沉浮，最终成为中国的最高领导人。据曾经两次陪同惠特拉姆访华的工党元老汤姆·博恩斯（Tom Burns）回忆，邓小平在所有中方的陪同官员中显得比较安静，也很低调。实际上，很少有人注意到这个不起眼的小个子，而这个人将改变世界近四分之一人口的命运。这段插曲早就已经淡出公众的记忆，但还有一些人，包括博恩斯，精心保存着惠特拉姆与中国主人的一张照片，照片中左边很偏的位置站着的正是邓小平。多年后，博恩斯很骄傲地指着照片边上这个小个子，而不是其他站在中间的人物，告诉中国客人，他曾经参与了澳中关系中多么重要的一个事件。

---

① 惠特拉姆自己很喜欢一句中国谚语"吃水不忘挖井人"，这也是中国朋友在评价他对于推动中澳外交发展的重大贡献时常用的一句话。

第三章
从惠特拉姆到弗雷泽（1972~1983）

澳中政治关系的升温，促进了双方经济往来的发展。与几十年前联盟党政府企图避免加强与中华人民共和国的贸易往来不同，惠特拉姆政府充分利用双方建交带来的机遇和良好的政治氛围，采取了具有前瞻性的步骤，大力推进与中国的贸易。

意识到中国的对外贸易当时高度集中在少数几个国营进出口公司的现实，为了有效推进对华贸易，堪培拉与北京缔结了政府间框架协议。这一努力的成果是，在1973年7月签署了第一个澳中贸易协定，协议规定，在双边贸易中，相互提供最惠国待遇（MFN）；成立联合贸易委员会；探讨签订长期商品合约的可能性。前两项条款对于双边贸易的促进和便利化是必要的，而长期商品合约的条款，很明显是为了使得澳大利亚向中国出口的稳定化。1971/1972年度中国政府突然停止进口小麦的举措，证明了没有外交关系的货物出口是多么不稳定，因此，利用双方政治关系保持双边贸易的稳定显得尤为重要。1973年10月，澳大利亚小麦局和北京签署了一份3年供应470万吨小麦给中国的长期合同，合同总价值高达6亿澳元。这份合同的签订象征着澳中小麦贸易进入了一个全新阶段。[①]

小麦并非是从澳中双边贸易协定中获得好处的唯一产品。其他澳大利亚重要的出口产品，比如糖和铁矿石也从双边协定的长期商品合约条款中迅速获益。正如同两国从20世纪60年代开始的小麦常规贸易一样，澳大利亚正苦于找不到糖和铁矿石的出口市场时，该两种产品也签署了第一份与中国的长期合同。惠特拉姆1973年11月访华时，中国宣布同意在未来的3到5年期间，每年从澳大利亚购进至少30万吨糖。而在此之前的几个月，中国已经签署订单，从昆士兰农场购进5万吨糖。当时英国政府正准备取消英联邦糖协议，根据该协议澳大利亚每年向英国出口年均33.5万吨糖，而这个数字刚好被中国的进口所弥补。尽管这份协议因为国际市场价格的大幅度波动最终没有成交，但是，中国如此大量地从一个非社会主义国家购糖的计划，足以对澳大利亚糖业甚至对国际糖市场产生影响。

---

① 有关第一份长期小麦合同的内容，请参阅冯和马克林的书（Fung and Mackerras，1985：170-259），经过细致分析，本书的结论似乎更符合逻辑。

与糖的贸易协定最终无法兑现不同的是,铁矿石的交易十分富有成效。1973年9月,戈兹沃西矿业公司(Goldsworthy Mining)成功出口了第一船重量为2万吨的铁矿石到中国,标志着澳大利亚进入了中国铁矿石市场。受到此次成功交易的激励,其他几个澳大利亚大公司也开始与中国伙伴进行谈判,这其中哈默斯利铁矿公司(Hamersley Iron)最为成功,1973年12月,它成功签订了一份价值2000万澳元的销售合同。在当时,此类交易对澳大利亚铁矿石行业十分重要,因为当时的情况是,阿以冲突后引起的能源危机造成了日本方面铁矿石需求的不稳定,澳大利亚当地生产者对他们"可能接到的任何一份合同都不顾一切地争取"。

除了签署双边贸易协定以外,澳大利亚政府在推动与对华贸易方面的作用,还体现在部长级的贸易代表团和贸易展览方面。最值得注意的例子是海外贸易和第二产业部部长吉姆·凯恩斯(Jim Cairns)于1973年5月率领的访华团。此次访华成了澳大利亚对华贸易政策发展的一个里程碑,因为它结束了过去20多年来政府避免过分张扬其介入与中国贸易的局面。与之相反,此次凯恩斯代表团不仅高调,并引起了私人部门的强烈响应,超过2000位私人企业家申请加入该代表团。那些成功加入代表团的包括澳大利亚商界高层人士,比如BHP公司董事长伊恩·麦克伦南(Ian McLennan)、梅亚百货(Myer Emporium)的董事长肯尼斯·梅亚(Kenneth Myer)和科尔斯集团董事长诺曼·科尔斯(Norman Coles)。

澳大利亚政府还积极参与两国间的贸易展览活动。1974年10月,澳大利亚在海外举办的最大型展览会在北京举行,并由吉姆·凯恩斯(Jim Cairns)揭幕。尽管该展览只注重农业和矿业,但它有利于提高中国民众对于澳大利亚经济实力的整体认识。一个星期以后,一个中国的贸易展在悉尼开幕,共展出了价值200万澳元的商品,其中,部分商品成功出售,包括农产品和纺织品。(Fung and Mackerras, 1985)

私营部门对于政府的倡议做出热情的回应,不仅表现在积极参加上述政府组织的贸易代表团,更体现在机构建设上。1973年年初,在澳中建交后不久,很快成立了澳大利亚—中国商务合作委员会(ACBCC)。该委员会会长奥尔德里奇(B. I. Aldrich)曾经指出(Dunn and Fung, 1985: 142 –

145)："澳大利亚商界很习惯于为了某个共同的目的或共同的利益组成协会——有时候这种机构也以商务合作委员会（BCC）的形式出现。"在澳大利亚—中国商务合作委员会成立前，类似的商务合作委员会已经存在了，例如日本—澳大利亚商务合作委员会（AJBCC）以及相关国家的合作商会，如与韩国、菲律宾、印度尼西亚和新西兰等国也有此类委员会。当澳大利亚—中国商务合作委员会成立的时候，人们就意识到以往的惯有模式不能被简单地复制到中国来，因为中国的政府和商界的组织结构是独特的。为了解决这一问题，澳大利亚—中国商务合作委员会就与中国国际贸易促进会（CCPIT）联合起来，在最初几年专门从事促进两国商界往来和互访的活动。这种方法被证明是行之有效的，而到了20世纪80年代初，在中澳贸易10亿澳元的总额中，超过75%都是由该委员会的企业成员完成的。随着时间的流逝，澳大利亚—中国商务合作委员会（后来更名为澳大利亚—中国商务理事会，ACBC）不断加以调整，以适应新的环境变化，并在后来的岁月中为澳中经济关系的发展发挥了更加积极的作用。

弗雷泽时期

如果说惠特拉姆政府在其短暂的执政期内，为澳大利亚对华政策奠定了一个新的基础，那么，接下来的继任者，必须进一步完善双边关系的相关制度框架。在澳大利亚总督约翰·罗伯特·柯尔（John Kerr）爵士决定解除惠特拉姆总理的职务后，在1975年的选举中，澳大利亚自由—乡村党（LCP，后来更名为自由—国家党，LNP）联盟领袖弗雷泽（Malcolm Fraser）胜出。尽管是出于不同的动机，弗雷泽总理准备完成这一使命。

弗雷泽政府并没有改变惠特拉姆的对华友好政策，也没有回到联盟党执政时期的对中华人民共和国敌对的状态。他选择继承其前任的政策，并且将其发扬光大——如果有所不同，那就是弗雷泽采取了更加积极的对华态度。不同于惠特拉姆在出访了欧洲、北美和东南亚几个国家后才出访了中国，弗雷泽将中国列入他作为澳大利亚总理出访的首批国家中。尽管遇到了一些小小的官僚主义的障碍，弗雷泽仍于1976年6月出访了中国。此次出访使得双边关系比以往更加紧密，无论从中方还是澳方的角度来看，都无疑是极其成功的。弗雷泽对中国的喜爱绝对不是昙花一现,在 6 年后的 1982 年 8 月,他再次出访中国,而此时的中国已经开启了历史性的现代化建设进程。根据中国传统文化,弗雷泽两次访华的时间——6 - 6 和 8,预示着双边关系的良好发展。① 中国方面非常热情地回应了弗雷泽的行动。时任副总理李先念,他后来在 20 世纪 80 年代中期成为中国的国家主席,于 1980 年 5 月出访了澳大利亚,成为当时澳中建交后出访澳大利亚的最高级别的中国官员。事实上,中国对弗雷泽政府的热情发展到很高的程度,当时中国驻堪培拉使馆将其所有的资源都用于同执政党培育密切的工作关系,以至于忽略了那些曾经为开拓中澳关系和中澳建交发挥过重要作用的反对党即工党成员们,并令他们感到失望。(本书作者 1991 年与工党元老的谈话)

弗雷泽时期中澳关系的紧密,还体现在双方开始了国防领域的交流。托尼斯崔(Tony Street)在取代安德鲁平克(Andrew Peacock)成为外长后于 1981 年访华,此后两国决定在各自驻对方首都的使馆中安排一位国防武官。这是非常重要的一步,不仅仅是因为中国是第一个与澳大利亚同意互设国防武官的社会主义国家,更重要的是,这一决定与澳大利亚当年派遣军队参加越南战争以对抗社会主义的行为形成了鲜明的对比。1981 年 9 月,伴随着澳大利亚的护航驱逐舰"天鹅号"(HMAS Swan)驶进上海港口,并与中国东海舰队的驱逐舰相会,两支昔日敌对的武装力量第一次举行了友好会晤。

作为澳大利亚对华外交的补充,1978 年 5 月,澳大利亚外交部设立了澳大利亚—中国理事会(ACC)。该理事会的主要宗旨是"促进中澳双方了解;扩大澳大利亚和中国长期交往的领域;为澳大利亚政府提供如何巩固与中国及中国人民关系的意见和建议"(转引自澳大利亚—中国理事会章程)。自成立以后,澳大利亚—中国理事会在促进双方人员往来和交流方面发挥了关键作用,开展了广泛领域的活动,包括贸易、农业、法律、音乐、教育、科学、体育、大众传媒等领域。

---

① 根据中国民俗,数字"6 - 6"意味着"大顺"——"六六大顺"或者"一帆风顺";而数字"8"则意味着"繁荣",其南方方言发音类似于"发财"。

第三章
从惠特拉姆到弗雷泽（1972～1983）

双边关系的扩展并不局限于国家层面。弗雷泽执政的后半期，澳大利亚的一些州也开始与中国的一些省结对，开展经济交流。到弗雷泽执政最后一年的1983年，中澳之间已经建立了三对友好省州关系，分别是新南威尔士州和广东省、维多利亚州和江苏省及塔斯马尼亚州和福建省。这样的发展为中澳关系添加了新的动力，尤其是在实质性的经济往来方面。

由于受到良好的政治环境的保护，双方经贸关系在弗雷泽执政期间出现了一个繁荣时期。政府在这一方面的主动性表现在两国签订了一系列经济及相关领域的合作协议。包括1980年5月签订的《科技合作协定》、1981年4月签订的《文化协议》、1981年9月签署的《双边贸易协议》、1981年10月签订的《发展技术合作协定》、1984年5月签署的《农业合作协定》，以及大量的双边协议及相关合作条款。其中，《科技合作协定》有助于中国实现其现代化进程，农业协定则反映了中澳合作的巨大空间——利用澳大利亚的专业技术改善近10亿中国人的生活，而其中将近80%居住在农村地区。澳大利亚是第一个与中国签署技术合作协定的西方国家，这项协议的重要性在于，它显示，澳大利亚正式向中国的发展提供协助，尽管援助是有节制的。这标志着双方经贸关系的一个新纪元，更重要的是，在之后的几年内，这项协议成了澳大利亚系统化地提供援助的法律框架。

到20世纪80年代初，两国间的经济活动领域已经迅速扩大，以至于1973年签订的贸易协定已经无法适应两国经济活动的扩大。因此，双方签署了一份附加"议定书"，目的是"进一步加强、扩大和深化经济合作"（引自该议定书文本）。议定书重申了之前协定中所确定的原则，并在平等和互利的基础上列出了更加详细的经济合作领域。这些文件，除为双边经贸往来提供了框架性的基础以外，也记录了双方建交以来所经历的重要发展历程。

的确，到弗雷泽政府结束时，两国的经贸关系较10年前更加多元化了。引用一位中国驻澳大利亚前任大使聂功成的话来说，经济联系从简单的贸易发展到直接的经济技术合作。（转引自 Dunn and Fung，1985：6-9）

1979年中国颁布《中外合资经营企业法》以后，两国间除了货物和服务的交易外，澳大利亚在中国的直接投资或其他方式的经贸合作成了双方经贸关系的新特点。根据该法案，几十年来第一次允许国外企业和个人在中国的领土上与中国企业进行合资经营。1982年,全国有近30家中外合资企业获得批准,而澳大利亚企业在这个过程中扮演了积极角色。

这其中值得注意的一个案例是,中澳合作开采石油资源。尽管与国际性大集团相比规模较小,澳大利亚的企业包括CSR、BHP、Ampol Exploration都参与了20世纪70年代末西方油气行业财团对中国沿海地区的地质考察。之后,这些公司也都参与了中国沿海的油气开采活动。1983年5月,它们作为英国石油公司旗下财团的一部分,与中国海洋石油公司签署了第一份合同,负责开发珠江河口盆地和黄海的石油资源。1985年5月,中国石油天然气勘探开发公司与外国财团签署第一份合同,合作开采陆上石油,开采地点是海南岛,而这个外国财团正是由一系列澳大利亚企业组成的,包括CSR、BHP、Basin Oil NL、国家互助生活公司(National Mutual Life)的一个子公司及盆地资源公司(Base Resources Limited)。CSR油气部官员德鲁(M. F. Drew)指出,一方面是因为中东危机引起的能源动荡,使得寻找油气资源的替代来源十分紧迫,而中国本身拥有完全未被开采的广阔的大陆架,更重要的是澳大利亚和中国的亲密的政治关系促进了澳大利亚对这个项目的积极参与。(Dunn and Fung,1985:201-202)

双方经贸关系的另一个特点是,"文化大革命"以后,中国第一次开始接受国外信贷以支持其国际贸易活动。1979年3月,澳大利亚出口金融与保险公司(EFIC)与中国银行确定了价值5000万澳币的一般信用额度,用以支持澳大利亚资本货物和相关服务的对华出口。这一信用额度的第一批资金被用来资助澳大利亚在中国旅游城市建设八家预制酒店,这些城市分别是南京、苏州、无锡、镇江、桂林和深圳。到弗雷泽政府末期和霍克刚刚执政的时候,一般信用额度已经增加到了1亿澳元。(Senate,1984)

出现这些新变化的同时,双方的传统贸易领域尽管经历了一些波动,但并没有减弱。惠特拉姆时期提出的长期商品合约仍在继续实施。1979年1月,澳大利亚小麦局(AWB)与中国签署了一份长期谷物合同,期限从1979年延到1981年,这在当时是澳大利亚所签订的最大的谷物合同。而这份合同在1981年再续约3年,即1982~1984年,那个时候,美国早已开始进军中国谷物市场了。尽管1973年的糖贸易合同因为价格不稳定而撤销,

第三章
从惠特拉姆到弗雷泽（1972~1983）

两国在 1980 年 7 月签署的第一份长期有效合同改变了这一情况。合同规定澳大利亚在 1981~1983 年间每年将向中国出口 25 万吨原糖，按时价计算，总价值为 4 亿~5 亿澳元。这份合同到期之后又续签了 3 年，总出口量与前 3 年相差无几。（Fung and Mackerras，1985）

总而言之，贸易的运行基本上反映了政府推动贸易的努力。10 年间，双方贸易令人振奋地增长了 8 倍，即从 1972/1973 年度的 1 亿澳元增长到了 1982/1983 年的 9 亿澳元（见表 3-1）。澳大利亚的出口经历了强烈的波动，1977/1978 年和 1979/1980 年分别有两次激增。另外，自中国的进口虽然一直平稳增长，但一直少于澳大利亚的对华出口。双边贸易强度大大增加。① 在这 10 年中，除了 1972/1973 和 1976/1977 这两个年份以外，中国一直保持澳大利亚前 8 到前 4 大出口目的地，而澳大利亚在中国出口目的地的排名则在 11 到 15 之间（Senate，1984：36）。

表 3-1　澳大利亚对华贸易，1972~1983 年

单位：百万澳元（时价）

年份	出口	进口	总额	（进出口）差额
1972/1973	62.8	49.9	112.7	12.9
1973/1974	162.5	71.9	234.4	90.7
1974/1975	247.5	81.1	328.6	166.4
1975/1976	219.8	68.9	288.7	150.8
1976/1977	184.7	103.1	287.8	81.5
1977/1978	581.0	113.4	694.4	467.6
1978/1979	437.6	142.6	580.2	295.0
1979/1980	845.5	199.6	1045.1	645.8
1980/1981	671.2	269.8	941.0	401.4
1981/1982	606.2	284.8	891.0	321.4
1982/1983	611.9	278.9	890.8	333.0

资料来源：ABS：《澳大利亚进出口月度报告》（引自 Senate，1984：35）。

---

① 有关澳中双边贸易强度的完整评估，请参看 Bucknall（1983）（转引自 Dunn and Fung，1985：146-156），必须说明的是，Bucknall 的早期研究采用的是"关联度"方法，在后来的研究中，转而采用更加标准的"贸易强度"方法。

在贸易结构方面，从中国的进口基本上没有什么改变，而澳大利亚对华的出口则呈现出多样化趋势。从中国的进口主要集中在纺织品、服装和鞋类产品，还有大量食品，但在这10年中的后半段，此类产品进口比重开始下滑。澳大利亚从中国进口的商品结构方面最大的改变在于石油和石油产品的增长，1973/1974年其占总进口额的1.5%，到1982/1983年则为5.7%。澳大利亚承认中华人民共和国后，对华出口更加多元化，之前的贸易主要被小麦出口所占据。20世纪80年代初期，尽管小麦仍是澳大利亚的主要出口产品，但对华出口方面小麦已经被羊毛和相关产品取代了，后者成为澳大利亚对华出口的最主要产品，并在1982/1983年达到了1.91亿澳元。从1979/1980年开始，中国开始向澳大利亚购买大量的棉花，并使得中国成为日本以外澳大利亚最大的棉花出口目的地。[①] 其他的出口产品也都经历了波动。小麦出口在1977/1978年达到顶峰，占当年澳大利亚对华出口总额的64.8%，而1982/1983年这个数字降到了29.7%。糖的出口占比曾在1976/1977年一度达到23.7%，在1982/1983年又跌回到12.7%。20世纪70年代，铁矿石和铁精矿砂的比重增长迅速，在1978/1979年度达到了21.6%，而在1982/1983年度则又跌到了6.6%。其他的产品比如生铁、钢、铝和铝合金、铅锌及其他金属和矿产品出口都经历了一定的波动。（Senate，1984：37-47）

改变和延续

以上对惠特拉姆及弗雷泽时期澳大利亚的对华政策的分析表明，这10年澳大利亚对华政策的特点是改变和延续并存。惠特拉姆政府初期，澳大利亚改变了过去对中华人民共和国政府不承认的态度，与其建立外交关系以来，改变是最显而易见的。一旦"从恐惧到友好"的改变取得了成效，

[①] 必须澄清一点，事实上，台湾地区，现在被澳大利亚当成是中国的一个省，比中国大陆进口更多的棉花。这一现象没有被包含在上述的计算之中；在澳大利亚的官方统计中，台湾地区的数据是被当成一个单独的实体来看待的。根据后面的计算原则，澳大利亚棉花进口量依次排序为日本、中国台湾、中国大陆。

第三章
从惠特拉姆到弗雷泽（1972~1983）

惠特拉姆领导的工党政府及其继任者——自由党的弗雷泽政府均执行对华友好的基本外交政策。这种即使政府更替，政策仍然保持连续性的现实表明，保守党已经放弃了其之前所持的对华敌视态度，从而出现了对华政策两党一致的局面。当然，无论是政府内部还是外部，不同的看法是一定存在的，但是，澳大利亚与中华人民共和国培育出来的友谊继续保持。从外交政策改变的本质来看，惠特拉姆执政第一年的改变是根本性的，而其后的变化是渐进性的。

政策解析

如果事实如此，那么什么是导致这种改变和延续的原因呢？换言之，为什么惠特拉姆当时能够改变已经存在近25年的敌对态度，带来了从恐惧到友谊这样的历史性的转变呢？为什么弗雷泽选择了继承他的政治对手的政策而不是回到自己的党派所曾经坚持的遏制"共产主义中国"的政策呢？除了前面列举的许多成就外，在建交的初期，是否也曾出现一些麻烦或问题，影响到建交初期快速发展的双边关系呢？要解答这些疑问，就需要像之前的章节一样，将澳大利亚的外交政策置于更加宏观的框架内进行分析，深入考察影响外交决策过程中的体系因素、国内因素和特性因素等各种变量。

惠特拉姆：再次聚焦

1972年12月，澳大利亚工党赢得选举，惠特拉姆随即发表了一份著名的外交政策声明，其中，描绘了澳大利亚在国际事务中担任的新角色：

> 政府换届给予了我们一次重新审视澳大利亚整个政策和立场的机会……我们的设想是，澳大利亚在国际事务中拥有更加独立的立场；澳大利亚尽量避免卷入海外军事行动；不支持种族主义；不管是在亚太地区，还是全世界范围内，澳大利亚都将发展成为一个独特的、包容的、合作的、受尊重的国家。（*AFAR*, May, 1973: 335）

确实，变革、独立、反种族主义是惠特拉姆外交政策的主题。在放弃了"遏制、前沿防卫和意识形态对抗"政策以后，惠特拉姆政府撤回了在南越的军事顾问，并采取措施，与之前联盟党政府出于意识形态考虑而拒绝承认的政府建立了外交关系，其中包括中华人民共和国、越南、朝鲜和民主德国。通过弱化其以西方为中心的联盟体系，澳大利亚渐渐将注意力转移到它自己的区域内。尽管澳新美同盟（ANZUS）仍然保持，但基于意识形态因素而建立的安全组织，如东南亚条约组织，以及反共产主义经济和文化的组织，如亚太理事会（ASPAC）的重要性均被澳大利亚工党政府降低了。（Albinski，1977：94）进而，澳大利亚更加重视区域性的合作组织——东南亚国家联盟（东盟，ASEAN），该组织于1971年在《吉隆坡宣言》中呼吁建立一个和平、自由和中立的东南亚。惠特拉姆甚至提出建立亚洲—太平洋论坛，包括东亚和东南亚国家，以及南太平洋论坛的成员，尽管他从未详细阐明该计划的细节（Albinski，1977：92 – 93），但是，他关于促进区域合作的构想是毋庸置疑的。政治独立和经济民族主义密切相关。在惠特拉姆执政时期，发起了一场收回澳大利亚资源所有权和控制权的运动，过去这些资源一直是由外国资本控制的。这不仅意味着"收回农场"，还引发了一场关于能源外交持续性的大讨论。能源外交指的是，在世界范围的能源危机时期，如何充分地利用澳大利亚丰富的自然资源获取国家利益。

澳大利亚反种族主义的主要思想体现在，反对南非种族隔离行为、支持殖民地独立，以及支持第三世界国家获得民族独立和自决。为了表达诚意，惠特拉姆政府采取措施，加速了澳大利亚仅有的半殖民地巴布亚新几内亚（PNG）独立的进程。早在20世纪60年代联盟党政府执政时期，臭名昭著的白澳政策就开始发生动摇，现在到了彻底"埋葬"它的时候了。新的移民政策根据家庭团聚和工作技能标准重新制定，并为后来增加亚洲移民在澳大利亚总移民中的比例打开了方便之门。

惠特拉姆对外政策中最重要的，也是争议最大的工程是实行变革，以达到重新开始。惠特拉姆坚信，政府的改变，赋予澳大利亚工党内外政策变革的机遇。在国际上，他最关心的是，树立一个新的澳大利亚国家形象，

第三章
从惠特拉姆到弗雷泽（1972~1983）

改变世界对其国家利益和国际义务的看法。对于惠特拉姆和他的同僚而言，工党政府执政下的澳大利亚整体外交政策所发生的变化是"真实而深刻的"（1973年1月27日，惠特拉姆在澳大利亚政治科学研究院暑期学校开学仪式上的演讲）。然而，当代评论家并不总是这样认为。对惠特拉姆政策改变程度持有保留意见的，早期最突出的是赫德利·布尔（Hedley Bull）。他将惠特拉姆对利益和义务的认知及其对手段和方式的认知区分开来，从而得出结论，认为惠特拉姆式的改变只是手段而不是目标的改变。"澳大利亚对其在世界事务中的利益和义务的认识，工党政府与其前任政府相比，并没有发生根本改变"（Bull，转引自Beddie，1975：34）。但是，布尔也承认外交政策的工具经历了"戏剧性的变化"，而这些"惠特拉姆政府采用的新手段和方式，将有助于我们了解澳大利亚改变目标的认知过程，并加快这种认知改变的进程"（1975：34）。这场争论还在持续。

最近这场辩论关注的重点不是惠特拉姆总理时期新的外交政策改变的程度，而是这些新外交政策的影响和结果，以及是否出现了新的外交政策模式。埃文斯和格兰特（Evans and Grant，1991：27）指出，尽管惠特拉姆总理在任内大幅改变了澳大利亚的政治面貌，但是由于其"在任时间较短，并没有为澳大利亚的外交政策建立长久的新模式"。不过，长期为惠特拉姆总理起草演讲稿的格兰·弗雷登伯格（Graham Freudenberg）不同意这种观点，他认为，"惠特拉姆在任期内的所作所为，为接下来10年的澳大利亚外交政策奠定了基调"（转引自Emy，1993：207-208）。

惠特拉姆总理时期外交政策的最大变化，毫无疑问是对华政策，这项政策的转变，不仅是巨大的而且是根本性的。用惠特拉姆总理自己的话来说，"没有什么国家能比中国更加突出地象征了我们的新志向"（引自Wilson，1980：278）。10年之后，工党外交部部长比尔·海登（Bill Hayden，1984：86）进一步强调指出："自从1972年12月工党执政开始，在许多方面，中国已经成为变革必要性的一个标志。"这种观点也得到了学界的印证。（Fung and Mackerras，1985：190）

惠特拉姆政府时期，澳大利亚对华政策的根本变化，与当时的国际体系变化密切相关。正如前文提到的，冷战从意识形态上将世界划分成两大敌对的阵营，但是，由于中苏分裂，冷战在 20 世纪 60 年代早期出现了缓和。美国总统尼克松上台以后，重新评估了世界的战略形势，认为世界上存在五大权力中心，而不是只有东西方两极阵营，从而推动了世界的缓和，并且降低了意识形态的作用。美国对世界战略的重新评估，引发了一系列的相关行动，包括尼克松具有重要历史意义的访华和访苏。中国和苏联都欢迎其主要敌人美国的领导人访问自己的国家，这充分说明了这两个世界上最大的共产主义国家发生了巨大的变化——尽管原因不同。苏联的变化很微妙，中国自身在国际社会中定位发生的变化则更为明显，尽管中国的变化还存在不确定性。20 世纪 70 年代开始，中国逐渐走出"文化大革命"最狂热的阶段，那时外交工作受到了很大影响，很多大使被召回国参与政治斗争，外交部自身也成为派系斗争的牺牲品。在周恩来的影响下，外交部重新逐步恢复运转，并开始处理对外事务，包括展开与澳大利亚的工作——尽管国内紧张局势仍然持续。如果中国没有出现这些改善，1971 年作为在野党领袖的惠特拉姆的访华之行（以及基辛格和之后尼克松的访华之行）是不可能实现的，更不用说后来在巴黎两国协商建立外交关系了。

尽管缓和是那么脆弱和不确定，作为全球缓和在地区上的表现，越南战争出现了转机。尽管越南战争的军事停火直到 1975 年才最终实现，但是在 70 年代初，战争的规模在缩小。麦克马洪担任总理后，澳大利亚就开始了从越南撤军的行动，直到惠特拉姆总理任内才最终完成。正如前文提到的，该地区为了遏制共产主义而成立的一些组织，例如东南亚条约组织，正在失去吸引力。而专注于地区事务的组织——东盟在此期间获得了较大发展。尽管许多东南亚国家仍在担忧中国支持该地区共产党领导的动乱，但是，不久以后，它们都开始与北边的邻国（中国）达成和解。简言之，当澳大利亚工党执政的时候，国际体系已经发生了巨大变化，这不可避免地使澳大利亚不得不重新制定自己的外交政策，尤其是对华政策。这正如 J. A. C. 麦凯（J. A. C. Mackie）在 1976 年所正确指出的：

> 在 1972 年 12 月工党尚未执政之前，由于国际形势的巨大变化，执政了 23 年的自由—乡村党政府的外交政策就明显过时了……在新的国

第三章
从惠特拉姆到弗雷泽（1972~1983）

际形势下,惠特拉姆领导的工党政府能够在执政第一年中,充分利用这些变化,对往届政府的外交政策做出重大调整,采取一系列措施推进澳大利亚的外交。他摆脱了困扰和限制澳大利亚多年的外交政策的传统思维框架。工党政府给澳大利亚外交指明了一个新的方向,使得外交政策比以前更加具有独立性和灵活性。(Mackie, 1976: 1-2)

上述有关惠特拉姆利用国际体系的变化做出相应的政策调整的评价是很重要的。尽管这些变化看起来是不可避免的,但并不是自发的。联盟党政府有 20 多年时间可以调整对华政策,但它并没有这么做。甚至在基辛格秘密访华事件公开披露以后,麦克马洪政府仍有一年多时间可以做出反应,以扭转局面,但这最为关键性的一步,是等到惠特拉姆及其政党执政以后才得以实现的。因此,有理由相信,导致对华外交政策最终发生变化的关键因素是政府的更迭。当然,国际环境的变化也有利于惠特拉姆进行政策调整。只有在对国内因素和特殊因素进行充分考察以后,才能对这一进程更加了解。用惠特拉姆自己的话来说:"我的政府不仅是对必然性做出回应,而且是要创造这种必然性。"(Whitlam, 1985: 27)

如前所述,在 20 世纪 70 年代之前,对华立场在澳大利亚政治生活中一直具有争议性。在这场争论中,惠特拉姆始终坚持承认中华人民共和国的立场。早在 1954 年,当时还是众议院议员,年轻的惠特拉姆在他的第一次重要议会演讲中,就表示支持尽快承认中华人民共和国(CPD, HR, 12 August, 1954: 275),1955 年工党分裂以后,这种观点成了新的澳大利亚工党的官方政策。然而,正如前文所指出的那样,在冷战的巅峰时期,工党的政策比较模糊。因此,与民主工党和联盟党政府的反共宣传相比,承认中华人民共和国的声音显得有些微弱。伴随着 20 世纪 60 年代后期冷战缓和的到来,澳大利亚工党——在惠特拉姆的领导下——强烈呼吁改变过去的对华政策。工党的这一诉求,实际上也得到了广大澳大利亚农民和商人的支持,执政的乡村党的一些成员也持相同观点,他们均非常渴望与中国发展贸易关系。1971 年惠特拉姆访问北京的一个重要目标,就是重新开启向中国出口小麦的贸易。工党的这一举动与基辛格秘密访华不谋而合。正如科德宝（Freudenberg）（Emy，1993：202）所指出的，"惠特拉姆的对华政策创举，是一种时间、勇气和运气的切合。重要的是，这使得澳大利亚能够在尼克松做出外交政策调整前就占领了先机"。

由此可见，无论是作为反对党领袖，还是在出任总理期间，惠特拉姆都在中澳关系正常化方面发挥了重大而关键的作用。用艾伦·雷诺夫（Alan Renouf，1986：76）的话来说"做出一项新政策来取代明显过时的外交政策，在这个方面，惠特拉姆是最理想的人选；很难说在那个时代，堪培拉还有没有其他政治家能够胜任这项工作，即便有，也不会像他那么雷厉风行，卓有成效"。

如果说惠特拉姆总理领导的工党政府是导致这场变化的积极推动力量，那么工党的主要政治反对派也没有抵制这种变化，从而加速了这一政策转向。澳中建交公报发布以后，澳大利亚的舆论对澳中建交还是比较支持的。1973年2月盖洛普进行的一项民调显示，大多数澳大利亚民众支持政府承认中华人民共和国是中国唯一的合法政府。（Fung and Mackerras，1985：162，300）然而，反对党联盟党质疑政府与中华人民共和国谈判的方法，他们认为，政府匆忙地达成协议，放弃台湾，可能导致澳大利亚的利益受到损害。以反共产主义著称的民主工党也加入了质疑的行列，他们批评政府在与中国建交后采取的新措施，例如，澳大利亚要求来自台湾地区的游客必须公开声明与"国民党政府"脱离关系才能获得签证。

但是，无论是联盟党，还是民主工党，在承认中华人民共和国本身这个问题上不存在争议，这点具有十分重要的意义；他们只是质疑政府对华政策转变的方式。正如反对派领袖比利·斯奈登（Billy Snedden）在1973年5月31日的议会演讲中所陈述的：

> 尽管我们对于政府在承认中华人民共和国的谈判中的具体条款有所保留，但是，既然外交关系业已建立，我们接受现实。我们不想损害澳大利亚与中华人民共和国的现存关系。

没有政治阻力也意味着少了官僚主义掣肘。在政治学中，官僚机构通常被定义为保守力量，常常抵制改变。尽管一般情况是这样的，但是，当

第三章
从惠特拉姆到弗雷泽（1972~1983）

这种理论运用于复杂的问题时，还需要具体分析。正如在前章所叙述的，在尚未承认中华人民共和国的时期，是否承认新中国一直是澳大利亚外交部内激烈争论的话题之一。尽管在涉华部门工作的中低级官员倾向承认中华人民共和国，但他们的意见很难左右整个外交部的决定。这不仅因为外交部领导人如詹姆斯·普利茅（James Plimsoll）与执政党有同样的冷战思维，还因为外交部东南亚国家事务处必须认真考虑这些国家对共产主义中国的担忧。此外，还有一些支持台湾当局的游说团体，反对承认中华人民共和国。即使在与中国建立正式的外交关系后，这些敏感因素事实上仍然长期存在。

然而，随着战略形势和人事安排的变化，外交部的态度也相应发生了改变。20世纪70年代早期，在外交事务的关键岗位上，冷战分子被温和派所取代。1971年，当外交部两度对中国政策进行审议的时候，该部两次都主张承认北京，但没有突破当时的现行政策。当工党通过大选上台后，外交部也着手准备进行政策调整。的确，外交部官员们非常渴望能够为新政府提出建议——惠特拉姆总理也总是乐意向官僚机构和他的贴身顾问班子咨询专业的意见。消息灵通的科德宝从不同视角为我们提供了以下这样一个案例：

> 在所有的政府部门中，外交部已经做了充分的准备来应对这种变化，也最愿意接受和实施这种变化。这并不一定意味着在外交部有很多年轻干部不满冷战的束缚，以及欢迎这种自由的到来，雷诺夫、普利茅（当时被派驻海外）和肖恩（Shann）这样的高级官员，曾经是澳大利亚的越战政策和对华政策的制定者，他们也十分渴望抓住新体制变化所带来的机遇——其中包括职务升迁和接触领导人的机会。比如1972年12月5日，惠特拉姆在他的那份被广泛引用的首次外交新闻发布会中的基本观点，是由迪克特·伍尔科特（Dick Woolcott）所提交的。他当时是第一助理，他提交的报告被惠特拉姆没有修改地完整接受了。这项声明释放了相互认可的信号。这是一种相互结合的形式，即外交部门提出建议，惠特拉姆总理加以采纳。（Emy, 1993: 201）

如果说外交政策的能动性是惠特拉姆总理任职第一年的主要标志的话，那么接下来的两年总理任期内情况就有所不同了。在前文中已经提到，惠特拉姆任总理的第一年的对华政策是非常成功的，但是接下来的时间就没有那么顺利了。为什么后来就没有那么活跃了呢？原因是多方面的，其中之一就是惠特拉姆的领导风格。根据詹姆斯·沃尔特（James Walter, 1980：126）的观察，惠特拉姆更像是战略家，擅长制定宏大战略规划，而不擅长将其计划方案的细节变成现实。"这个人经常就重大的体系问题做出决断，却不擅长具体的计划落实……这种差异就是惠特拉姆的思维方式特点，在理想与行动之间存在差距。"沃尔特举例指出，惠特拉姆提出了建立亚太论坛的想法，却不知道如何将其付诸实现。这个发现，如果有效的话，也可以用来证明惠特拉姆在对华政策问题上，开始时积极主动，但是后续乏力。

另一个原因与外交部部长易人有关。1973年11月，惠特拉姆不再兼任外交部部长的职务，把外交事务交给了唐纳·维利兹（Donald Willesee）。与他的前任不同，维利兹行事低调，他以例行公务的方式处理澳大利亚的外交事务。因此，在工党执政的最后两年，也就是维利兹出任外长的两年，澳大利亚在对华政策上没有突出表现，这在一定程度上也许是因为这位外长属于不太活跃的一类部长。

尽管在前文的论述中，个人风格是重要的因素，但是，不应该忽略特殊的环境要素。实际上，1974～1975年，澳大利亚和中国都陷入了国内政治动乱的巨大漩涡中，很少有时间来推进外交关系。在中国，似乎快要熄灭的"文化大革命"的火焰被"批林批孔"运动重新点燃，主要目标是较为温和的周恩来和邓小平。在澳大利亚，工党政府遇到了很多困难，这些困难导致澳大利亚总督约翰·克尔（John Kerr）突然解除了惠特拉姆总理的职务，尽管这一做法存在争议。在这种情况下，两国政府很难采取有效举措来促进两国关系的进一步发展。

惠特拉姆：问题

诚然，主要的双边关系问题，必须放在特定的国际和国内的大背景下才能更好地理解。尽管中澳关系经历了巨大的变化，从敌对走到了友好，

第三章
从惠特拉姆到弗雷泽（1972~1983）

但是两国之间的问题不可能在一夜之间得到完全解决。两国间的主要问题有的是暂时性的，有的却是长久的。在惠特拉姆时期，根据这些问题的来源和性质，可以把它们归为以下三类。

第一类问题是体系性的，两国在国际体系中有不同的互动方式，造成两国有着不同的利益，对一些事情的观点也不相同。这些分歧包括：中国的核试验问题、中苏争端，印度支那、中东、南亚和朝鲜半岛问题等。在印度支那（是否支持柬埔寨的郎诺政权）、中东（对阿以冲突是否需要采取不偏袒一方的立场）、南亚地区（是否承认孟加拉国）、朝鲜半岛（是否促成统一或者承认南北双方分裂）问题上，双方都存在不同看法，而对于中国核试验问题和中苏争端的分歧对中澳关系产生了更为直接的影响。

自从1964年中国成功爆炸了第一颗原子弹以来，有关大气层的核试验问题受到包括澳大利亚在内的国际社会的严重关切。澳中建立外交关系后，澳大利亚可以直接向中方领导人表达这一关切。惠特拉姆总理和他的部长们每次和中国的领导人会晤的时候都会谈到这个问题，但是往往会引起中国方面的不悦。惠特拉姆及其政府认为，在与另一国培养友好关系时，不能不提澳大利亚所关心的问题，否则，就会损害他们所珍视的澳大利亚外交政策中的独立性原则。这种信念使澳大利亚不仅对中国的核问题，而且对法国的核试验表示关注。澳大利亚甚至将法国告上国际法院，要求进行裁决。（基于同样的信条，惠特拉姆总理对于1972年美国对越南进行的圣诞节轰炸进行了谴责，尽管美国是澳大利亚最主要的盟友）澳大利亚在国际事务中坚持独立与均衡的外交政策，这也导致惠特拉姆总理对中苏争端持不偏不倚的立场。在20世纪70年代早期，中苏紧张关系空前严重。中国领导人本来想拉拢澳大利亚，共同谴责苏联的霸权主义行为，但是，当得知澳大利亚在中苏争端中不持立场的时候，中国领导人感到非常失望。实际上，惠特拉姆不仅访问了中国，在他出任总理的最后一年也访问了苏联。尽管他的中间立场对澳中关系没造成太大伤害，但实际上还是影响了两国关系的友好程度——尤其是在后来弗雷泽执政期间采取了反苏的立场。

第二类问题包括诸如媒体报道范围和贸易不平衡的问题，这些问题可归因于两国的国内局势。中国抗议澳大利亚媒体对"批林批孔"运动的报道，并抗议澳大利亚广播公司播放纪录片《中国》，该纪录片是由意大利导演米开朗基罗·安东尼奥尼（Michelangelo Antonioni）拍摄的。在这些事件中，中国声称澳大利亚舆论对中国的国内局势进行了歪曲报道，要求澳大利亚政府采取行动予以干涉。惠特拉姆自然拒绝了这个要求，他指出，澳大利亚的媒体独立于政府。后来证明，中国的抗议只是少数"极左"分子使用的政治手段，他们这样做是想利用中国人民对于外国媒体歪曲中国的反感来削弱政治对手。幸运的是，有关媒体的争执没有严重影响两国关系。

中国与澳大利亚的贸易赤字是个历史遗留问题，可以追溯到 20 世纪 50 年代。1972 年前，中国就此问题的交涉主要是通过非官方的渠道进行的。中澳两国建立外交关系有助于促进两国的贸易往来，也使得中国政府能够直接向澳大利亚表达对这一问题的关注。但是，这样的直接请求跟原来一样，没有取得什么成果。有些问题在惠特拉姆时期甚至变得更加糟糕。1974 年年初，澳大利亚对于从中国进口的纺织品、服装和鞋类商品（这是澳大利亚从中国进口最多的商品）实施严格的配额限制，这种做法彻底毁灭了中国平衡贸易逆差的希望。（Albinski，1977：214；Wilson，1980：281）双方贸易代表没有能够通过协商解决这些问题。工党政府未能采取矫正措施解决这个问题，主要是因为澳大利亚国内的经济运行情况。多年以来，澳大利亚的纺织品、服装和鞋类经销商指责中国向澳国内市场进行倾销。这些倾销抱怨导致澳大利亚政府采取措施应对从中国的进口问题（尽管必须要说明的是，并不是所有的指控都会促使澳大利亚政府进行进一步的调查）。这种情况在惠特拉姆总理时期尤其糟糕，当时澳大利亚失业人数创历史最高纪录，接近 20 万人失业，失业率高达 3.2%。属于劳动密集型产业的纺织品、服装和鞋类行业遭受的打击最为严重。由于调整和优化产业结构，1972~1974 年这些行业失去了 4.2 万个工作机会。（Senate，1984：62）在这种情况下，惠特拉姆总理发现，不仅难以解决中国贸易赤字问题，而且还必须采取措施，限制那些可能导致国内失业加剧的商品进口（在有形的贸易壁垒方面，澳大利亚工党政府成功地于 1973 年将一般关税降低了 25%）。

第三类问题源于政府各部门之间缺乏协调。34 岁的费思芬被任命为驻

第三章
从惠特拉姆到弗雷泽（1972~1983）

华大使遭到了官僚机构的反感和抵制，他们将这位新大使视作局外人。人们不禁会联想起，在20世纪60年代曾经任职于外交部门的费思芬因为不满联盟党政府的对华政策而愤然辞职的事件。现在他重返外交舞台，并被任命为大使级官员，这个职位比他先前留在外交部门工作的许多同事的职务还要高（实际上他是被惠特拉姆一手挑选的，没有经过必要的任命程序），这使其遭到了外交部同事的嫉恨，使得他在外交部缺乏可信赖的合作伙伴，有时甚至很难与其他部门进行协调工作。威尔逊（Wilson，1980）详细地描述了费思芬在北京大使任内所遭遇的种种问题：

> 费思芬与贸易部代表就北京使馆内的分工问题和办公室分配问题发生过好几次争执。政府间各部门缺乏有效的合作，一些问题不久就影响到了澳中友好关系的发展。第一，由于安全核查系统出了问题，导致了推迟给中国驻澳大利亚大使颁发入境签证。尔后，在第一批到北京进行教育交流的澳大利亚学生之中，有一位出了问题，据说澳大利亚情报官员向这位学生提供了相机和资金，似乎是让他收集情报。这位受到良心谴责的学生，在返回澳大利亚时，向中国大使馆揭发了这件事。然后，在1973年10月底，惠特拉姆总理访华前夕，他在外交部门的联络官告诉他，澳大利亚国防部门将要参加一项美国主导的代号为"海狮行动"的环太平洋军演，这项军演被视为遏制中国的行动。澳大利亚后来退出了这次军演，但是这样的演习一旦发生，足以对总理成功访华造成严重影响，这凸显了外交部门和国防部门之间的不协调。（Wilson，1980：279）

这些问题——尤其是联合军演的行为——很可能使中方产生误解，对澳大利亚政府改善中澳关系的诚意表示怀疑。的确，从传统现实主义理性行为体的观点出发，民族国家作为单一的行为体，目标是促进国家利益，外交部门与国防部门之间的不协调，背离了理性的解释原则。如果按照官僚政治模式进行解释，就顺理成章。根据后者的理论，政府两大部门之间行为的不协调是再正常不过的事情：它们仅仅是根据各自部门的日常功能，或者标准运行程序（SOPs）运作，而不管其他部门的行为，更何况各部门都在追逐各自的利益。在堪培拉错综复杂的官僚机构中,不同部门之间缺乏合作和协调也被认为是十分正常的。

然而,在上述例子中,各部门之间的脱节行为会使得并不了解澳大利亚官僚体系运转的中国决策者们认为,澳大利亚是在发出相互矛盾的信号,这种脱节也很有可能使正常的双边关系受到干扰。实际上,官僚机构之间的不协调远远不止这些,这不仅导致政府不能正常合理运行,而且为1987年霍克总理下决心对政府机构进行彻底改革埋下了伏笔。

弗雷泽:再次聚焦

正如前文提到的,弗雷泽政府继承和执行惠特拉姆时期的政策,从而确保了澳大利亚两党在外交政策上的连续性。实际上,外交政策能够保持这种连贯性的主要原因,和三年前惠特拉姆调整外交政策的初衷是非常相似的。20世纪70年代前半期,世界局势的战略性变化,使得弗雷泽政府很难回归先前联合执政党时期的外交政策,即使他想这样做也是非常困难的。1994年12月,本书作者对弗雷泽本人进行了电话采访,他表示,当他还是麦克马洪政府中一位年轻部长的时候,就觉得澳大利亚的外交政策需要转变,但是在公开场合他还是要和政府的立场保持一致,因为他认为战略条件仍然不够成熟。除了20世纪70年代初国际体系的重构外,澳大利亚国内局势的变化也为调整外交政策,尤其是对华政策,奠定了基础。

正如我们前文讲述的,导致麦克马洪总理未能承认中华人民共和国的重要原因,是澳大利亚民主工党强硬的反共立场。然而到了1972年大选的时候,民主工党的影响力已大大下降,在对华问题上,难以成为联盟党政府争取选票的资源。在那年的选举中,尽管有民主工党的支持,联盟党政府仍然未能保住执政地位。在1974年的参议院和众议院联合选举中,民主工党溃不成军,失去了先前在参议院中所有的五个议席。(Albinski, 1977: 78-79)

如果从体系层面和国内原因上看,弗雷泽时期与惠特拉姆任职时期进行的外交政策调整,两者之间存在一定相似性的话,而在特殊个性因素方

第三章
从惠特拉姆到弗雷泽（1972~1983）

面，两者则有相当的不同。换言之，两党政府间外交政策上的相似性或者说偶然性，源于不同的看法和动机。这不仅因为惠特拉姆本人和弗雷泽有着不同的性格，还因为作为两个对立的政党的领袖，他们代表着两种不同的哲学传统。雷诺夫生动形象地总结了这种差异——他曾在这两位总理任职期间担任外交部最高领导职位：

> 惠特拉姆和弗雷泽两人有着很不同的世界观和风格。惠特拉姆怀着天生乐观自信的态度看待世界事务，而弗雷泽则相当悲观。惠特拉姆坚信缓和会到来，而弗雷泽不同意这个观点。惠特拉姆认为苏联也会有善良的意图，并且认为如果苏联有机会的话会显示出这样的善意；弗雷泽完全不同意。惠特拉姆认为在与美国的关系上应该保持较大的独立性，弗雷泽认为这是反美主义。惠特拉姆在阿以冲突中持不偏不倚的立场，弗雷泽认为这是反对以色列的做法。惠特拉姆寻求与第三世界发展良好的关系，弗雷泽认为惠特拉姆为了寻找新朋友不惜牺牲和放弃澳大利亚传统和强大的盟友。语义上的分歧常常同立场分歧混杂在一起。惠特拉姆宣称他的政策是基于对现实的承认，而弗雷泽认为该政策是不现实的。两个人都赞成"现实主义"的外交政策，但是在什么是"现实"这个问题上发生了分歧。惠特拉姆认为现实就是需要改革。弗雷泽认定的现实就是维持现状或者是倒退。惠特拉姆认为世界的情势很糟糕，但是这些是可以改变的，而澳大利亚应该致力于促成这种改变。弗雷泽认为世界的情况很糟糕，主要是因为共产主义国家存在，因此共产主义必须得到抵制，如果有可能，澳大利亚必须为消灭共产主义提供帮助。很显然，两种不同的性格特点，表现出不同的行为方式（这表明国家领导人的性格特征在外交中发挥着重要的作用）。（Renouf，1986：77）①

两位总理在哲学观和性格上的不同也影响着两人的对华政策，尤其体

---

① 雷诺夫的上述言论透露出他对弗雷泽的不满，但是，这段话很好地描述了惠特拉姆与弗雷泽的性格差异。

现在处理中苏争端上。惠特拉姆采取独立的外交政策，使他在中苏争端中持不偏不倚的立场；弗雷泽强烈的反苏情结，使得他在中苏澳三角关系中支持中国，有人恶作剧地称之为"澳洲袋鼠要和中华龙站在一起反对北极熊"。不管弗雷泽出于什么样的动机，他的反苏情绪非常迎合中国方面的需要。中国方面对于弗雷泽政府表现出了极大的热情，对其友好态度甚至超过了对为澳中建立外交关系立下汗马功劳的澳大利亚工党。但是，1994年12月，在接受本书作者采访的过程中，弗雷泽否认了他政治生涯中抱有任何反苏情绪。他说，事实上，他曾考虑过访问苏联，但是苏联入侵阿富汗使他放弃了这一想法。不过，澳大利亚前外交官员曾向本书作者披露（1994年11月），由于弗雷泽的反苏立场，中国驻澳大使馆的官员甚至在弗雷泽上台前就开始着手培养与联盟党的关系，甚至比执政的澳大利亚工党的关系还密切。或许弗雷泽对苏联的真正态度有待进一步研究，但是公众对于弗雷泽反苏立场的认知，使得弗雷泽时期的澳中友好关系达到了前所未有的水平。对于弗雷泽和他的联盟党政府来说，这种友好并非一夜之间建立起来的，而是通过不断转变才使得冰冷的敌对关系变得日益友好的。

除了联盟党政府外交政策的连续性考虑外，我们仍然有必要探寻弗雷泽本人为什么对中国如此热情，尤其是在他执政的后半期。毕竟，维持与中国已经建立起来的关系是一码事，喜欢中国是另一码事。实际上，在1976年访问中国之前，弗雷泽对中国是相当谨慎小心的，他甚至把中国称为"国际事务中的巨大谜团"（CPD, HR, 1 June, 1976: 2740）。这次访问之后，弗雷泽转变了对中国的看法。在中国的经历——尤其是中国在东南亚问题上的缓和立场——使得他本人深感钦佩，这标志着他开始对中国充满了热情，而中国这时也逐渐地——尽管还有些步履蹒跚地——在宽容与温和之路上向前迈进。

实际上，中国的行为在影响弗雷泽本人以及其政党同僚态度方面起了至关重要的作用。1972年前，当时执政的联盟党政府对中国的表现相当担忧，要求中国改善其在国际事务中的行为，认为这样中国才能被视为国际社会中一个正常的成员。从20世纪70年代早期开始，中国的外交部开始改

第三章
从惠特拉姆到弗雷泽（1972~1983）

善其过去的行为，努力改变中国在国际社会中的不正常形象。这使得中国与原先许多相互敌对的国家实现了关系正常化，包括美国和澳大利亚。但是，真正决定性的变化发生在1976年弗雷泽访问中国之后，当时，中国刚刚粉碎了"四人帮"，标志着影响中国十年之久的"文化大革命"浩劫正式结束。在随后华国锋主席任内的两年恢复和转变后，中国共产党终于在1978年12月召开了具有历史性意义的十一届三中全会，这次会议决定将党和全国人民的工作重心转移到经济建设上，这次会议也标志着邓小平领导的改革和对外开放时代的到来。①

中国实现了从一个封闭的社会向世界开放的转变，受到世界上绝大多数国家的欢迎，为推动澳中关系的发展注入了巨大活力。弗雷泽和其他大多数西方领导人一样，十分欣赏这个世界上人口最多的国家开始苏醒——中国的开放对于澳大利亚来说意味着巨大的潜在市场。尤其重要的是，中国的巨大转变也标志着中国在国际社会中的行为同时发生了巨大变化，中国走出漂漂不定的排外主义的困境，变得更加理性和成熟，这让弗雷泽增强了发展澳中双边关系的预期。中国没有让弗雷泽失望，中国的现代化进程为澳中合作提供了机遇。正是在这种情况下，澳中两国签订了一系列的双边协议和交换协定。从这方面讲，正是中国开始的巨大转变，导致了弗雷泽政府对华态度的改变，为双边关系注入了活力。

与澳中苏三角关系中中国方面越来越"积极"的形象相比，苏联的形象却变得更加"消极"。1979年，苏联入侵阿富汗，彻底毁灭了东西方继续缓和的希望，并使得世界进入二战以后最严峻的紧张时期，有人将这一时

---

① 对外开放政策，或者开放政策，经常被英译者错译为"open door policy"（门户开放政策）。将"对外开放政策"翻译为"门户开放政策"，不仅语言上不正确，而且政治上也不合适。从语言学上看，中文原词中没有"门"的形象出现；从政治上看，"门户开放"让人不禁想起19世纪初美国帝国主义的信条——为了挤进中国市场，分享已经被其他列强瓜分的势力范围，而提出了所谓的"门户开放，利益均沾"。[有关这段历史请参阅 Fairbank (1979)；有关这一主张的法律定义及其发展请参阅 Pollard (1970)] 中国的翻译部门——特别是外交部翻译室——长期以来非常注意纠正西方媒体的这一错误，并竭力避免在官方翻译中出现此类错误。不幸的是，这一错误直到近些年在英文媒体中仍时有出现，甚至一些主流的中国英文出版物如 Beijing Review 和 China Daily 中，在将中文名词翻译成英文的时候，也常常把西方的表述奉为圭臬。

期称为第二次冷战。苏联的行为证实了弗雷泽先前对苏联的预期和怀疑，使得他本人更希望进一步发展与中国的关系，以制衡苏联的扩张主义行为。换言之，如果说中国的改革开放代表着一种正能量的话，那么苏联的侵略行为则是一种负能量，在中国的正能量和苏联的负能量的共同作用下，弗雷泽对于中澳关系的态度发生了巨大变化，从先前对中国的小心谨慎到后来积极发展对华关系。

弗雷泽时期：问题

如同惠特拉姆时代一样，弗雷泽时期澳中良好关系的发展并不是没有"暗流"的。双边关系中的问题有些是原先就存在的，例如核问题和贸易不平衡的问题。弗雷泽政府继续就中国核试验问题进行交涉，但同惠特拉姆时代相比，这一问题的热度已经大不如前。比如在弗雷泽执政的前半期，澳大利亚驻北京大使馆——当时由加雷·伍达德（Garry Woodard）担任大使——没有收到堪培拉有关如何应对中国新近一次核试验的任何指令，所以这件事不了了之。

针对贸易不平衡问题，中国不断向澳大利亚政府施压，寻求解决办法，同时，抱怨澳大利亚对中国产品实施的反倾销措施，纺织品、服装和鞋类产品的进口配额，以及根据澳大利亚关税优惠制度（ASTP）对中国产品征收的高额保护性关税，以及其他不公平贸易的做法。和其前任一样，弗雷泽政府并没能够有效缓解这种情形。（Senate，1984：39-58）实际上，当1978年澳大利亚贸易部部长道格·安东尼（Doug Anthony）率领一批澳大利亚商人——包括必和必拓公司（BHP Billiton）董事长詹姆斯·麦克尼尔（James McNeill）——访问中国的时候，他更加关注向中国出口而不是中国关心的贸易不平衡问题。安东尼提出一个大力推动对中国贸易的计划，不仅增加澳大利亚基本产品的销售，而且展示向中国转让澳大利亚制造业和科学技术的专业能力，以满足中国现代化的需要。

双方在国际问题上新出现的分歧主要包括在印支半岛局势问题上的不同态度。有关这些问题，在其他相关著作中有大量描述（例如，Feng and Mackerras，1985：224-229，248-252），因此，这里只是说明，尽管存在

第三章
从惠特拉姆到弗雷泽（1972~1983）

印支问题上——特别是澳大利亚政府不承认在柬埔寨的红色高棉政权①——澳中之间有着明显分歧，却没有影响双边关系。这一时期另一个引起公众关注的问题是具有特殊性的：1976年弗雷泽在北京与中国东道主的会谈记录遗失（在弗雷泽参加记者招待会后，由身份不明的澳大利亚官员遗忘在桌子上），上面载有批评一些亚洲领导人的文字。（Renouf，1980，1986）这件事情对双边关系影响很小，然而在澳大利亚政府内部，尤其是在外交部门，引起了轩然大波。雷诺夫（Alan Renouf，1986：78-79）当时作为外交部负责人与弗雷泽一同访问北京，他后来因此事而受到后者的责备。多年后，雷诺夫仍对此耿耿于怀，说这件事反映出弗雷泽专断的领导风格。

除了这些公开的争议外，也潜藏了一些可能影响双边关系发展的因素：澳方放松了对澳大利亚与台湾地区关系的限制。由于不断增加的贸易预期以及亲台湾的游说集团，包括执政党成员的活动，在20世纪70年代中后期，弗雷泽开始调整其在台湾问题上的立场。马前特（Marchant，1983：218-219）记录了在此方面的四个重大发展。第一，弗雷泽政府在1979年12月批准了一份渔业协定，该协定由西澳渔业公司代表高雄渔业行会同澳大利亚初级产业部签署，澳大利亚允许台湾地区的渔民在澳200海里经济专属区内从事渔业活动。第二，1979年12月，澳大利亚废除了一项规定，该规定要求来自台湾地区的游客必须声明他们与国民党政权没有关系。第三，澳大利亚商会1980年在台北设立了贸易办事处，此举显然得到了政府的同意。第四，澳大利亚政府鼓励与台湾地区开展贸易往来和贸易展览。尽管这些问题在北京方面看来为中澳关系的发展投下了阴影，然而，双方尽量避免让这些问题成为主导，也不希望其影响到亲密而友好的双边关系的发展。

结论　贸易与政治

从上面的分析中可以得出以下结论：自从澳中建交以来，两国无论是

---

① 在越南入侵柬埔寨以前，柬埔寨的红色高棉在波尔布特领导下的所作所为极大地触怒了澳大利亚民众，迫使弗雷泽政府撤销了对支持红色高棉的民主柬埔寨政权的承认，这违背了中国、美国和东盟国家的意愿。

经济方面还是政治方面的关系都取得了巨大的进展。一方面，政治关系的新发展有助于推动两国脆弱而难以把握的贸易关系；另一方面，经济关系的增强也有助于巩固和充实两国之间具有重要意义的政治友好关系。贸易是惠特拉姆打开对华关系大门的一个重大的因素，在弗雷泽政府时期，贸易同样是他发展对华友好关系的一个重要动因。结果证明，受到良好政治关系的推动，两国的贸易额增长了8倍，两国贸易经济关系出现了多样化的发展。

然而，如果认为仅仅依靠政治关系本身就能够确保贸易的高速增长，则是错误的。毕竟，贸易基本上属于经济活动范畴，两国之间的贸易主要受到市场因素的影响，比如供需关系和两国各自的国内经济政策等。这方面的一个例子是，澳大利亚对华出口表现——澳大利亚商界对此寄予了很高期望。尽管两国之间政治关系不断发展，以及澳大利亚政府大力鼓励对华出口，而实际贸易情况显得十分复杂。尽管澳大利亚在这十年内出口增长十分明显，而同时在此期间两国的贸易也出现了一些波折，这些与两国政治关系没有必然联系。

例如，在1978~1979年以及1980~1983年两个阶段，尽管中国粉碎了"四人帮"，以及开始执行改革开放政策，进而使两国政治关系达到空前高度，澳大利亚对华出口却出现了明显下滑。实际上，澳大利亚出口的下降主要是因为中国的经济调整。因为中国国内正在进行产业结构调整，降低重工业的比重，鼓励轻工业发展，以及在中国农村实行家庭联产承包责任制。由于更加倾向发展轻工业，这就减少了从澳大利亚的原料进口，例如金属和矿产品；而农村的改革则提高了农业的产量，也就降低了从澳大利亚进口粮食的需求。（需要补充说明的是，澳大利亚在20世纪80年代初期曾经遭遇干旱，这也导致澳大利亚小麦出口的合同支付量减少）正如凯文·巴克纳尔（Kevin Bucknall）总结指出的：

> 由于结构性因素，澳大利亚在1978~1983年对华出口相对减少：过去由澳大利亚向中国出口的商品，现在中国能够逐步自己生产，或者使进口比例下降。颇有讽刺意味的是，澳大利亚对华贸易在中国闭

第三章
从惠特拉姆到弗雷泽（1972~1983）

关锁国时比中国对外开放时做得更好。（Dunn and Fung，1985：153）

我们将在后面的章节提到类似的情况，从短期来看，两国政治关系和经济活动水平之间并不一定存在直接对应的关系。

幸运的是，政治经济之间缺乏高度的正相关性并没有减少澳大利亚进一步发展对华关系的热情。实际上，无论是惠特拉姆时期还是弗雷泽时期，澳大利亚在发展对华关系时，政治/安全上的考虑都要大于经济因素。借用冯和马克林（Fung and Mackerras，1985：190）的话来说："政治关系至关重要，经济和文化关系归根到底取决于政治关系的发展。"惠特拉姆热衷于在国际关系缓和的大背景下与中国开展交往，弗雷泽发展对华合作与友好关系是出于对抗苏联扩张的需要。与建交前的情况比较，澳大利亚政府提高了对贸易的关注度，建交前的执政党曾千方百计地撇清他们自身与对华贸易的关系。然而，必须承认的是，在惠特拉姆和弗雷泽时期，总的来说澳大利亚发展对华关系过程中，政治考虑仍然大于经济方面的考量。

总之，回顾这十年来澳大利亚对华政策的特征，先有改变，进而延续。至于对华政策的决定因素，无论是惠特拉姆时期的改变，还是弗雷泽政府的继承和延续，都是政策过程中体系因素、国内因素和领导人个性因素综合作用的结果。

如果说在承认中华人民共和国以前，澳大利亚的对华政策主要受到体系因素制约，行动自由十分有限，那么到惠特拉姆时期情况就大不相同了，他的政府采取了一种与前任政府不同的激进的做法，寻求一种新的和更加独立的对华政策。正如前文详细叙述的，惠特拉姆敢于冲破冷战的敌对僵局，先是作为反对党领袖访问了中国，这一举动甚至早于美国官方对华政策调整，然后，在他出任总理后不久，就马上履行了自己的承诺，顺应了澳大利亚民众要求变革的期望，承认了中华人民共和国。惠特拉姆奉行独立的对华政策，一旦两国政治上的坚冰被打破，澳大利亚就既有机会在中苏争论中保持中立，又能对中国的核试验表达反对的立场。惠特拉姆作为澳大利亚对华关系的"挖井人"（先驱者），他的善意足以使他应对来自中国方面对批评意见的不快。而这与陆克文在35年后的失败尝试不同，陆克文在访问中国期间,在北京大学(简称"北大")用普通话向北大师生发表演讲时,提出了"诤友"(直率的朋友)概念,希望与中国展开"坦率对话"。(详情见后面章节)

弗雷泽政府沿袭了惠特拉姆时期的对华接触战略,虽然不能说具有很明显的独立性,但他本人超越了自由—国家党前任领导人的外交政策理念。在很大程度上,是新的国际体系的出现促成了这种政策的转变,而弗雷泽也不是消极地应对这种体系的变化。正如前文所证明的,澳大利亚国内民众在对华政策问题上,逐渐形成新的一致意见,从而使得弗雷泽在执政期间,能够在对华关系方面取得新的进展。在1994年接受本书作者采访的时候,弗雷泽表示,在对华政策问题上他倾向于采取独立的立场而不是一味地追随美国,他最近出版的回忆录也证明了这种观点。

本书目前采用的体系、国内和特性三个变量的分析框架,解释特定的外交政策事件时,各个政策细节的适用程度不尽相同。然而,从上面的分析中可以看出,在分析这个阶段澳大利亚的外交政策时,只有将这三个独立(干预)变量结合在一起考察,才能得出全面的结论。这种分析方法,既可以用在1972年前澳大利亚对华外交决策中,同样也适用于随后的霍克时期以及其他时期。

第四章 霍克时期（1983～1989）

自 1983 年 3 月开始，霍克政府执政，澳大利亚对华政策平稳发展，直到 1989 年年中，受到中国国内突发事件影响，澳中关系出现急刹车。在现存的文献中，对这一时期澳中关系的论述较少，所以本章采用更加常见的叙述方式，先概括阐述国际体系和国内的总体背景，然后再详细讨论澳大利亚对华政策的制定和实施过程。

政策背景

1983 年 3 月，澳大利亚工党在鲍勃·霍克（Bob Hawke）领导下重掌政权，其时，国际环境发生了巨大的变化。如同美国十几年前在越南的经历，苏联深陷在阿富汗战场的泥淖中不能自拔——无论是在政治上还是经济上都无法在全球多处保持庞大战争机器的运转。美国也深感东西方长期对峙所付出的高昂代价，迫于国内压力，为遏制由于国内经济的衰退而引发的美国国家地位的相对衰退，开始在全球范围内进行战略收缩。意识到谁也无法战胜谁，两个超级大国重启了它们之间中止很久的对话。尽管起初对话没有什么进展，但是在戈尔巴乔夫入主克里姆林宫，以及里根政府修正了以前针对他所谓的"邪恶帝国"的对苏政策后，会谈取得了重大进展。随之而来的是，美苏领导人举行峰会（例如在雷克雅未克和马耳他海岸）、达成军备控制协议（例如销毁两国中程导弹协议）及经济往来（例如粮食贸易）。到 20 世纪 80 年代末期，冷战虽然没有结束，却出现了重大缓和。

(Heater and Berridge, 1993; Goldstein, 1994)

一旦国际政治关系紧张程度降低，全球经济问题的重要性便开始上升，如地区主义、贸易自由化和南北不平等等过去长期被安全关注所覆盖的问题。1982年西方资本主义国家出现的经济滞胀，以及1987年由"黑色星期一"股票市场的巨大波动导致的经济危机，这两个事件反映出来的世界经济体系的危险与脆弱性，都是所有国家共同面对的问题。美国和日本有关市场准入的争执，以及美国和欧共体有关农业补贴的争论，成为20世纪80年代早期以来全球政治经济的新动向。

与世界总体形势不同的是，20世纪80年代的亚太地区出现了史无前例的政治宽松和经济活跃局面。政治上，在全球缓和的大背景下，美苏在西太平洋地区出现了缓和。与此同时，中苏停止了漫长的争论，开启了对话进程，这一局面姗姗来迟却发展迅速，两个共产主义国家的关系出现了缓和，戈尔巴乔夫于1989年5月访问了中国。自1979年正式建交以后，中美两国关系尽管出现过一些波动，但总体呈现稳步上升势头。印度支那虽然还是地区热点，但此时柬埔寨问题逐渐向政治对话的解决途径发展。从经济上来看，亚太地区经济仍然保持着上一个10年开始的工业化快速发展势头。日本带头，紧随其后的是东亚新兴经济体（亚洲"四小龙"），然后东盟国家和中国也相继加入这一行列。20世纪80年代，亚太地区内部的贸易取得了突飞猛进的发展，并且在80年代末期丝毫没有出现减缓的势头。亚太地区贸易量占世界贸易量的比重迅速上升。这种巨大的成就使得人们普遍认为世界经济的重心将会从北大西洋海岸转移到西太平洋地区，人们称21世纪为"太平洋世纪"。（Molloy，1993；媒体广泛报道）

导致这一地区格局发生如此深刻变化的主要原因，是中国内外政策的巨大变化。正如前面章节提到的，中国在20世纪70年代末期开始实行改革开放。直到80年代，中国的现代化取得明显成果。在推行家庭联产承包责任制后，农村生产力大为提高，粮食产量快速增长，并将大量农村劳动力从过去的土地劳作中解放出来。城镇的工业化吸收了这些剩余的农村劳动力，乡镇企业填补了国有企业的巨大缺口。1984年10月，这种改革由农村延伸至城市，目标是重新调整工业和商业的结构。城市的改革通过引进提

第四章
霍克时期（1983~1989）

高生产效率的激励措施，解决了重要的工资和价格难题，并且强调减少中央政府对经济的干预，更加注重市场的调节作用。1988年，第七届全国人民代表大会第一次会议通过改革政府机构来深化改革，采取措施，限制政府权力，减少政府部门对企业日常事务的干预。企业的管理者被授予在企业经营过程中更大的自主权，企业管理者对于企业负有责任，他们不仅可以决定企业的产量，而且可以处置企业产生的利润。尽管在改革过程中出现许多问题，甚至遭遇挫折，中国的经济在10年内保持了10%的平均增长速度。

在对外关系方面，中国政府在20世纪80年代初期正式宣布实行独立自主的和平外交政策，战略上，不与大国或者大国集团结盟，同时保持与美国和苏联的接触，这种外交政策有时被西方媒体描述为等距离外交，或者中—美—苏"战略三角"关系。中国推行这一政策，中心目标是建构一个有利的国际环境，特别是处理好与周边国家的关系，为中国国内现代化服务。为了这个目标，中国不仅努力培育与各国家良好的外交关系，而且努力促进对外贸易和引进海外资本。20世纪70年代末建立深圳、珠海、汕头、厦门四个经济特区后，中国在1984年宣布14个沿海城市对外开放，提供一些优惠的措施来促进外贸和投资。政府体制改革从中央向地方放权，包括涉外事务的处理，使许多省、市和县有权直接处理对外关系。这些措施唤醒了国外商人的巨大热情，因为中国拥有巨大的市场。尽管许多人并没有真正做好准备，有的人对中国的经济体制感到不满，但是，外国商人纷纷被繁荣的中国市场所吸引而跃跃欲试。

随着国际体系的巨大变化和地区活力的增加，澳大利亚在霍克总理领导下也发起了改革。这一改革进程的主要动力，来自澳大利亚对全球经济相互依赖关系的认知：澳大利亚的福祉与全球的经济发展有密切关系。1982年西方资本主义世界经济的衰退对澳大利亚经济产生了重要影响。到霍克开始执政的时候，澳大利亚的通货膨胀率高达11%，失业率为10.1%。（Jennet and Stewart, 1980: 1）人们曾经预言的80年代资源繁荣并没有到来，相反，澳大利亚初级产品的贸易条件不断恶化——而这正是澳大利亚经济活力的源泉——导致了澳大利亚出口放缓，以及经常项目赤字增加。不仅出口表现欠佳，澳大利亚对外贸易在GDP中的比重也远远落后于经合组织

（OECD）国家。（Barratt，1992）根据F. A. 麦迪安斯基（F. A. Mediansky）的研究，澳大利亚的负债率也达到了惊人地步，到20世纪80年代中期，澳大利亚债务达到警戒水平，还本付息占据澳大利亚出口收入的36%。这些问题对澳大利亚人民的生活水平造成负面影响，霍克总理呼吁全国人民"勒紧裤带"，财长保罗·基廷（Paul Keating）警告"幸运国家"可能成为"香蕉共和国"。

为了遏制这种趋势，霍克政府迅速通过放松对金融行业的监管（例如浮动澳元和减少外国投资的限制），降低对各种国内产业的保护措施（尽管对纺织品、服装和鞋类产品及汽车行业实行特别条款）来开放国内市场。政府同时通过鼓励制造业的发展和促进高附加值产品和服务的出口来增强实体经济能力。这些措施使人们相信，过去的那种保护澳大利亚国内经济的做法所花费的成本远远大于收益，因此澳大利亚需要采取新措施来应对全球经济的相互依赖，而不是一味应对澳大利亚并不能掌控的外部经济的变化。一个最为显著的例子就是，澳大利亚利用多边外交，成立了凯恩斯集团公平贸易国家组织，致力于推动乌拉圭回合关贸总协定农产品的谈判，以应对农业贸易中不断上升的保护主义和双边主义对澳大利亚这样中小国家利益的损害。霍克政府另外一个著名的创举，就是倡导成立亚太经合组织（APEC），以应对地区经济一体化，以及全球经济重心由欧洲和北美向亚太地区转移的国际趋势。

为了支持这些国际倡议，澳大利亚在国内进行了一系列变革。在宏观经济层面，霍克政府引进了一个被称为"大协议"的协定，该协定规定联邦政府、商业组织和贸易工会部门一起决定价格、工资和其他收入及税收和社会福利事务。这个史无前例的协定获得了广泛的认同，尽管是讨价还价的结果。在国家层面，减缓了影响澳大利亚经济发展的障碍因素，例如高工资、高通胀率和紧张的劳资关系，这些因素过去是阻碍亚洲投资者进入的门槛。在微观经济层面，主要措施包括，通过对国内市场的自由化改造，以及对重要产业的重组和公共事业的合并等，来促进国民经济的进一步开放。这些努力促使澳大利亚公私经济行业更加具有效率、更加外向，并提高了其国际竞争能力，能充分应对国际市场变化带来的机遇与挑战。

第四章
霍克时期（1983~1989）

霍克政府上述一系列公共政策计划的实施，被一些评论家称为"伟大设计"（Viviani，1990：391）。霍克政府时期，经济因素在国家的总体外交中占据如此重要地位，以至于这个时期的澳大利亚外交政策被冠名为"市场外交"（Boyce and Angel，1992）。

对经济外交的注重，不仅反映出经济问题在国际关系中的突出地位，而且证明澳大利亚对自身的安全环境充满信心。随着冷战的接近结束和美国全球战略的收缩，澳大利亚通过重新定义自己的国防理念，在对外战略规划中获得了更大的行动自由权。1986年的《蒂博（Dibb）报告》提出了"拒绝战略"，以及1987年国防部部长金·比兹利（Kim Beazley）在国防白皮书中强调"纵深防御"就是两个明显的尝试。尽管《澳新美同盟条约》仍然是澳大利亚国防的基石（尽管该同盟由于20世纪80年代中期新西兰采取的强烈反核立场和美国采取的"既不认可也不否定"的政策而一度陷入分裂），堪培拉的防务政策制定者倾向于寻求以自主的途径来保护澳大利亚的安全,[①] 这反映出澳大利亚外交政策中日益独立的倾向。

澳大利亚这种独立的倾向表现在，努力挣脱前英国殖民地身份而向亚洲靠拢。尽管澳大利亚长期以来一直致力于向亚洲邻国展示自己的独立形象，但是，直到1986年，英澳两国议会同时通过《澳大利亚法案》，才得以在宪法上完成这一进程。在此之前，至少在理论上，澳大利亚各州可以绕过澳大利亚最高法院，直接上诉到伦敦枢密院，申请最终裁决。《澳大利亚法案》的通过（以及1988年庆祝澳大利亚白人在澳定居两个世纪），有着巨大的象征意义，因为这意味着澳大利亚宪法上独立国家地位的取得，意味着澳成了一个与欧洲不同的、具有自己固有身份的独立国家。最近在澳大利亚兴起的共和运动，同样可被视为澳大利亚寻求自己独立地位的一种群众运动。

更为重要的是，随着欧洲和北美的相对衰落，日本、亚洲"四小龙"

---

① 根据格雷姆·奇斯曼（Graeme Cheeseman，1993）的观点，工党政府的"自主防御"战略，以及由1987年《国防白皮书》（《防御澳大利亚1987》）所提出的"纵深防御"战略，使得澳大利亚不仅在和平时期而且在战争时期更少依赖美国的后勤保障和其他形式的支持（1993：XIX）。然而，这一论点主要是基于对特定防御观念进行批评的意见，而没有看到澳大利亚对防御政策的重新定义，所以，自主防御应该被视为澳大利亚外交政策独立性增强的表现。

和其他亚洲国家实现了经济腾飞，使得澳大利亚政府、精英和民众坚信澳大利亚自身的未来越来越与亚太地区息息相关。霍克自从出任总理以来，实施的一个重大战略，就是打开亚洲的市场，使得澳大利亚的经济融入亚洲。这一战略不仅着力于促进贸易增长，而且扩大到公共政策领域。为了增强澳大利亚对亚洲的认识和了解，政府发起了大量的公众宣传活动；在澳大利亚基础教育的课程中，引进了多种亚洲语言的教学；为了吸收大量移民，尤其是来自亚洲的商人移民，修改了移民政策。这些政策的思维，来源于霍克的经济顾问郜若素（Ross Garnaut, 1989）的调查报告。他在报告中提到了如何发展与亚洲邻国，尤其是东北亚（后来这种称呼被澳大利亚外交与外贸部东亚分析小组改为"东亚"）的关系。郜若素的报告在1989年发表，该报告将霍克政府早期各项改革政策加以具体化，并且为未来指明了方向。这是因为郜若素的这份报告正式出版前，很多建议都已经实施了。实际上，作为霍克的亲密朋友和政策顾问，郜若素在霍克的"大战略"制定过程中起了重要的作用，他在这份报告中清晰地论证了"大战略"（根据1994年作者对霍克和郜若素的采访）。因此，毫无疑问，郜若素报告基本上被霍克政府完全采纳。因此，这份报告实际上成为霍克政府在后来进一步开展国内经济结构调整，以及对外积极融入亚洲经济的政策指南。

政策进程

国际体系和国内因素为霍克担任总理期间澳大利亚对华外交政策的制定划定了基本框架。这一框架的主要特征是，国际体系的变化、地区活力的出现及中澳两国各自的国内结构改革。受到上述决策进程的限制性或者决定性因素的影响，霍克政府以前所未有的热情发展对华关系。的确，霍克总理和他的幕僚们把握了澳大利亚国内外的机遇和挑战，将其转化为具体的对华政策。

往来与动议

在工党重新执政仅一个月后，中国总理赵紫阳对澳大利亚进行了正式

第四章
霍克时期（1983~1989）

访问，使霍克政府的中国战略加速推行。赵紫阳不仅是第一个访问澳大利亚的中国总理，而且还是工党重新执政后在堪培拉欢迎的第一位到访的外国领导人。这次访问使得中澳关系的发展成为霍克出任总理后的首要议程之一。尽管赵紫阳总理在堪培拉受到了霍克的热烈欢迎，但必须指出的是，这次访问的邀请是其前任弗雷泽总理在1982年8月第二次访问中国时发出的。霍克本人也承认这一点，他不仅在欢迎赵紫阳一行的晚会上做了说明，在后来的回忆录中也提到了这一点（Hawke，1994：341），这表明澳大利亚在对华关系上保持了高度连贯性和持续性。

赵紫阳的访问团中包括了当时的外交部部长吴学谦、对外经贸部副部长贾石和其他高级官员以及20多名中方记者。访问团还包括来自中国最重要的国有公司之一——中国国际信托投资公司的一名高级代表。除了堪培拉外，中国代表团还访问了悉尼，赵紫阳出席了由当地华人社团举行的欢迎宴会，他们还访问了昆士兰州的许多地方，前往达令地区（Darling Downs）考察了当地的畜牧业，参观了米德尔芒特（Middlemount）的露天矿并和当地官员进行了交流，此外代表团还参观了麦基（Mackay）地区的制糖企业，考察了艾萨山（Mount Isa）矿场、参观了铁矿砂加工流程。中国代表团在堪培拉受到了政府官员和在野党官员的欢迎，包括自由党领导人安德鲁·皮科克（Andrew Peacock）和前总理弗雷泽，以此表明，两党均致力于建立对华广泛而密切的关系。正如1983年4月18日霍克总理在议会欢迎赵紫阳总理和他所率领的代表团的午宴中提到的，"发展对华关系，促进中澳友谊，已经获得了澳大利亚各主要政党和社会各界的广泛支持和拥护"（AFAR，April，1983：135）。在这个演讲中，霍克总理还从地区视角，阐述了发展对华关系的重要性：

> 亚太地区经济富有活力，增长强劲，对全球经济的复苏有着重要的作用。北亚对于澳大利亚经济至关重要，它占澳大利亚出口的40%……而且，该地区比十年前更加稳定和繁荣，我们对这一地区的未来充满信心。这种稳定与繁荣的原因，毫无疑问首先要归功于你们（中国），以及近年来中国采取的政策。从20世纪70年代早期开始，中国与该地区关

系的巨大发展，为今天的繁荣与稳定局面奠定了基础……充分认识到，我们两国在经济规模和发展水平方面存在差异。但是，这不妨碍我们建立经济伙伴关系，为中国的现代化计划贡献力量。经贸关系对于我们两国都很重要。我们将继续为贵国的发展提供稳定的农产品和矿产原料。我希望我们都能找到在两国国内进行投资的现实机遇。(AFAR, April, 1983: 135 – 136)

这些言论奠定了霍克总理时期澳大利亚发展对华关系的基调，并且为后来两国关系的发展提供了基本的参考依据。

在堪培拉，霍克与赵紫阳总理就国际局势举行了两轮深入的讨论，其中包括柬埔寨问题，也包括双边关系的发展。在这些讨论中，霍克使用最高级形容词描述他的对华政策，他说，他将继续"最高度重视"对华关系。(AFAR, April, 1983: 134) 中国外长吴学谦和澳大利亚外长比尔·海登 (Bill Hayden) 也举行了会谈。访问期间，中澳两国签署了一系列双边协定，包括《地质科学科技合作谅解备忘录》和《澳大利亚司法部和中国司法部有关法律交流协定》。第二项协定表明，澳大利亚对中国法制建设抱有浓厚兴趣，认为这对于中国的制度化建设，以及长远的改革计划将发挥重要作用。尽管霍克总理主持欢迎赵紫阳总理的到访只是沿袭弗雷泽总理的原定计划，但是，霍克充分利用了接待中国领导人访问的良机，为中澳关系的发展深深打上了自己的烙印，尤其是在经济关系方面。

中国行动计划

赵紫阳访问结束后，霍克总理随即开始执行一项被称为"中国行动计划"(CAP) 的政策，目标主要在于促进两国之间的贸易与投资关系。鉴于该计划在霍克总理对华政策中的重要意义，我们有必要对它进行详细讨论。该计划于1984年9月正式启动，包括霍克政府对华总体经济贸易政策，不仅包括促进贸易和投资的措施，而且也包括发展援助计划，构成了双边经济关系的重要组成部分。霍克总理是该计划主要推动者；邵若素提出了该计划的最初构想——他是霍克总理的经济顾问，后来成为澳大利亚驻华大使；外贸部的高

第四章
霍克时期（1983~1989）

级官员如保罗·巴拉特（Paul Barratt）和米歇尔·莱脱勒（Michael Lightowler）共同推动在贸易部重组建了中国处，专门负责该计划的实施。（根据本书作者 1994 年 11 月对部分官员的采访）

中国行动计划是在澳大利亚贸易出现滑坡的时候提出来的，当时澳大利亚的出口在世界总出口中的比例从 20 世纪 70 年代的 2% 下降到了 1982 年的 1.3%，出口增长率也低于世界平均水平。同时，由于西方世界的总体经济出现衰退，澳大利亚对日本等主要海外市场的贸易也遇到挫折，导致传统的澳大利亚初级产品出口主要市场需求减少。澳大利亚此时面临的挑战是，如何在保持对传统市场出口的现有份额的同时，获得新的出口机会。因此，中国行动计划与日本市场战略和其他国家的特殊做法一样，都是澳大利亚试图"挤进"一些关键出口市场的结果，目的是扭转澳大利亚的贸易表现。（Barratt，1992：383）

然而，中国行动计划的目标并不仅仅限于促进出口。它包括了四个方面的战略考量。第一个是形成有利于贸易的政府间关系。由于中国经济体制的本质特点是"政府参与商业决定，所以，与政府比与私营企业打交道更重要"。基于同样的理由，中国行动计划的第二个方面包括了直接的市场工作，或者是"对具体商机的追求和增强公司进行商业活动的能力"。第三个目标包括了旨在"培养和发展贸易以及按照产业部门的标准，来决定适合的商业和政府战略"的经济部门的行动。这些行动"旨在将澳大利亚的能力和中国的现代化进程进行结构化的组合"。第四个方面是旨在解决中国长期关注的贸易逆差问题。（Bellchambers，引自 Dunn and Fung，1985：138 – 141）

前三个方面的目标可以看成是早期澳大利亚开拓中国市场潜力的本能行为，最后一方面则是对往届政府忽视双边贸易中的不平衡问题加以调整。为了解决这个问题，霍克政府提出了平衡贸易机会的主张。事实上，澳大利亚仅有 1500 万人口的市场规模，吸收进口方面能力有限，而中国主要的出口商品如纺织品、衣服和鞋子（TCF）恰好是澳大利亚产业中的敏感部门。因此，与其寻求绝对的贸易平衡，不如努力通过保证合理程度的市场准入以及有效的整体贸易增长来实现贸易机会上的平衡。为了达成这个目标，澳大利亚政府采取了一系列措施，如授权中国使用悉尼和墨尔本的国际贸易发展中心来促进出口，通过商业调查帮助中国出口商判断商机，并鼓励澳大利亚公司购买中国原油。

有必要指出，这些措施表面上是为了帮助中国扩大对澳大利亚的出口，但是实际上是为了培养对中国的善意，增进澳大利亚的贸易和其他利益。但是，这种做法也招致了批评，如前任驻中国大使费思芬（Stephen FitzGerald，1990：318，320）就认为，霍克政府花澳大利亚纳税人的钱，帮助中国对澳大利亚出售商品，是一种向中国"叩头"的行为。但是，这种指责是毫无道理的。对中国的出口援助措施，确实改善了中国在澳大利亚市场的表现。在20世纪80年代末以前，根据澳大利亚的数据，中国已经将它对澳大利亚的贸易逆差转变为顺差（见表4-1）。然而，必须认识到，中国贸易收支情况的扭转更多地源于过去五六年中澳大利亚进口管制的自由化，包括对鞋类进口限制的逐渐放松，而并不是源于针对中国的具体援助项目。实际上，霍克政府——特别是负责实施中国行动计划（CAP）的官员，在对中国出口商提供帮助时，从来没有放弃过澳大利亚自身的利益。早在上述指控出现前的1985年7月，其中一位官员就提到，澳大利亚所提供的"鼓励中国出口的援助计划"，主要集中在澳大利亚进口市场的"非敏感部门"。（Bellchambers，转引自 Dunn and Fung，1985：141）

表4-1 澳大利亚对华贸易，1981~1990年

单位：百万澳元（时价）

年 度	出 口	进 口	比 率（X/M）	总 额
1981	557	295	1.9	852
1982	817	315	2.6	1132
1983	468	254	1.8	722
1984	871	355	2.5	1226
1985	1271	415	3.1	1686
1986	1587	500	3.2	2087
1987	1526	739	2.1	2265
1988	1102	886	1.2	1988
1989	1197	1227	1.0	2424
1990	1287	1331	1.0	2618

数据来源：*Composition of Trade*，DFAT，1993（转引自 *China Brief*，July，1994：57）。

第四章
霍克时期（1983~1989）

当中国行动计划正在实施的时候，澳大利亚政府日益感受到改革开放后中国市场的巨大潜力。除了传统的商品出口，澳大利亚更加希望增加高科技产品和其他高附加值产品的销售。澳大利亚政府认识到，虽然澳大利亚在某些高科技领域拥有世界性的优势，它也必须在其他许多领域与日本、美国等科技大国进行竞争。为了解决这个难题，澳大利亚将重点放在加强产品的技术适用性上，认为，中国作为一个发展中国家，不一定需要最先进的技术和设备，那些尽管不怎么精细但是更便宜、能够解决发展中的问题的技术和设备可能更加适合中国。

在培育商机方面，澳大利亚官员很快发现，他们必须花心思处理一大堆中国市场出现的难题，因为，中国市场"很多时候麻烦不断"（FitzGerald，1990：318）。作为中国行动计划（CAP）的一个主要执行者，保罗·巴拉特（Paul Barratt）对于这些困难做了如下更加详细的记载：

> 我们在中国必须面对的基本经济现实情况包括，极低的人均收入，高度集中和多变的决策过程，落后的基础设施，能源、资本和外汇的短缺，外汇系统限制。中国政府确定国家经济优先发展领域，在没有得到国家或省级计划批准或取得外汇分配的情况下，无法开展对外贸易。而那些属于五年计划优先发展的领域，如运输、通信设施和能源部门的发展会得到更多的重视。（Barratt，1992：383－384）

在面对这些困难时，贸易部采取的一个策略就是，帮助那些正在与中国做生意的商人尽快熟悉当前中国的政策体系，并通过寻求与高层接触，使中国的政策朝着有利于澳大利亚的方向发展。（Barratt，1992：383）为了更有效地利用已有资源，中国行动计划有针对性地选择中国几个重点地区，包括上海、福建、广东、江苏和青海，这些都是享受优先发展政策，并拥有自己的外汇储备的地区，其中三个省还与澳大利亚的州缔结了州/省友好关系（广东与新南威尔士州，江苏与维多利亚州，福建与塔斯马尼亚州），并且集中在澳大利亚具有明显竞争优势的部门上，例如交通、通信、散装商品处理、金属、能源、农业和畜牧业等部门。澳大利亚深知，仅派出本国公司特别是中小型企业是无济于事的。面对复杂的中国市场，贸易部派遣了大批官员，到中国重点省市进行连续性调研，培养与当地官员间的互信关系。这使得贸易部能够掌握不同省份的项目"意愿清单"，了解具体项目的审批进展和外汇配额情况，从而根据澳大利亚自身的能力，分别进行跟踪。在找出可能的项目后，贸易部官员就开始物色相关的澳大利亚公司参加竞标。在这一过程中，一方面，贸易部经常需要利用政府的"脸面"，鼓励相关公司的参与，因为很多公司仍然对在这些陌生、未经开发的市场进行投资高度警觉。另一方面，贸易部也要确保参与的公司不仅对此有足够的兴趣，而且也能在与中国进行的艰巨的商业交往过程中保持适当距离，而不至于使得与地方政府建立起的工作关系复杂化。

一旦选择好了一家公司，贸易部将收集这个公司在与中国公司进行交易过程中可能需要的基本信息。这些信息一般是由贸易部官员在随后对省会城市的参观调研中得到的。这一过程根据情况的不同，可能要重复两到三次。当贸易部和公司都认为值得在商业层面采取进一步行动时，才最终转交给公司自己跟进。对于新进入中国市场的公司，贸易部会就如何设计方案，以及如何展开谈判等细节方面提供指导。

然而，对于一部分人来说，鉴于中国市场是如此的困难重重，且无法预测，因此，认为它不值得花如此大的力气加以拓展。基于这一观点，这些人认为，政府和商业资源如果使用在别的地方可能会获得更多的利润。但是，这些只是出现在 20 世纪 80 年代早期和中期的总体趋势下面的一小股反对意见，这股反对意见，后来在 1989 年再度出现。在这个意义上，费思芬在 1989 年发表的莫里森演讲中，指责澳大利亚政府对中国过度热情，这是多年来一些澳洲人士对澳中关系的不满和积愤的集中爆发。

首脑外交

中国行动计划是在澳中两国高层互访不断营造的政治善意的环境下提出并得到执行的。这些高层交往也促进了商业活动中更大的主动性，从而丰富了中国行动计划的实质内容。在赵紫阳总理访澳后不久，澳大利亚外交部部长比尔·海登在 1983 年 8 月对中国进行了访问。数月之后，霍克总理在 1984 年 3 月对北京和上海进行了正式访问。此次访问是霍克对包括日

第四章

霍克时期（1983~1989）

本、韩国、新加坡在内的四国访问行程的一个组成部分。① 虽然这是霍克在担任总理以来第一次对中国进行访问，但不是他第一次踏足中国的土地。在6年前的1978年，霍克作为澳大利亚工会理事会（ACTU）的主席曾到中国，并劝说中国加入国际劳工组织（ILO）。但在此之前，霍克拒绝访问中国，因为，他认为不能向改革前的政权妥协。（1994年10月本书作者对霍克的采访）②

此次霍克对中国的访问，带来了一揽子方案，推进了中国行动计划的实施和整个双边关系的发展。在访问期间，为了推动两国商业联系的制度化，霍克亲自帮助创立了中澳高官论坛（CASEF）。从1983年11月起，包括主席巴里·奥尔德里奇（Barry Aldrich）在内的澳中商业合作委员会（ACBCC）的代表与中国国家经济委员会协商，希望获准建立一个定期的论坛，使澳中两国商界可以进行直接的接触。中国国家经济委员会接受了这一提议，并将奥尔德里奇和他的同事介绍给中国企业管理协会（CEMA），让其做进一步安排。在这个过程中，虽然澳中商业合作委员会（ACBCC）遇到了来自堪培拉和北京的官僚机构的麻烦，但最终都在霍克总理的积极支持下得到了解决。（Barry Aldrich，in Dunn and Fung，1985：144）在霍克访问期间，他正式宣布了中澳高官论坛的成立，并在四个月后即1984年6月举行了开幕仪式。中澳高官论坛机制直到最近都每年定期举行，在促进双方经济贸易的稳定和机制化发展上都发挥了重要作用。

在更具体的层面，霍克的访问，正式开启了中澳两国的行业间合作。他在访问过程中，提出了具有重要意义的《钢铁行业合作动议》，很多官员认为这是澳大利亚对亚洲的第一个行业动议（1994年10月对DFAT官员的采访），虽然这一说法有待进一步确认，但是，毫不夸张地说，钢铁动议是霍克对华经济外交中最重要的举措，因为这个项目不仅受到总理的持续关

---

① 在更早前，霍克已经以总理的身份对泰国进行了访问。因此，那些认为霍克总理将对华关系放在外交政策的首要位置，是以牺牲澳大利亚与其他亚洲国家的关系为代价的说法是不准确的。

② 中华人民共和国代表团1983年在日内瓦第一次参加了国际劳工组织（ILO）会议，霍克及其政府表示非常欢迎。

注，而且也体现了霍克个人外交层面上的一些重要特征。甚至在他十年后所写的长篇回忆录中，霍克仍然对这一方案提出的背景进行了详细总结：

> 早在1984年对中国的访问中，我发现，为了把握两国关系发展的机会，必要时，要绕过那些外交家们所熟悉的常规模式。在我们与赵总理进行会晤前，我在使馆与大使、相关官员及我们的工作人员进行了工作会谈，我告诉他们，我希望直接地对（赵紫阳）总理提出，两国在钢铁部门上存在着进行特殊合作的机会。但是大使对此表示非常吃惊，他认为我不应该这样做。他坚持首先必须在官方层面上进行相关前期谈判，否则我们的客人就会觉得太过突然……但我认为这是对赵总理的一个严重误解。在会谈结束后，我与邰若素单独见面，并再次表明我不同意大使的建议，我确信应该直接地对赵总理提出这一建议。邰若素表示同意。在第二天，我向赵总理提出了这一建议，赵总理也同意了。我们的这一合作项目在后来的《联合公报》中得到了体现。中澳两国随后在西澳州建立了合资矿业公司，其产品满足了中国钢铁产业扩大的需求。（Hawke，1994：344）

当我后来与邓安佑大使就上述情况进行确认时，他"吃惊"地表示记不清楚了，但是，没有否认存在这样的可能性。但是，邓安佑大使觉得"吃惊"这个词用得太夸张了（本书作者于1994年12月和1996年6月与邓安佑大使的谈话）。无论事实如何，我们发现，霍克的倡议，是基于澳中对于两国经济发展存在明显结构性互补的共同认识的基础上。这个共同认识，使得赵总理和其他的中国领导人也做出了积极回应，这为后来该计划的成功实施起到了重要作用。

除了中澳高官论坛和钢铁合作动议外，霍克同样寻求推动"澳大利亚知识和高科技的出口"，并在演讲中强调将"技术转让"作为双边技术合作的一个重要部分。（*AFAR*，February，1984：80）此外，霍克还宣布了在上海建立总领事馆和在北京建立新大使馆办事处的计划。这些计划反映了两国关系，特别是人员交流的快速发展。目前为止，根据人均数量计算，澳大利亚已经成为访问中国游客数量最多的国家，到中国旅游的绝对总人数

第四章
霍克时期（1983~1989）

位居第三，仅次于日本和美国。

霍克在上海进行访问时，用大部分时间向地方官员和当地商业领袖解释他对于中国行动计划的构想。他多次重申贸易机会均衡的必要性，并提出争取在未来三到五年使双边贸易量翻倍的目标。（AFAR，Feburary，1984：80）这标志着霍克首次正式公开地对中国行动计划提出了量化指标。这个指标为如何评估中国行动计划的后续发展提供了一个实用标准，并适用于此后对贸易数据的分析。

总之，这次访问，的确为霍克政府提供了与中国各方面建立私人关系和制度化联系的机会。在赵总理举办的欢迎宴会上，霍克总理发表了演讲，第一次宣称澳中关系是澳大利亚外交政策的中心，"与中国的实际关系……应该成为澳大利亚外交政策的中心"，中澳关系对于双方都是"非常重要的"（AFAR，Feburary，1984：76）。① 对中澳关系的重视，并不是霍克政府的权宜之计，是本章前面所提及的国际体系的重大改变使然。虽然弗雷泽政府同样想改善与中国的关系，但是，在当时冷战的高峰时期，受到超级大国政治的牵制。20世纪80年代早期，国际关系开始走向和解，霍克政府便能够更好地实现对华政策意图。但是，与此同时，必须说明的是，重视与中国的关系，并不意味着将中国从澳大利亚的外交政策中孤立出来——这是我们理解霍克政府的中国政策的整体性的关键，这一点我们将在后面的部分进行进一步阐述。

霍克访问后，出现了一波双方间部长级互访的高潮。② 双方在这些访问中达成了不少协议，对于两国间的双边贸易和经济往来起到了推动作用。1984年5月，两国在民用航空运输上达成了协议，为两国间的航班往来设

---

① 霍克的观点得到赵紫阳的赞同，两国领导人在非正式场合讨论澳中关系的时候，一致同意将澳中关系作为两种不同的社会制度和经济发展水平的国家进行合作的典范。（基于本书作者对参与当年讨论的官员的采访）
② 中国访问澳大利亚的官员，包括了1984年5月冶金工业部部长李东冶、1985年3月煤炭工业部副部长叶青、1985年3~4月农业部部长何康。与此同时，访问中国的澳大利亚官员包括1984年5月原产业部部长约翰·凯琳（John Kerin）、1984年6月副总理兼贸易部部长莱昂利尔·鲍恩（Lionel Bowen）、1985年6月产业技术和贸易部部长约翰·巴顿（John Button）。（China Brief，July，1994：50-51）

定了相关原则。1985年11月和12月，双方达成协议，决定重开中国银行在澳大利亚的办事处。根据这个协议，中国银行（BOC）——1972年以前在澳大利亚设立了分支机构，受台湾当局控制——以后将会在中华人民共和国政府管控下，在悉尼和其他澳大利亚城市重新开业。

霍克提出的产业部门协议同样获得了双方的支持。除了用以推进两国间钢铁产业整合的钢铁联合工作组（JWG）外，20世纪80年代，还成立了一系列涉及其他行业的联合工作小组，重点处理煤炭和羊毛产业方面的双边合作。这些产业部门之间的合作势头，一直持续到20世纪的最后十年，甚至更长时间。

1985年4月，中共中央总书记胡耀邦访问澳大利亚，两国的双边关系达到了前所未有的高度。随同胡耀邦访问的还有胡启立。胡启立是中国共产党中央书记处书记，在中国的地位颇高。他们代表了——至少是名义上代表了——中国改革时期权力结构的顶层，因为中共中央书记处在中国政权中的影响越来越大，而总书记则被认为是中国国家领导权的核心。虽然胡耀邦的这次出访地点还包括了新西兰、西萨摩亚、斐济和巴布亚新几内亚等其他大洋洲国家，但是，显而易见，澳大利亚是他这次访问的主要目的地。[①] 胡耀邦在澳大利亚的访问行程反映了他对经济事务的重视，也符合霍克政府的意愿，霍克政府希望获取中国对澳大利亚重要经济项目的投资和兴趣。

与先前的访问一般从堪培拉或悉尼开始不同，胡耀邦最先来到了珀斯，接着到帕拉伯杜（Paraburdoo），并视察了位于皮尔巴拉（Pilbara）的恰那铁矿（Mount Channar），这里有20世纪80年代中国最大的海外投资项目。霍克很快就抓住了这一机会，他不是在堪培拉等着来举办官方的欢迎仪式，而是直接飞到珀斯会见中国领导人，并且一路陪同代表团视察了恰那铁矿和西澳大利亚的其他地方。然后他们一路经南澳州的威耶拉（Whyalla）最

---

① 在多数情况下，中国领导人对澳大利亚的访问一般行程都会包含新西兰和其他一些大洋洲岛国。从这个层面上说，澳大利亚位于南太平洋的地理位置给其他小国也带来了好处，因为如果没有澳大利亚的因素，中国的高级官员是否会像现在这样频繁地访问这一区域是值得怀疑的。

第四章
霍克时期（1983~1989）

后回到堪培拉。霍克一路上有机会与胡耀邦就各种不同的议题交换意见。在回到堪培拉后，双方就国际问题和双边关系中共同关心的问题又举行了两次正式会谈，外交部部长比尔·海登和其他联邦部长都参加了这些会谈。在堪培拉，胡耀邦还参加了一场由霍克主持的经济政策咨询委员会（EPAC）的会议，并在全国记者俱乐部上发表了演讲。在经济政策咨询委员会的会议开始前，财政部部长保罗·基廷向中方转交了批准中国银行在澳大利亚重新营业的正式文件。（AFAR，April，1985）在会议演讲中，胡耀邦详细阐述了中方对双方合作的一些看法。他指出：

> 中澳两国都位于太平洋地区，而且关系友好，所以我们可以成为贸易合作上的好伙伴。虽然中澳两国都拥有广阔的领土和丰富的自然资源，但是，两国拥有各自的优势领域。你们（澳大利亚）在铁矿、铝土矿和其他矿产以及畜牧产品上有优势，同时也拥有更先进的技术、更多的资金和专业技能。我们则在其他的一些自然资源上更有优势，例如石油，同时我们也拥有更广阔的市场和丰富的劳动力资源。因此，我们两个国家可以通过合作实现互补，将优势转变为效率。同时，中国的改革开放政策为中澳两国的经济合作发展提供了很好的机会。（AFAR，April，1985：309）

这一讲话获得了澳大利亚听众的强烈共鸣，其中包括澳总理霍克。他在回应时进一步强调，亚太地区的经济活力产生了巨大商机，以及应在区域框架下推进与中国关系的发展。（AFAR，April，1985：312）

中国代表团此次访问澳大利亚的最后一站是悉尼，在这里，胡启立代表胡耀邦总书记在新南威尔士总督内维尔（Neville Wran）所举办的午宴上发表了英文演讲。胡启立提到了当地华人社团的作用，号召他们继续对澳大利亚的发展和中澳友谊做出贡献。

在这次访问期间，双方在许多领域达成了双边合作协议，两国外长换文，中国在墨尔本和珀斯建立新领事馆，澳大利亚在中国两个尚待确定的城市建立新领事馆。在此期间，双方还签署了两个备忘录，其中一个是澳大利亚国际发展援助局和中国对外经济贸易部合作开展钢铁产业培训和咨询业务，另一个则是在双边技术合作框架下设立植物检疫项目。霍克和胡耀邦共同提出了关于羊毛产业的动议，旨在整合两国羊毛生产过程，此外，在交通运输和有色金属产业方面也提出了类似动议。两国领导人在国际事务特别是裁军问题上达成了共识，胡耀邦接受了霍克的建议，让负责裁军事务的外交部副部长钱其琛在出席核不扩散条约审查会议前，先行访问澳大利亚并就相关问题进行磋商。澳大利亚外交事务部（DFA）称，此次胡耀邦和胡启立率领的中国代表团对澳大利亚展开的访问"十分成功"，进一步"巩固了澳中两国的经济和政治伙伴关系"（AFAR，April，1985：311）。

商业活动

利用高层政治访问时机，两国的私营部门的商业活动也得到了发展。由于本研究不准备对具体的商业活动展开分析，仅简单介绍一些20世纪80年代由政府主导的商业合作的事例。例如，在霍克和胡耀邦签署的《联合公报》中，双方同意继续鼓励钢铁产业合作上的商业安排。在公报中特别提到两个重要的项目：一个是先前提及的恰那铁矿项目，另外一个则是重开奎纳纳（Kwinana）闲置高炉的项目。（AFAR，April，1985：316）这两个项目作为钢铁协议的重要内容，均得到了政府的大力支持，但最后的结果不同。恰那铁矿项目成功了并且被大力宣传，奎纳纳项目最终失败了。

20世纪80年代中期以前，澳大利亚里奥廷托联合锌公司（CRA）（通过它的子公司——哈默斯利铁矿公司）和中国冶金进出口公司在恰那项目上的谈判，虽然遭遇官僚政治的阻碍和其他困难，但是进展平稳。这些成绩是在双方强烈的政治善意中取得的，而且反映了整个钢铁协议的进展程度。1985年，澳大利亚对中国钢铁出口价值达到了3.36亿澳元，比1984年的1.574亿澳元增长了一倍多，几乎是1983年1.134亿澳元的3倍。（Barratt，1992：387）这些成功并不局限于钢铁产业，其他行业的合作项目也同样取得了快速进展。例如，中国在有色金属产业上的投资开始产生效益，1986年3月，中国国际信托投资公司（CITIC）购买了维多利亚的波特兰铝冶炼厂约10%的股份，共计约1亿澳元。这是中国在20世纪80年代中期出资最多的单一海外投资，仅少于80年代末期恰那铁矿项目的投资。

第四章
霍克时期（1983~1989）

奎纳纳项目就没那么成功了。澳大利亚必和必拓公司原本打算利用中国方面的投资来重启此前因为资金短缺而被闲置的奎纳纳高炉。在与中国冶金工业部的谈判中，必和必拓公司得到了联邦政府和西澳州政府的大力支持。虽然成功的可能性很大，但是这一合作项目最终还是失败了。失败的原因并不是缺少善意——这是充足的——而是由于国际经济状况不佳，国际生铁贸易价格下跌，使得该项目启动的相对费用增加，而且将来这一费用还会继续增加。（Barratt，1992：388）这个例子再一次证明了只有官方的善意是不能保证商业交易成功的。事实上，这一重大项目的流产，只是澳大利亚（以及别的外国公司）在与中国打交道时所面临的种种挫折的一个缩影。

台湾问题的影响

到目前为止，私人企业遭遇挫折的事情，在澳大利亚政治生活中也有所反映，虽然表现形式较为温和。虽然两党都支持发展与中国的友谊，但是，反对党仍然——至少是私下——质疑霍克政府对发展与中华人民共和国的关系表现得过分热心。特别是国家党更希望看到澳大利亚政府将更多的注意力放在发展与中国台湾的经济关系上，因为自1982年以来，与中国台湾地区的贸易一直超过与中国大陆的贸易。（Klintworth，1993：78）由于国家党的主要选票来源是农村选民，所以他们更希望开拓澳大利亚农产品在中国台湾的市场。同样，1972年以前，乡村党曾经以开拓中国市场为由，迫使麦克马洪政府重新考虑对中国的政策。在这方面，霍克政府其实与国家党的立场有着很多相同之处。但是，信守对中华人民共和国政府做出的承诺，考虑到后者对台湾问题的敏感性，霍克政府在20世纪80年代的大部分时间中，都尽量压低与台湾地区的关系。成立于1981年10月的澳大利亚行业商会驻台北办公室仍然致力于促进两地间的个人及商务旅行以及其他商务联系，但中国台湾在澳大利亚的正式存在被限制在远离首都堪培拉的悉尼和墨尔本，并且是以远东贸易公司的名义。其职员不具有外交特权，也不能与堪培拉的官员直接进行对话。此外，因为两地间没有直航，从中国台湾到澳大利亚旅行也是非常困难的，中国台湾的访客和商人必须到中国香港办理签证手续。

除了以上提到的限制，霍克还受到支持台湾当局的游说团体的影响，其成员不仅包括了反对党成员、澳大利亚商业团体成员，也包括了政府中的重要官员和部长。在这些压力下，澳大利亚与台湾地区的关系发生了一些微妙的变化，变得更加紧密了。这种趋势在20世纪80年代末时更加明显，特别是在1989年中国发生了政治风波后。（Klintworth，1993）

搁置内部分歧

与公众的认识相反，在20世纪80年代中期，对华关系已经成为霍克政府内部辩论的议题之一。在澳中关系问题上，很少有人能够觉察到，在澳大利亚政府中，在有关对中国政策的制定权问题上，存在着以霍克总理和外长比尔·海登为代表的两派之间的紧张与对立。在某种层面上说，这种对立主要是个人的，就像澳大利亚历史上总理和外长的关系一样。（Trood，转引自Weller，1992：156－182）霍克和海登在对华政策决策权上存在矛盾。与其他类似的斗争相同，总理的特权使得霍克占据了上风。但是在更实质的层面上，这两人代表了对中国的两种政策思维。霍克将中国视作澳大利亚融入亚洲的重要因素。他得到了其顾问部若素和包括后来成为负责与东亚关系的贸易部副秘书长保罗·巴勒特（Paul Barratt）等官员的协助。这些人致力于推进中国行动计划的成功，并对培育中国市场作为澳大利亚融入亚洲的主要动力的战略保持乐观态度。而海登则是将中国置于澳大利亚总体外交关系的大框架下，虽然也十分重视中国，但他对于澳大利亚与中国经济整合的前景并不乐观。他的观点得到了一些外交部高级官员和颇具影响力的学者的支持。这些人会挑出霍克对华政策中的毛病，并反对过分夸大中国市场的重要性。例如，一位重要的外交部官员不满地向霍克抱怨，政府过于重视中国而减少了对日本、印度尼西亚和其他亚洲国家的关注。霍克听取了他的意见，并且接受了要对其他亚洲国家特别是日本给予更多关注的建议，但是他本人的关注点仍然停留在中国。（1994年本书作者对前澳大利亚政府官员的采访）

这个争论是永远无法解决的，但是在1989年政治风波以前，它也不会

第四章
霍克时期（1983~1989）

使问题加剧到不可挽回的程度。事实上，公众很难在霍克和海登分别就中国问题的讲话中发现细微差别。直到1989年，公众的情绪发生了激烈变化之后，这些不同才得以爆发。但是，霍克对中国怀着巨大的热情在澳中两国是众所周知的。根据堪培拉的官员回忆，当他们处理与中国相关的事务时，都会说是以霍克的名义而不是海登的名义——因为后者的名声在这方面是明显不足的。（本书作者1994年对官员的采访）

无论争论是否在幕后持续，澳大利亚的中国政策的方向不会发生大的改变。霍克必须妥善处理国内各种矛盾，继续推进带有他鲜明个性色彩的对华外交。

再度访华

1986年5月，霍克以总理身份第二次访问了中国。此前，他已经指派邰若素作为驻华大使，巩固澳政府对中国的各种经济关系。作为一个对亚洲区域有着特别兴趣的经济学家和霍克经济重建项目的规划者，邰若素确实是最佳人选。[①] 担任大使期间，他在中国积极实施霍克政府的经济外交，与中国当时的领导人胡耀邦和赵紫阳都建立了友好的关系。

据邰若素自己透露，他在任期内发回堪培拉的第一份政策电报是关于教育交流的。许多中国年轻人渴望出国留学给邰若素留下了深刻印象，然而他们大部分却选择去欧洲和北美，他们对澳大利亚的学校了解甚少。在电报中，邰若素建议政府应该将加强两国教育合作和人民之间的接触，作为澳大利亚对华长远战略的重要组成部分。（本书作者于1994年11月对邰若素的采访）这一建议随即被列入霍克作为总理第二次访问中国的议程。

与第一次访问相比，霍克总理的这次访问，对于保持两国关系不断发展无疑更具实质性意义。用霍克自己的话来说："我这次出访中国的行程是

[①] 有意思的是，在官方宣布前，海登是第一个向外界透露对邰若素任命消息的人。根据外交部前官员的说法，海登在一个为中国代表团举办的重大聚会上介绍邰若素将成为澳大利亚下一任的驻华大使。海登幽默地介绍了邰若素的经济学背景："他刚刚搞乱了我们的经济，现在他准备去搞乱你们的了。"（本书作者1994年10月的采访）

经过缜密设计的,并且这次访问是我作为澳大利亚总理以来对外国进行的历次访问中,最具深度的。"(*AFAR*,1986.5:374)除了访问北京,霍克也访问了成都、南京、厦门和广州。为了回报一年前访问澳大利亚时受到的热情款待,胡耀邦亲自陪同霍克访问中国其他省份。两国领导人在行程中进行了广泛而深入的讨论,话题从苏联到罗马教廷无所不包。(Hawke,1994:345-350)除了高层对话,霍克也致力于开展公共外交活动,寻找各种可能的机会设法深入当地社会。其中最为著名的是霍克对两所中国大学的访问。在北京,他访问了北京外国语大学(简称"北外")。北外是中国在外语教育和外事领域名列前茅的中国高等学府。在那里,霍克代表澳大利亚政府向北外的澳大利亚研究中心赠送了500本书,并向数百名教职工和学生做了户外演讲。霍克的澳大利亚口音拉近了他与观众们的距离。(本书作者当时正好是北外学生,因而有幸出席相关活动)霍克也访问了中国另一所著名的学府——南京大学。他表达了澳大利亚致力于成为中国发展的重要伙伴的愿望,给南京大学的师生们留下了深刻的印象。(*AFAR*,May,1986:373)

霍克的访问在中国引起了广泛关注,作为一个外国领导人,他充满活力和个性鲜明的形象给中国民众留下了深刻印象。媒体对两国频繁的高层互访做了跟踪报道,霍克因此在中国的学者和公众中赢得了颇高的知名度。如果公众被问及在20世纪80年代所认识的两位外国政要人物的名字时,很有可能出现的答案是里根和霍克。这不仅是因为两者都善于与中国开展良好的沟通,还在于他们名字的中文译音跟正常的中文名字相似,便于发音和记忆。霍克凭借这种微妙的方式使得澳大利亚的名字在中国民间得到广泛传播,尽管相对于美国和英国的中文翻译而言,澳大利亚的中文译名听起来更拗口一些。

高潮迭起

霍克的访问引发了中澳双方交流的又一波热潮。1986年8月,澳大利亚教育部部长苏珊·瑞恩(Susan Ryan)访问北京,双方签订了教育合作备忘录。在备忘录中,澳大利亚承诺每年提供100万澳元用于资助两国学生交

第四章
霍克时期（1983~1989）

流。1986年9月，中国副总理万里访问澳大利亚。万里不仅是中国最资深的领导人之一（不久出任全国人民代表大会常务委员会委员长），而且还是霍克总理网球场上的搭档，两人建立了良好的私人关系。因此，在万里访问期间，霍克宣布举办澳中网球挑战赛，帕特·卡什（Pat Cash）担任澳大利亚队队长。

建立澳中部长级经济联合委员会（JMEC）。更为重要的是，在万里访问期间，霍克还宣布建立澳中部长级经济联合委员会，以升级之前的贸易合作委员会。部长级经济联合委员会是双边经济关系发展的里程碑，它标志着20世纪80年代两国经济联系快速发展，并向正式化和制度化方向迈进。作为监管两国经济关系的高级机制，部长级经济联合委员会旨在集中两国的经济方面的部长和官员针对每年影响双边经济交流的主要问题展开讨论和咨商。中国对外经贸部、国家经济委员会、中国国际贸易促进委员会和其他经济和贸易组织在部长级经济联合委员会进程中发挥了积极作用，澳大利亚财政部、外交部、贸易部（外交部和贸易部后合并为澳大利亚外交贸易部）、政府工商技术部（DITAC）、基础产业与能源部（DPIE）及澳大利亚贸易委员会也是积极的参与者。

澳中部长级经济联合委员会第一次会议于1987年3月举行，以后每年由澳中双方轮流主办。每次会议由双方主管贸易经济事务的部长带领各自的代表团出席。如中方有国家经济委员会主任吕东，外经贸部部长李岚清、吴仪；澳方则有产业技术和商务部部长约翰·巴顿（John Button），负责贸易谈判的部长尼尔·布鲁维特（Neil Blewett），以及其他贸易部长，如约翰·科林（John Kerin）、彼特·库克（Peter Cook）、鲍勃·麦克马伦（Bob Mcmullan）。与双方经济往来不断机制化发展相适应的是，双边政治关系也从1986年开始逐渐走向机制化，当时两国外长每年举行正式会谈和参加裁军磋商会议。

1987年11月，霍克的"钢铁动议"开始结出硕果。时任中国国务委员谷牧访问澳大利亚，正式签署澳中合资开办恰那铁矿协议。根据该协议，中国将会通过中国冶金工业部和中国机械进出口总公司与澳大利亚CRA旗下哈默斯利铁矿公司共同投资开发位于西澳大利亚皮尔巴拉地区的恰那铁矿。中国将持有该合资企业40%的股权,并购买当地铁矿石运往上海宝钢作为原料。该项目全面启动后,将会提供大量的就业机会,增强两国的经济利益。①

200周年纪念活动的合作伙伴

1988年适逢澳大利亚纪念白人定居200周年,为澳中双边关系的发展提供了舞台。中国成了庆典的主要赞助方,因而把双方的友好关系推向了新的高度。中国的赞助包括提供1月1日开幕式的烟花,参加1988年布里斯班世界博览会,派出京剧团赴澳大利亚巡回演出,向墨尔本和悉尼借出两只大熊猫以供观赏,提供两座传统石狮和石灯作为堪培拉新国会大厦的吉祥物。而更加永久性吸引大众目光的事件是,1988年1月17日,中国友好花园在悉尼落成。这也是广东省赠予友好省份新南威尔士州的礼物,友好花园从此成为澳大利亚最大的城市中心旅游景点。

这一年,两国高层互访前所未有的频繁。2月,澳大利亚总督尼尼安·斯坦芬(Ninian Stephen)进行了历史上第一次对中国的国事访问。工业部部长约翰·巴顿(John Button)年内两度访问中国。第一次是3月份出席了在北京举行的经济部长联合会第二届会议,第二次是12月为促进商业往来访问福建。7月,比尔·海登(时任外交贸易部部长)在1983年工党重新执政后第二次访问中国。中国政府为了表示中澳关系友好姿态,允许海登访问西藏,尽管当时的拉萨仍弥漫着紧张不安的气氛。在北京期间,海登在第五届中国—澳大利亚高层管理论坛上致辞,并转达了霍克总理的良好祝愿。在这次访问中,海登与中方签署了双边《投资保护协定》,并呼吁尽早缔结《避免双重征税协议》。10月,澳大利亚总参谋长奥唐纳(O'Donnell)中将在中国国防部的邀请下,对中国进行了意义重大的访问。(*China Brief*, July, 1994: 51 - 52)这是自1972年两国建交以来,最高级

---

① 需要指出的是,尽管高层都关注这一合资企业,但是,就像许多其他规模相对较小的澳中合资企业一样,它的发展并不平稳。伴随着20世纪90年代初期到中期,中国推进社会主义市场经济体制改革,这一合资企业遇到了一系列营销问题。(本书作者于1994年对官员进行访谈的记录)

第四章
霍克时期（1983~1989）

别的国防访问，与越南战争时期双方的紧张关系形成了鲜明对照。

作为对澳大利亚访问的回访，中国也对澳大利亚展开了高规格的访问。高潮是 1988 年 11 月中国总理李鹏正式访问澳大利亚。这是李鹏在当年 3 月就任总理后的第一次对外正式访问，表达了中国对加强与澳大利亚双边关系的诚意。他的此次访问行程还包括了泰国和新西兰。李鹏率领的代表团前所未有地包括了许多资深部长和政府官员，其中包括外交部部长钱其琛，冶金工业部部长戚元靖，劳动部部长罗干，航空航天工业部部长林宗棠，以及许多其他官员。就像胡耀邦一样，李鹏从西澳洲开始，展开对澳大利亚的访问。在西澳洲州长彼特·唐宁（Peter Dowding）的陪同下，李鹏总理视察了恰那铁矿项目。稍后，中国代表团访问了悉尼、堪培拉和墨尔本，并与霍克总理、尼尼安·斯坦芬总督、其他部长及官员进行了会晤。在访问期间，澳中达成了一系列双边经济交往协议。其中，最为著名的是由中国外交部部长钱其琛和澳大利亚财政部部长保罗·基廷签订的《避免双重征税协议》（AFAR，November，1988）。这项协议和 7 月份签订的《投资保护协议》，有助于提高两国的商业信心和维持经济往来的稳定。

火箭与卫星

值得注意的是，李鹏总理的这次访问开启了澳中在航空航天产业这个新领域的双边合作。在访问期间，澳大利亚卫星系统（AUSSAT）宣布，将采用中国长征 2 – E 号运载火箭发射两枚由美国休斯公司制造的第二代通信卫星。在悉尼期间，李鹏总理与澳大利亚卫星系统董事长霍尔（D. M. Hoare）以及总经理戈舍温克尔（W. G. Gosewinckel）对这项计划进行了商讨。中国航空航天工业部部长林宗棠和澳大利亚工业部部长约翰·巴顿共同签署了有关航空与空间合作的会谈纪要。事实上，霍克及其同僚如约翰·巴顿，一直致力于推动中澳航空航天合作。霍克甚至提议，在约克角建立中国的火箭发射基地。因为约克角更靠近赤道，比中国现有的发射基地更加合适。然而，这一提议并没有得到后续推进。（本书作者对澳大利亚外交贸易部官员的访谈）澳大利亚卫星系统的决定意味着澳中在航空航天领域的合作已取得重大进展。澳大利亚成为第一个采用中国火箭发射商用卫星的国家。

当然，作为澳中双边紧密关系的反映，澳大利亚卫星系统的决定明显带有其商业考量。这是因为采用中国火箭发射卫星的成本远低于采用欧美相同条件下的设备发射卫星的成本。也正是因为这样，欧美卫星发射行业的竞争者们反对澳大利亚的决定，认为这会有利于那些报价低廉的中国企业，并宣称这些企业接受中国政府的补贴。为了指控中国的不公平贸易行为，美国国会援引巴黎统筹委员会技术转移限制条款，阻止将美国制造的卫星出售给澳大利亚卫星系统。这使得澳大利亚驻华盛顿的外交官加紧游说美国国会，并多次从堪培拉派出高级代表与布什政府沟通，最终确保了澳大利亚得以购买美国卫星，并在20世纪90年代初期在中国发射。（本书作者20世纪90年代初对官员采访）这个事件以及澳大利亚代表反对美国实施出口增长计划（EEP）再一次证明，澳美间存在日益扩大的利益分歧和差异。① 澳大利亚在这些事件上的明确立场表明，澳大利亚在寻求海外利益中日益自由和独立。

无论澳大利亚与美国之间关于中国贸易问题存在着怎样的分歧，中澳关系仍然维持在一个高速发展的水平，并且在1988年随着李鹏总理的访问达到空前的高度。正如澳大利亚外交贸易部所指出的那样，这次访问"极大地促进了澳中双方的了解与互信，有助于发展友好长远的澳中关系。霍克总理认为这种关系的重要性超过其他双边关系"（AFAR，November，1988：509）。

在澳中双边关系的框架下重点考察了霍克政府的经济外交以后，现在有必要进一步分析，经济外交是如何转化为贸易成果的。

---

① 出口增长计划问题是澳中关系受到美国政策影响的又一案例。从1985年《食品安全法案》通过后起，美国就开始利用其向中国、苏联和其他国家出口小麦，而这些国家和地区是澳大利亚重要的出口市场。出口增长计划使得美国在世界粮食市场的占有率从1986年的29%上升到1989年的43%，而澳大利亚的份额在同期则从20%下降到11%。（Gregory Pemberton，转引自Boyce and Angel，1992：130）同时，中国逐渐倾向于从国际现货市场购买小麦，而不是像20世纪70年代以前那样与澳大利亚签署长期合约，这进一步扩大了出口增长计划的效应。因此，从20世纪80年代中期开始，澳大利亚就对美国小麦补贴问题与美国进行交涉，因为这不利于澳大利亚的出口。澳大利亚一些人还建议把出口增长计划问题与美国在澳大利亚驻军的问题挂钩。然而，这一问题直到20世纪90年代中期以前都没有找到令双方都满意的解决方案。

第四章
霍克时期（1983~1989）

事实与数据

双边经济往来的发展速度一般都反映在贸易数据上——尽管不是直接反映。1983年，澳中双边贸易额达到7.22亿澳元。四年后的1987年，这一数据已经增长了两倍，达到22.65亿澳元，超过了1983年霍克政府设定的双边贸易将在二到五年内翻倍的目标。需要指出的是，尽管因为1983年的数据异常低从而更容易达到目标，但1984年的进出口总额已经达到12.26亿澳元，双边贸易翻倍的目标仍然在80年代末达到。具有讽刺意味的是，尽管1988年双方高层交流达到高潮，双边贸易却出现了显著下降（参见表4-1）。出现这一现象，主要是因为中国采取了反通胀政策措施以及全面削减进口。这再一次表明两国政治关系与双边贸易之间短期内很少有直接的关联，除非像1970/1971年度中国取消在澳大利亚的小麦订单那样，把贸易作为实现政治目的的手段。

在这十年中，双边贸易的种类也不断多样化。澳大利亚出口到中国的主要商品已经从传统的商品如小麦、羊毛扩展到铁矿石和铁精矿砂、铁、钢锭、锌合金、粗糖等（*AFAR*, May, 1986: 391）。羊毛法案更是激励了羊毛的出口，1989年，羊毛成为澳大利亚对华出口最多的一种商品，总值达到5亿澳元（1993年9月澳大利亚羊毛公司提交给参议院外交事务、国防和贸易常设委员会的数据）。澳大利亚制造业受到的影响更加明显，1985年，中国成为澳大利亚高附加值加工商品十个最佳的出口目的地之一。（Barratt, 1992: 393）同时，尽管纺织品和鞋类仍然占据澳大利亚从中国进口将近一半的份额，从中国进口的商品也更加多样化，从纺织品和鞋类产品扩展到机械、旅游产品、化学物品、玩具和原油。20世纪80年代后半期，长久困扰双边贸易平衡的问题很快得到缓解，并且在80年代末两国贸易差距最终消失。

20世纪80年代两国间相互投资也有所增长。尽管有关投资联系的确凿数据已经难以获得，我们仍可以合理地推定，在80年代，中国对澳大利亚的投资在高规格和大规模的合资项目如恰那铁矿的带动下，比澳大利亚对中国的投资增长更快（见表4-2和表4-3）。一方面这也许是澳大利亚的经济稳定性更强,可预测性更高;另一方面则是中国市场缺乏透明度。经过最初阶段的谨慎摸索以后,澳大利亚企业逐渐对中国市场树立起了信心,并在80年代末明显加快了对中国投资的步伐。

表4-2 澳大利亚对华投资

单位:百万澳元

年 份	交易量	年终水平	收 入
1983/1984	N/A	N/A	N/A
1984/1985	N/A	N/A	N/A
1985/1986	-3	58	5
1986/1987	-41	20	0
1987/1988	-12	N/P	0
1988/1989	N/P	44	N/P
1989/1990	4	58	N/P
1990/1991	10	65	2

注:N/A表示不可知,N/P表示未公布。
资料来源:ABS, Catalogue No. 5305.0(转引自DFAT, *China Brief*, July, 1994:61)。

表4-3 中国对澳大利亚的投资

单位:百万澳元

年 份	交易量	年终水平	收 入
1983/1984	14	0	N/P
1984/1985	-4	0	N/P
1985/1986	89	N/P	58
1986/1987	-30	6	20
1987/1988	-131	N/P	7
1988/1989	47	N/P	44
1989/1990	34	120	-1
1990/1991	93	205	N/P

注:N/P表示未公布。
资料来源:ABS, Catalogue No. 5305.0(转引自DFAT, *China Brief*, July, 1994:61)。

除了贸易与投资,技术合作在80年代也是澳中双边经济关系的重要组成部分。从1981年10月开始,澳大利亚是经合组织国家中第一个对中国提供援助的国家,此后,科技合作计划发展到包括与世界银行共同筹资、金

第四章
霍克时期（1983~1989）

融补偿、农业研究、紧急援助和其他小型项目。对双边援助的全面管理逐渐演变成发展合作计划。1986/1987年度前澳大利亚对中国援助的年平均额少于2000万澳元，但1987/1988年度年平均额增长到了3410万澳元，并在此后稳定增长。（*Insight*, 29 March, 1993: 8）如同澳大利亚一般的对外援助，对中国的援助计划是基于三个基本的目标：服务于外交政策、人道主义（或者国际好公民）考虑和商业利益。根据1991年澳大利亚国际发展援助局发表的报告，持续进行的对中国的发展援助计划有效地促进了前两个目标的实现。至于第三个目标的实施效果，在随后1993年发表的《与中国发展合作的商业利益》报告中进行了深入分析。报告显示，澳大利亚对中国援助1美元就会产生价值3美元的直接或者间接的商业机会。一位澳大利亚国际发展援助局官员在1994年11月向本书作者表示，最新的收益比甚至高于1:5。然而，并没有任何独立的证据证实这个说法。

主要的澳大利亚对华商业援助计划是金融补偿计划（CFF），或者说是进口开发融资计划（DIFF）。① 尽管这些计划在早期实施良好，但是两国政府直到1988年3月才签署谅解备忘录，正式建立计划监管程序。在这样的安排下，中国可以获得优惠融资，来支持那些得到中国政府承认的买家和具有澳大利亚背景的商品和服务供应商签署商业合同。金融补偿机制包括了等同于符合资格的合同价值35%的补助金和澳大利亚通过出口金融保险公司提供的出口贷款。这实际上意味着优惠贷款的利率一般在0到2%之间（*Insight*, 29 March, 1993: 9）。这一计划与全面发展计划都获得了相当大的成功。然而，就像在贸易和投资领域的部门动议一样，技术合作计划也有其自身的问题。尽管也有成功的案例，如必和必拓公司对福建顺昌水泥厂的投资，就是一个成功的案例并反映了此类计划的主要特点，但同时，这项计划也有一些著名的失败案例，如上海废水处理项目和南京羊毛厂。

---

① 当问及为什么发展进口融资计划在中国是另一个名称时，一位澳大利亚国际发展援助局官员表示："我们在中国几乎做任何事都需要用另一个名称……中国人的自尊心非常强，不喜欢被称为接受外国的援助……中国政府坚持认为任何援助都是互惠的。"（1994年11月采访）事实上，中国在1985年逐渐与澳大利亚达成共识，增加"互惠"作为选择援助项目的条件。

虽然这些案例失败的原因各不相同，但其中一个重要因素是，来自第三国援助者的外部竞争。这意味着，为了应对来自欧洲和北美国家的机构竞争，澳大利亚国际发展援助局必须获得中国政府部门和企业的关注与合作。

尽管存在这些问题，20世纪80年代的援助计划还是有力地促进了澳中相互投资和双边贸易，并且，经过调整以后，援助计划在20世纪90年代继续进行。

贸易与政治

由上所述可以看出，霍克政府的对华政策相对于前任政府而言，更加突出贸易与经济方面的考量。这与澳中双方经济相互依赖和强调国内经济结构调整的体系性趋势是一致的。如果仅仅把政治的定义局限在安全领域，那么中国在澳大利亚的政治—战略考量中相比20世纪70年代甚至80年代早期而言已经不再那么突出了。澳大利亚国防部文件显示，"中国已经不再被澳大利亚视为威胁或者战略关注所在，甚至它也不再成为我们（澳大利亚）战略环境的主要因素了"（Submission to Senate Inquiry into Australia's Relations with PRC, 1993: 2）。① 而在1987年澳大利亚《国防白皮书》中，有关中国的问题甚至未被提及。尽管这样（或者因为这样），澳大利亚在整个80年代继续开展与中国的国防交流。在北京与堪培拉互设武官处以后，澳大利亚皇家海军舰队分别于1981年、1984年、1986年访问了中国。前文提到，1988年10月，澳大利亚总参谋长奥唐纳中将访问中国，这是双方最高级别的国防访问。另外，还存在其他级别和两国国防学院间的联系，尽管一些训练和访问交流动议因为中国缺乏资金而难以实现。（Submission to Senate Inquiry into Australia's Relations with PRC, 1993: 6）然而，与贸易和经济合作相比，国防交流在霍克执政的大部分时期处于次要地位。

但是，如果认为霍克政府的对华政策突出贸易和经济而忽视政治战略考虑就是过分简单化了。实际上，霍克及其僚属一直对中国的政治发展方

---

① 这种说法事后看来未免是让人惊讶的，然而在20世纪80年代双边友好关系达到顶峰时，传统的"我们—他们"二分法观点至少在一段时间内被堪培拉的国防官员们所持有的"共同防御"的观点所取代。

向深感兴趣。1978年前，霍克拒绝访问中国表明了他早期对中国体制的看法。执政以后，霍克及其下属高度关注中国改革开放的发展。在加快双边贸易与投资的呼声背后，也包含着鼓励中国进行更大的体制改革和开放社会的企图。希望通过提高贸易联系——尤其是发展援助——使中国融入国际社会当中，最终在中国国内形成社会压力，促使中国进行更符合澳大利亚国家利益的政治改革。从这个意义上来说，澳大利亚政府对中国社会政治发展方向的强烈关注，已经抵消了在纯粹安全领域对中国关注程度的降低。考虑到1989年后霍克政府对华政策的批评，这一点是非常重要的，这些批评倾向于用贸易数据来评估政策的效果，而低估了政策过程中潜在的政治动机和政治考量。

外交贸易部：政治与贸易结合

事实上，在20世纪80年代的大部分时间里，澳大利亚的对华政策很难将贸易与政治区分开来。贸易和政治的区别越来越模糊，而且这两者在霍克政府时期内被有效地整合起来，两者的融合最终使得外交部与贸易部合并成了外交贸易部（DFAT），这被认为是澳大利亚在整合外交服务和政策过程中迈出的最大的一步。发生在1987年7月的这次合并，并非特意针对协调中国政策，也不是仅限于澳大利亚外交部门的孤立事件，它事实上是霍克政府对整个公共服务领域进行行政改革的组成部分，并产生了深远的影响。对公共政策的关注大部分转移到"巴士底日行动"（因发生在1987年7月14日法国大革命纪念日而得名）的影响上，正是这种大背景，有助于我们简要地考察澳大利亚外交决策部门的中国政策制定的官僚政治体制。

到了20世纪80年代中期，双边关系已经发展得更加多样化，主要的澳大利亚政府部门都与中国的相关政府部门建立了直接联系。在霍克政府时期还有这么一个有趣的说法：除了退伍军人事务部部长，所有的澳大利亚政府部门的部长都去过中国。（FitzGerald，1990：317）上文提及的澳中部长级经济联合委员会（JMEC）是双方管理这一多样化关系的尝试。为了适应这一变化，澳大利亚在官僚体制中也创设了新的协调机制。在这些协调机制中最为重要的是中国事务跨部门委员会（Inter - Departmental Committee，IDCC），它由最主要参与对华关系的联邦部门首长组成，例如外交部、贸易部和初级产业部。中国事务跨部门委员会下属的中国事务跨部门工作小组（Inter - Departmental Working Group on China，IDWGC）作为支撑机构，每个月会集中15位助理秘书讨论中国问题。在这些讨论中，外交部扮演着领导的角色，它确定讨论的基调，介绍有关中国的知识，提供更多具体的建议，以便其他部门更好地与中国政府部门打交道。在早期尤其如此，当时其他的部门都缺乏这样的专业知识。后来，中国事务跨部门委员会和中国事务跨部门工作小组逐渐转化为更新的跨部门协作机制，这一机制的非正式名称为"G6"，"G6"由六个部门组成：总理和内阁部、外交贸易部、财政部、工商技术部、初级产业部和澳大利亚贸易委员会。而根据郜若素建议成立的东亚分析室成为G6的秘书处。

尽管这些机制发挥着明显的作用，然而中国事务跨部门委员会和中国事务跨部门工作小组（包括所谓的"G6"）并不是正式机制，因此必须在协商一致的基础上运行。即使达成共识，会议要求也不一定能够转化为行动。因为当会议各部门的代表离开会议室后，他们必须面对他们各自部门的实际情况，它们有各自的工作风格和标准运作程序。当两个传统的竞争部门，如外交部与贸易部在某一问题上争执不下时，这种情况会进一步恶化。

外交部与贸易部

事实上，外交部与贸易部之间的对抗在1987年两部门合并前早已公开化。这主要是因为两个部门在同一个政策领域中有不同的职责，而且，两个部门都在澳大利亚的对外关系中发挥着关键的作用。外交部主要负责外交政治关系，而贸易部则主要负责贸易和对外经济关系。这种区分最终使得两个部门发展各自的部门文化，并且互相猜疑，陷入无休止的自我保护和争夺势力范围的对抗中。例如当澳中部长级经济联合委员会成立时，外交部与贸易部就试图代表澳大利亚争夺论坛的主导权。最终，贸易部以主持澳日之间类似的论坛为由获得了胜利。这为后来的部门竞争开创了先例。

第四章

霍克时期（1983~1989）

（本书作者1994年11月对外交贸易部官员的采访）

两个部门的文化不同在台湾地区问题上表现尤为明显。贸易部主张为澳大利亚争取在中国大陆与台湾地区之间获得最大的商业机会。然而，20世纪80年代早期，澳大利亚与台湾地区的贸易量开始超过澳大利亚与中国大陆的贸易量，因而在澳大利亚国内要求加强与台湾地区关系的公众压力越来越大。贸易部迅速利用这一有利时机，推动政府实现与台湾地区贸易的便利化，认为对政治敏感性的考虑不应该超越澳大利亚的经济利益。贸易部的官员们在私底下认为，外交部的同事只会关注外交细节，而与现实脱节。

而外交部则需要向不同的群体做出反应。中国对台湾问题长期以来的态度，让外交部的官员们必须慎重对待。正如一位分析家指出的那样：

> （中国）大使馆经常对一些看起来微不足道的小事提出抗议，大使馆怀疑澳大利亚是否承认台湾是中国一个省的地位。例如，澳大利亚在政府出版的小册子中提到"台湾"而不是"台湾省"；停泊在澳大利亚港口的台湾货船上升起"中华民国"的国旗；还有1978年的亨利水果店事件——当时澳大利亚外交部收到了中国大使馆的投诉，称位于霍巴特的一家名为亨利的水果店，店主在电话簿上列出了"中华民国"的业务咨询电话，外交部认为，该水果店所有者的行为违反了现存的惯例，并可能涉及法律诉讼，外交部于是要求澳大利亚电信公司删除霍巴特电话簿上这一具有冒犯性的电话条目。

这些案例所导致的结果是外交部对台湾问题的态度日益谨慎。外交部不单单考虑贸易，而必须把澳大利亚的整体外交政策纳入考虑的范围。在私下里，外交部的官员抱怨，他们贸易部的同事，仅仅狭隘地关注货币计算，而在理解更广泛的政治问题时缺乏周密的考量。

两个部门的这些不同并不容易调解，而且经常会导致两个部门间关系紧张——包括行政安排问题。例如，在澳大利亚驻北京大使馆，政治事务处的职员由外交部任命，而经济或贸易事务处的职员则一般来自贸易部。尽管大使馆的不同部门都向大使负责，而大使一般都由外交部任命，经济和其他各处也需要向他们各自的堪培拉总部汇报工作情况。在上述章节中提到 20 世纪 70 年代早期费思芬在北京经历的困境，就是这个问题的典型例子，即部门的竞争和对抗在大使馆事务层面上的体现。

这些问题的产生，毫无疑问是因为外交与贸易被武断地分割，随着贸易和政治之间联系愈加紧密，这种分割难以维持下去。这一情况其实双方部门之间也深有体会，尤其是外交部秘书长斯图尔特·哈里斯（Stuart Harris）。在 1984 年被任命为澳大利亚外交部秘书长前，哈里斯是政治和经济方面的资深学者，著述颇丰。在任期内，他继续发表文章和报告，强调整合外交和贸易两个业务部门的重要性和必要性。在外交部和贸易部合并时，哈里斯及其幕僚已经做好了准备。

一夜之间的合并

就如其他部门一样，外交部和贸易部几乎在一夜之间就完成了合并。尽管许多人曾对这次合并有所预期，但很少人会想到究竟何时会发生。合并的决定宣布后，很快就转入行动阶段。过去分属外交部与贸易部的官员们，在短时间内，就并排坐在同一座办公楼里。在这个过程中，两大部门的下属部门总数减少到 9 个（建立了两个包含政治与贸易分支机构的三个区域性部门）。合并很快进入到处与科级层次。哈里斯负责监管这次转变，尽管作为一名局外人，哈里斯具有一定优势，较少卷入到原来两个部门之间的内部政治中，但是，要把外交部的 2300 位职员、贸易部的 350 位职员，连同 140 名来自澳大利亚促进会的人员整合在一起，并非易事。

作为他的继任者，理查德·沃尔考特（Richard Woolcott, 1989：50）评价道："外交贸易部的建立，虽然不属于最大部门重组，但困难仍然不少。"哈里斯也借用迪安·艾奇逊形容美国国务院重组的比喻说："合并外交部和贸易部，就像给一个抬着钢琴爬楼梯的人做阑尾切除手术……与此同时，

第四章
霍克时期（1983～1989）

其他人还得继续弹钢琴。"（Harris，1988：71）

这个困难不仅源于调解两个长期的竞争对手，而且源于打破两种根深蒂固的部门文化的界线，特别是"前外交部独特的部门文化，它鼓励严格区分'政策'或'外交'官员和其他官员"（Geoffrey Forrester，in Weller，Forster and Davis，1993：63）。对于这种"按工种区别对待"（streaming）的现象，外交贸易部高级官员杰弗里·弗雷斯特（Geoffrey Forrester）做过很好的描述：

> 这种"分门别类、高低有别"的文化现象，表现为不同的"类别"或者"地位"——"政策"官员（外交官）位于顶端，"行政人员""领事""文秘及勤杂人员"位于底部。这种文化形成了一个封闭的俱乐部。它违背了澳大利亚社会提倡的平等的就业机会和平等主义的价值观，而且它意味着，很多人才不能得到充分任用，或者完全被埋没。"政策"官员尽量将自己与诸如后勤和财务方面看起来脏的杂事隔离开来；"勤杂行政"官员被鼓励仅仅去处理日常事务，不要出难题，不去思考如何把事情做得更好。如果这种文化现象得不到纠正，可能会导致管理最终失灵。（Forrester，转引自 Weller，Forster and Davis，1993：63）

为了克服这样的问题和消除各部门之间的差异，将合并带来的不利影响最小化，必须采取一些过渡措施。例如，在合并一年之后，将前外交部和贸易部的官员按照同一地理区域平行划分。在过渡期间，扩大后的中国事务部（中国的外交事务工作组）保留了两位主任，一位来自贸易部，另一位来自外交部，各自负责管理他们以前的下属。尽管之前两个部门人员之间存在一些小摩擦，但得益于两位主任——大卫·尔文（David Irvine）和迈克尔·科尼（Michael Carney）两人之间的和睦关系，中国部的运行相对较好。但是，对于其他一些部门而言，这样的安排运转效果就没有那么好，主要还是由于过去的偏见导致的人际关系紧张。无论这些措施的副作用如何，合并似乎还算成功：

> 逐步打破起初存在于新部门内部各下属部门官员之间的界限。贸

易官员开始学会分享政治工作的刺激,外交官员学着赏识贸易工作的重要性和面临的挑战。(Woolcott,1989:51)①

大部制发展的结果

外交贸易部的设立,对于澳大利亚外交政策的执行,在许多方面产生了积极的影响,不仅仅是中国政策方面。过去,台湾问题是导致原外交部和贸易部之间争执的焦点,现在归于同一个部门办理,这就使得它由一个引起不和的问题转化为创新的外交领域。这样的创新,在亚太经济合作组织初创阶段被最明显地表现出来。

霍克总理 1989 年 1 月在首尔宣布创办亚太经济论坛的计划之后,外交贸易部被指派,按照计划制定出具体的安排。对外交贸易部来说,面临的最大难题之一,是如何将中国大陆、中国香港和中国台湾这三大经济体纳入同一个论坛。在经济上,三大经济体都是区域经济中重要的参与者,因此应该被包括进该论坛中。政治上,APEC——该论坛逐渐被这么称呼——作为政府间的机制,还没有现成的模式,能够让这三大华人经济体同时参与,又不触及政治敏感性。这一困境,原本是前外交部和贸易部官僚们紧张的来源。但是,现在,外交贸易部已经是一个完整的部门,准备采用更加建设性的方式,来处理这一潜在的、引起不和的问题。因此,当外交贸易部秘书长理查德·沃尔考特在 1989 年年初,作为霍克总理的特使,去北京游说中华人民共和国政府与中国香港、中国台湾一道加入 APEC 时,他获得了工作在外交贸易部的外交事务和贸易方面的专家的建议和支持。结果,

---

① 有一个情况值得注意,除了促进彼此赏识和相互学习,在同一部门分设贸易主任和政治主任还有一个秘而不宣的原因。在部门合并几个月后,中国事务部的政治主任被委派到海外,从而在堪培拉留下空缺。贸易主任认为这是加速整合的好机会,便向其上级领导、亚洲司司长(即负责亚洲事务的第一助理秘书长)提议,由自己接管整个中国事务部的领导工作。但是,令这位贸易主任感到困惑的是,亚洲司司长在没有做出任何解释的情况下,拒绝了其建议。随后,政治主任的空缺由另外一个人填补。这一例子表明,上述安排,可能是为了缓解由合并引起的职位不够的矛盾。(1994 年 11 月本书作者对前任官员的采访)

第四章
霍克时期（1983~1989）

1991年11月，中华人民共和国政府、中国香港和中国台湾都参与了在首尔举办的 APEC 第三次部长年会。这标志着第一次在国际盛会上，中华人民共和国政府的代表与使用"部长"头衔的台湾代表坐在了同一张桌子旁。①APEC 后来被进一步扩大，并升级为地区领导人峰会，这一结果被广泛认为是澳大利亚外交的胜利。被整合的外交贸易部在这一进程中扮演了关键的角色。用杰弗里·弗雷斯特（Geoffrey Forrester）的话来说，如果没有合并成新的外交贸易部，仅仅依靠"原有的外交部和贸易部，是无法成功地完成创建 APEC 的任务的"（Forrester，转引自 Weller，1993：63）。

但是需要补充的是，尽管外交贸易部的合并获得显然的成功，澳大利亚外交政策——包括中国政策——的执行并非一帆风顺。如同大多数政府体系一样，外交事务管理机构，由于缺乏官僚部门的协调，仍然存在问题，下一章将继续讨论其中的一些相关问题。

公开辩论

1989年中国政治风波结束后，霍克政府的中国政策引发了激烈的公开辩论。争论焦点是，霍克及其政府的对华政策是否现实可行。批评者认为，霍克对中国持有不现实的期望，而且，他的政府对于双边关系过分投入。在这些批评者当中，最值得关注的是费思芬——澳大利亚驻中国的第一任大使。1989年11月，他在澳大利亚国立大学第50期莫理循系列讲座上发表演讲，对澳大利亚的对华政策进行了猛烈抨击，这使公众（尤其是他在中国的朋友）感到惊讶。在他的演讲中，费思芬批评澳大利亚政府"将中国置于我们澳大利亚外交政策的中心"，忽略了亚洲其他"同等重要甚至更值得关注的国家"（FitzGerald，1990：318－319）。他还讽刺澳大利亚精英"痴迷中国"，"屈服"于中国政府，使"中国成为一个重点关注对象，代孕母亲"（1990：320，321，324）。值得关注的是，费思芬并未具体批评哪一届政府，而是总体将1972年双边关系正常化以来近20年时间说成是一个

---

① 应该指出，这一事件并非仅仅取决于澳大利亚的努力。环境的变化，尤其是20世纪80年代后期90年代初期两岸关系的改善，共同促进了这一聚首。

"非正常化的时代"（FitzGerald，1990：316），但是很明显，他的批评主要是针对霍克政府时期，否则的话，连他自己作为大使的任期（1973~1975年）也会被包括在内。

作为一个长期被认为是发展与中国关系的主要支持者，费思芬的言论被一些人当成是对1989年中国政治风波的情绪化回应，而不予理会和重视。但是，本书作者从费思芬本人那里得知，他的此番言论，并非是那场风波引起的一时冲动的想法，而是长期存在的。他的演讲让公众惊讶的原因是，自从1978年以来，他未公开谈及中国。费思芬在1994年下半年还告诉本书作者，他坚定地相信他5年前所说的话。（本书作者1994年11月的采访）事实上，正如早先讨论过的，对中国的不同看法长期存在，尽管是以一种相对温和的方式。并未如一些人所想象的那样，1989年政治风波产生了这些不同看法，但它们确实使得过去局限于内部争议的问题公开化和惹人注目了。在1989年后的氛围中，费思芬的观点受到其他对中国问题感兴趣的人的附和（例如，Fung，1992）。尽管费思芬的言论似乎容易引起争论，但是，基于他对与中国关系多年密切的参与，不应掉以轻心。经过进一步的考察，他在演讲中提到的许多例子和观点切中要害，很难反驳。尽管如此，他的核心假设——澳大利亚政府不切实际地处理对华关系，当然要受到质疑。

对费思芬的言论感到最为恼火的人，是那些与霍克总理有着密切工作关系的人士，例如郜若素和保罗·巴勒特（Paul Barratt）。这些人坚持认为，霍克政府的中国政策是基于现实主义的考虑，并且很好地为澳大利亚利益服务的。例如，郜若素指出，霍克提出的在三到五年内使双边贸易翻倍的目标已经提前实现（本书作者1994年11月的采访）。① 巴勒特也争辩说，来自中国关系的政治和经济回报，足以证明，澳大利亚领导人在"吸引统治世界20%人口的政府的注意力"方面所投入的"不懈努力"是值得的。（Paul Barratt，1992：393）对于那些有意贬低霍克政府的激进人士来说，澳

---

① 根据本书作者的同一采访以及之后于1995年6月在格里菲斯大学举办的澳中关系会议上，郜若素引用爱德文·瑞斯查尔（Edwin Reischauer）的话评论指出的——学术上流行的做法是宁可做出悲观的判断，哪怕后来被证明是错误的，也不要持乐观的观点，即使后来被证明是正确的。

第四章
霍克时期（1983~1989）

大利亚政府在 20 世纪 80 年代，为了培养与中国的关系投入了过多的资源。但是，由于缺乏对于澳中双边关系中资源消耗的合理水平的客观评价标准，问题的答案很大程度上取决于个人判断。霍克政府的辩护者倾向于强调澳大利亚对华政策的成就，而批评者则偏重于政策实施效果不太明显的方面。要找到一个解决此类问题的结论性答案是艰难的，倒不如探究一下事情的原因，看看澳大利亚政府对华政策的最终决策者霍克总理，为什么那么重视与中国的关系。事实上，霍克总理对中国关系的热衷，有比批评者或辩护者指出的更深层次的原因。

当霍克重视中澳关系的时候，他并没有把这种关系与澳大利亚外交政策的其他方面切割开来单独处理。相反，霍克逐渐形成一种战略思想并将其付诸实现，即将中国作为澳大利亚向亚太地区挺进的着力点。换句话说，发展与中国的关系，并非以牺牲澳大利亚与该地区其他国家的关系为代价，而是澳大利亚与该地区融为一体的努力中极其重要的部分。关于这些构想，在霍克的公开言论中是显而易见的，并在本书作者对他的采访中由其本人所证实。（本书作者 1994 年 11 月的采访）例如，在 1986 年 5 月 23 日于南京大学的公开演讲中，他发表了如下看法：

> 澳大利亚已经获得与太平洋周边国家形成紧密的商业关系所带来的经济利益。这一合作的进程开始于 20 世纪 50 年代我们与日本的商业联系，现在日本是我们最大的贸易伙伴。20 世纪 60 年代开始，澳大利亚与这一地区的贸易关系扩展到亚洲新兴工业国家。20 世纪 80 年代，我们与中国建立了合作关系，这是与我们与所有地区经济体建立一种建设性的一体化关系的组成部分。因为，这一地区是澳大利亚未来发展的主要依靠。（*AFAR*, May, 1986: 373）

而且，霍克重视对华关系，符合澳大利亚外交政策长期建立的传统，即为国家出口获得稳定的市场。正如在之前章节中讨论过的，澳大利亚经济的本质，尤其需要能够吸收澳大利亚大量出口商品的长期稳定市场。超过一个世纪的时期，在二战后英国从远东和大洋洲收缩前，这一市场主要由英国提供。在 20 世纪 50 年代后，英国作为澳大利亚主要出口市场的角色逐渐被日本取代，日本成为目前为止澳大利亚最大的贸易伙伴。但是，到20世纪80年代，日本市场已经饱和，从澳大利亚吸收进口的能力开始下降。必须找到替代方案。新开放的中国市场，呈现在霍克和他的顾问面前，显然成为明显的解决方案。对澳大利亚来说，中国是一个日益增长的经济体，拥有大量的人口和巨大的市场潜力。看到中澳之间高度的互补性，霍克政府开始通过增加贸易和跨国投资整合两大经济体，从而保证对澳大利亚商品和服务稳定的、不断的需求。此外，经济融合的进程还被期望能够产生政治上的溢出效应。正如之前论述的，霍克希望与中国贸易和投资联系的加强，将会形成改革的动力，帮助中国转变成一个更包容的社会，这更符合对澳大利亚外交政策利益的追求。

因此，对霍克和他的辩护者来说，把对华政策倡议归结为双边关系的一般性行为是过于简单化的。同时，如果说这些对华政策的动议，损害了澳大利亚外交关系的其他方面，这种推测也是不合理的。用博弈理论来解释，霍克将这种政策看作正和博弈，坚信与中国建立更紧密关系的努力，将有助于强化澳大利亚在整个亚太地区的地位。而霍克的批评者倾向于用零和博弈看待霍克政府对中国的热情，担心对中国关注过多，必然会削弱澳大利亚发展与本地区其他国家关系的努力。

除了以上战略原因，霍克对与中国关系的特别关注，还有更直接和引起其兴趣的原因。第一，与中国的关系相对比较新，建立与巩固这一关系，需要加倍的努力；第二，澳大利亚不仅是寻求与中国的关系，而且必须与其他国家竞争，才能在中国市场站稳脚跟。例如，即使在提供商业援助方面，澳大利亚机构也必须经常与其他西方国家同行竞争，以争取中国东道主的充分合作，使得援助的款项能够被很好地使用。第三，澳大利亚的公众舆论支持与中国建立紧密的关系。事实证明，按照人均来看，在20世纪80年代，澳大利亚成为外国游客赴中国最频繁的国家。作为一个精明的政治家，霍克很快地将公众的需求转化为致力于发展与中国紧密关系的实际行动。尽管霍克的形象近年来不如原来那么光鲜，但是，我们不应该忘记，他在担任总理的初期，由于善解公众情绪，曾经享有巨大名望。

最后，但并非不重要，霍克的动议总是被中国政府积极接受，他的热

第四章
霍克时期（1983~1989）

情也总是得到中国领导人的热烈回应。霍克因此从他的努力中备受激励，以致他以前所未有的气魄更坚定地推进他的政策。可能有人会说，正是在这股力量驱动下，他经常使用"最高级的"形容词来描述澳中关系。也许事实确实如此，霍克在与中国领导人的互动中受到影响。但是，霍克并没有一些人设想的那么天真。根据细致的考察，霍克经常使用"最高级"的形容词，如"最重要的""特别的""核心的"之类的词句来描述中国在澳大利亚外交政策中的角色，而他每次这样做时都恰逢中国领导人在场，而且中方发言中也使用类似的言辞加以回应。

总　结

霍克政府的中国政策既表现出延续性，又有不同于前任政府的地方。一方面，霍克时期的对华外交举措，促进了惠特拉姆和弗雷泽建立的对华关系；另一方面，霍克对中国关系的巨大热情，将双边关系推向前所未有的高潮——创造了一项空前绝后的纪录。借助双边交流中所创造的活力，实现了经济因素和政治因素的高度结合，这一点不仅体现在澳大利亚政府的一般外交事务中，而且体现在对华政策方面。

霍克政府的中国政策的延续性和改变性，受到国际体系的、国内的和特殊个性的三种主要变量的集中影响。具体表现在国际紧张局势的缓和、全球相互依赖关系的增强、地区活力、中国和澳大利亚国内对于实行更大的经济改革以及加强国际合作的需要、澳大利亚民众对于增加与中国的交往的需求和总理及其同事对中国的特定兴趣等。在这些因素当中，霍克总理的个人作用是非常显著的，因为国际体系和国内局势的发展，为他提供了更大的行动自由。这不仅是个人的胜利，而且反映了澳大利亚政府在根据澳大利亚自身对国家利益的界定基础上，决策独立性的增强。霍克政策行动得到了中国领导人的同等回报，促进了一系列双边关系管控制度的建立。这种机制，在1989年中澳关系一度严重恶化的形势下，发挥了作用。

第五章　从霍克到基廷（1989～1996）

1989年春夏之交发生在北京和中国其他城市的政治风波①使澳中关系受到了明显干扰，澳大利亚对中国的态度和政策发生了突然改变。在该风波发生的前夕，双边关系正迅速走向一个新高峰，但其后，两国关系突然下降直至中断。尽管如此，如果将澳大利亚对中国政策的重新评估，仅仅归咎于1989年6月中国国内的情势，将是过于简单化的。事实上，中国国内的政治风波发生在20世纪80年代后期和90年代初期国际体系的重大变革时期，此时，澳大利亚国内对中国的期望值不断升高，期待中国社会发生更大的政治改革。

政策背景

20世纪80年代后期90年代初期意义最重大的体系变化是冷战的结束，以及东欧和苏联的转型和民主化。1989年11月，柏林墙——东西方分隔最有形的标志——在勃兰登堡门打开了缺口，不久以后德国重新统一。一年以后，1990年11月，北约和华约正式结束了它们漫长的对抗，数月后，华约自行解散。与此同时，民主化浪潮很快席卷整个东欧，原苏联集团的成员一个接一个地放弃了社会主义模式，并采用了西方式的议会民主制和市场经济。戈尔巴乔夫领导下的苏联，不仅放弃阻

---

① 关于澳大利亚人的立场的论述，参见 Mackerras, Bucknall, Trood (1989)。

第五章
从霍克到基廷（1989~1996）

止这些发展，如同它在冷战高峰期所做的那样，而且默许了国内类似的改变——如果不是鼓励的话。不久以后，苏联自身重新分解为之前的成员共和国，之后它们中的大多数加入了一个名为独立国家联合体的松散得多的组织。

随着冷战结束，在国际力量格局中，两极对抗让步于日益增长的多极化趋势。两个超级大国之间过去的对抗，正在被美国—苏联（俄罗斯）的合作所取代，导致诸如阿富汗、纳米比亚、中东和波斯湾等地区冲突的解决。随着中苏关系的正常化，柬埔寨问题的政治解决，后冷战时期国际关系的缓和扩展到亚太地区，澳大利亚外交在其中扮演了重要角色。苏联解体，俄罗斯在远东地区军事力量收缩，美国也采取了类似行动，削减在太平洋周边地区的军事存在，但是，由于害怕出现权力真空，美拒绝进行全面收缩。

当全球安全问题的紧迫性降低以后，原来被冷战压制的其他问题逐渐表面化，包括种族冲突、南北发展纷争和人权。这一形势发展，促使中国领导人邓小平在20世纪90年代早期得出结论：东西方冷战正在被两种类似的"冷战"所取代，一种是工业化国家与发展中国家在经济发展上的冷战；另一种是西方资本主义国家发起的，在意识形态和人权方面，针对仅存的社会主义国家的冷战。① 无论邓小平的话被赋予什么内涵，这些话至少可作为暗示——后冷战时期的世界并不平静。

与国际政治发展相似，世界经济在1990年前后呈现出混合的现象。正如一份澳大利亚政府文件中总结的那样：

> 20世纪90年代初期，世界经济进入了一个困难时期，工业化经济体增长放缓，而一些地区——包括东欧和中东生产下降。1991年，美国产值下降，次年，日本经济增长乏力。然而，东亚许多经济体继续快速增长。（DFAT，1993：3）

与此同时，全球化和区域化这两种趋势持续发展。一方面，外国直接

---

① 《邓小平文选》第三卷，人民出版社，2008，第344页。

投资超过了生产和贸易增长的速度,导致产业内贸易的加速。由于信息科技的进步,并伴随着世界各地的消费的趋同性,企业生产过程和金融服务在全球范围内越来越走向融合。另一方面,区域贸易安排发展进一步加强。《马斯特里赫特条约》的签订,尽管存在与批准相关的问题,推动了单一欧洲市场的形成。欧洲自由贸易组织的成员表示,愿意与欧洲联盟合并,形成一个欧洲经济区,欧洲融合进程大大加快。到1995年年初,欧盟成员增加到15个。随着北美自由贸易区、东盟自由区和世界上其他各种类型和规模的区域贸易机制的建立,欧洲模式受到世界其他地方的争相仿效。相似的发展进程也在亚太地区出现了——由澳大利亚发起的亚太经合组织(APEC)机制,尽管它最初的设计者主张建立一个开放的咨询论坛,而非欧盟模式的贸易集团。

这些体系的变化给澳大利亚带来了机遇和挑战。一方面,澳大利亚欢迎冷战的结束和欧洲的民主化,希望民主传播到世界的其他地方,包括中国。另一方面,后冷战时期的不确定性,成为澳大利亚安全和对外经济政策的一个重要关注点。尽管如此,在新的国际环境下,推动霍克政府早期改革政策的经济理性主义思潮,继续影响着20世纪90年代澳大利亚政府的国内、国外政策。(DFAT,1993:5)为了应对日益增强的全球化和区域化发展趋势,继续推进与亚洲和亚太地区的融合,澳大利亚政府制定了一项颇为缜密和多层次的国家贸易战略。该战略的目标在于,通过一系列多层次、地区和双边的措施,促进澳大利亚的出口。同时,注重协调联邦和州政府、商业机构和工会之间的联系。(DFAT,1993:9-12)

在多边层次层面,澳大利亚继续通过例如凯恩斯组织这样的管道,为关税贸易总协定乌拉圭回合贸易谈判达成积极结果而努力。在地区层面,充分发挥亚太经济的活力,积极推动APEC朝着自由贸易和开放的地区主义方向发展。在双边层面,致力于通过一些针对性的措施的实施,消除澳大利亚与其他国家,包括中国,在贸易和投资方面的障碍。

正是在这种国际体系转换和澳大利亚国内激进主义思潮的大背景下,北京的政治风波被广泛宣传,直至1989年6月4日凌晨,中国政府采取果

第五章
从霍克到基廷（1989~1996）

断行动。① 这一过程，通过电视实况转播，传递给全世界数以百万的电视观众，在澳大利亚和其他国家公众心目中产生了巨大影响。与世界其他地区缓和及民主化发展比较而言，1989年政治风波的影响是非常显著的。其对澳大利亚的中国政策，在政治和经济方面造成了双重影响。一方面，澳大利亚期望中国在东欧和世界其他地区民主化趋势的背景下加速政治自由化，但是现实对澳大利亚的这一期望给予了严重打击。另一方面，该风波导致澳大利亚担心，政治上的倒退，可能伴随着中国经济改革的逆转，因此破坏澳大利亚进一步加强与中国市场联系的战略。

中国政治风波结束后，一度出现经济紧缩，这样的担心看起来已经被证实。但是，应当指出，与公众看法不同的是，紧缩政策的目标在于阻止北京和其他中国动乱城市的通货膨胀。这是为什么澳大利亚出口在1988/1989年度政治动乱之前和期间急剧下降，但是在1989/1990年度又回升，尽管双边关系在退步，并且在中国所谓的三年经济调整结束的1991/1992年度很快恢复到以前的高峰。正如在之前的章节中已经指出的，短期内，两国的国家政治关系状况与双边贸易（更容易受到两国国内经济政策调整的影响）之间并不存在必然联系。

政策进程

最初反应

像许多其他西方国家一样，澳大利亚对于中国政府在该事件中的行为很快地表示谴责。霍克总理和加雷斯·埃文斯（Gareth Evans）外长公开抨击"对暴力和武力的使用"，并称将"借助暴力镇压和平游行"作为"一种

---

① 关于1989年政治风波的细节仍存在很多争议。中国政府的版本是由原北京市市长陈希同（后来在贪污丑闻中被撤职）在风波发生后不久公布的一篇报告中提出的。这一官方说法的真实性在西方许多国家引起了争议，特别是大赦国际和其他人权组织，它们企图寻求基于目击者的说法重构细节。尽管中国政府声称，对政治风波的处置是合法的并保持了克制，但许多西方国家坚持认为中国政府的行为构成了对人权的严重侵害，应该受到国际社会的谴责。大多数澳大利亚人似乎更倾向于接受西方国家的说法。

政策"是"不能被接受的"（转引自Trood，1989：65），并且通过正式的外交渠道表示谴责。澳大利亚外长埃文斯召见中国大使张再，称深感悲痛和遗憾。澳大利亚驻北京大使沙德伟（David Sadleir）接到命令，要对中国外交部提出最强烈抗议。同时，口头上的抗议还配合更多的具体行动。澳大利亚单方面取消了一些重要的双边交流项目，包括霍克总理计划于年底对中国的访问，以及澳大利亚皇家海军舰艇"帕拉马塔号"（HMAS Parramatta）护卫舰原定于6月对上海港口进行的友好访问。

这些措施直接反映了澳大利亚和其他国家公众的"愤怒情绪"。发生在北京的政治风波，通过电视镜头传播到了澳大利亚，澳大利亚民众——包括政治家、工会会员、宗教领袖、商人、学者和学生均表示愤怒——几乎全体一致地指责中国政府。在这样强烈的公众愤怒的环境下，工党政府认为，自己对北京政府的强烈谴责，应该会获得两党的共同支持。而且，澳大利亚的这种情绪，与世界上很多国家遥相呼应，特别是那些西方国家。美国、英国和其他西方工业化国家，均对中国政府提出猛烈的批评。例如，在当年下半年G7峰会发布的联合公报中，对发生在北京的政治风波表示"哀悼"。美国国会、欧洲议会，以及其他政府间国际组织和非政府国际组织也发表了类似的公报或者声明。①

然而，霍克和其他澳大利亚政治领导人的直接反应，不仅是国内外情绪的一种被动反映，而且源自他们个人的信仰。例如，霍克对于该政治风波感到极为"震惊"，并为等待来自北京的最新消息而"彻夜难眠"（Trood，1989：66）。他对该风波感受十分强烈，以至于他在国会提出动

---

① 关于国际社会特别是西方对1989年政治风波反应的更多细节，参见Kent（1993：186 - 192，213 - 230）。必须指出，这些反应并不一致。正如中国政府中许多人察觉到的，最强烈的批评来自西方工业国家，特别是那些西欧、北美和大洋洲国家。尽管是G7成员，日本考虑到它的东方传统和地缘政治利益，它的反应相比于工业伙伴国们更为温和、慎重。东盟国家，因为曾经是欧洲列强的殖民地和半殖民地，不仅看起来比西方国家批评少得多，而且作为中国的潜在盟友，与中国站在同一阵线，反对任何在人权问题上来自西方的一致攻击。对于当前的研究，更重要的是，即使是西方国家反应也有所不同。例如，美国，特别是美国国会，企图将一年一度的对中国最惠国待遇与中国的人权表现挂钩，对中国进行贸易制裁，澳大利亚当即表示反对，而主要采取了政治方面的制裁措施。关于澳大利亚的更多反应，请参见后文。

第五章
从霍克到基廷（1989~1996）

议，要为那些失去生命的人举行追悼仪式。该仪式于6月9日举行，在仪式上，霍克发表了充满激情的演讲，并在引述一份使馆电文时泣不成声。在6月12日，霍克直接写信给李鹏总理，表示他深深的遗憾，并呼吁中国领导人保持克制和宽容。

一旦最初的愤怒被发泄出来以后，澳大利亚政府意识到——尽管在民众谴责的高潮时期是很难分辨的——它必须重新评估中国的形势。正如罗素·特鲁德（Russell Trood, 1989）指出的那样：

> 堪培拉方面显得急于避免做出轻率的决定，因为这样会影响随后的政策选择。结果，政府对中国领导人的行为所发表的评论，与政府随后采用的政策出现偏差。必须通过慎重考虑，才能做出正确的决定。（Trood, 1989：67）

这种微妙的方法，充分体现在外交贸易部部长于1989年7月13日，也就是政治风波发生一个月后，所发表的一份外交声明中。那时，外交贸易部已经对中澳关系进行了全面评估，霍克总理也已经完成了对美国和西欧的正式访问，并就对中国采取怎样的行动和这些国家的领导人交换了意见。因此，这份声明是建立在对政策选择的慎重考虑，以及与志同道合的国家进行广泛磋商的基础之上的。与公众强烈的不满情绪不同，文件的用词显得平稳而冷静。一方面，声明在一开始，重申澳大利亚对北京"践踏人权"的强烈谴责，并坚持不会轻易恢复与中国政府之间的商业活动。另一方面，声明强调了"尽可能与中国社会中更多成员保持密切的接触与交流，以鼓励中国恢复政治改革和自由化"（News Release, Minister for Foreign Affairs and Trade, "Australian Policy on China", 13 July, 1989）。在这些原则的基础上，实行了以下的政策措施：

● 继续通过双边或多边的途径，在人权问题上表达强烈的言辞，敦促中国政府遵守国际认可的人权标准；
● 暂停所有双方部长级访问以及政党和议会团体的政治性访问，至少到1989年年底以前，严格限制除经济或商业性质之外的高级官员的接触；

● 无条件地暂停高级防务访问（包括舰船的访问），暂停所有可能的军售和所有公共安全官员或政策官员的访问，除了澳大利亚执法部门确认必要的事务性质的访问以外；

● 敦促州政府对所有相关访问采取类似的政策限制措施；

● 延期审批中国政府提出的所有技术合作和农业研究活动，包括所有在特许金融便利化/发展进口金融便利化（CFF/DIFF）机制下的新援助计划；

● 推迟实施1989/1990年度的市场咨询计划；

● 支持国际金融机构推迟考虑对中国的新贷款，不支持巴黎统筹委员会进一步解除对中国获得两用技术的限制。

从表面上看，这些措施的实行，意味着澳大利亚对中国政策的较大修正，但是仔细分析可以看出，澳大利亚政府还是努力避免破坏双边关系的运行基础，尤其是在经济领域。那些涉及贸易和援助方面的制裁措施，只是推迟审批新项目，而不是取消现有项目。在对待国际上对中国贷款的审批，也采取类似的立场。后来的事件也表明，澳大利亚政府实际上拒绝了美国要求的更严厉的对华贸易制裁。例如，不同于美国的政策，澳大利亚并没有考虑取消对华最惠国贸易待遇，相关协议是在1973年签署的。实际上，澳大利亚政治家和官员，积极地劝说美国不要将对中国的最惠国待遇与中国的人权表现联系起来。（本书作者在不同时期对澳大利亚议员和官员的采访）澳大利亚之所以反对把两者联系起来，是基于最惠国待遇是互惠的，而且废除最惠国待遇，会伤害双方的贸易关系。同时，废除最惠国待遇将会导致中国的孤立和内向，增加其与国际社会的对抗情绪。美国政府的行政部门（目睹了克林顿政府在这件事上的软化和态度转变）要比美国的立法机构更早地认识到这一点，后者中的许多人都倾向于认为，美国应将延长对华最惠国待遇作为对抗中国政府的政治杠杆。尽管美国自身意见不一，然而，还是可以看出——从整体上说——澳大利亚和美国在对华最惠国待遇问题上态度明显不同。

第五章
从霍克到基廷（1989~1996）

同样值得注意的是，上述政策声明隐约地表达了澳大利亚在反对巴黎统筹委员会进一步解除中国获取两用技术限制问题上的态度并不坚决。例如，澳大利亚的 Optus 电信公司决定继续使用中国的"长征"火箭来发射公司的新卫星。美国援用对华卫星技术转移上的限制，可以拒绝澳大利亚获取美国制造的卫星，因此能有效阻止 Optus 的发射计划。所以，澳大利亚实际上放弃了对巴黎统筹委员会延长对华限制的支持，澳大利亚的外交官在华盛顿和其他地方，都努力游说美国政府和国会，允许 Optus 对华合作。在排除了初期的一些技术故障后，Optus 的两颗卫星最终在中国成功发射。

政治交往的限制措施——尤其是在防御和治安方面的交流——毫无疑问要比经济措施更严厉。这些措施集中在暂停高层互访，并不排除工作层面上的交流。这些政治措施最显著的特征是，将人权问题——迄今为止一直是双边关系中的一个议题——放在首位。正如后文将要谈到的那样，在 1989 年以后的相当长的时间内，对人权的关注，在澳大利亚对中国的政策中显得尤为突出。

在执行该政策声明时，澳大利亚政府——尤其是外交贸易部——在原则和实用主义之间，在表达公众愤怒与保护澳中贸易和投资之间，努力寻求平衡。作为维持这种平衡关系的一个例子，澳大利亚驻华大使沙德伟曾拒绝出席在天安门广场举行的国庆烟花表演，但是作为维系外交关系的手段，出席了 9 月 30 日在人民大会堂举行的国宴。（*AFAR*, October, 1989：597）

澳大利亚政府无论在言辞还是行动上，都表现出巨大的灵活性，从而为因应情况变化，为将来关系正常化打开了大门。正如这份声明所清晰表达的那样，"无论情况好坏，如果在今年年底之前发生重大的变动"，澳大利亚政府已经准备好，随时"重新评估其政策"。（New Release, 13 July, 1989）

恢复关系

结果，6 个月后，1990 年 1 月 23 日，外长加雷斯·埃文斯发表了另一份声明，提出了对 7 月那份声明中所包含的一揽子政策的修改条款。澳大利亚政府决定对"7 月份所做出的决定中的一个部分进行修改，将暂停所有部长级访问的规定，改为视情况而定，根据利益平衡的原则，进行个案处理"（*AFAR*，January，1990：36－37）。

这一立场的转变，是基于"中国的发展和澳大利益在双边关系中的现实利益，并参照西方国家以及澳大利亚的地区伙伴的态度"（*AFAR*，January，1990：36－37）。就"中国的发展"而言，声明指出，北京在一个月之前就解除了戒严令，像"去年 6 月那样的专横、大规模的暴力并没有重演"。中国在全球及地区问题上的国际影响力——特别是在解决柬埔寨冲突问题上的作用——是澳大利亚采取加强与中国的接触，而不是执意延长暂停双方必要交流的重要原因，以避免导致中国变得孤立和封闭。声明并没有对澳大利亚在双边关系中的利益做详细阐述，但是，下面这份由外交贸易部官员发布的观察报告或许可以提供一些线索：

> 澳大利亚与中国的关系很明显是由我们的地理位置和贸易环境决定的。我们认为，我们要比那些政治风波后，打算接触中国的国家——如西欧国家——要更具有优势。我们与中国之间的利益相互依赖程度要比其他一些国家更加大，不仅表现在那些利益的多样性和密集性上，所以，一损俱损。（Penelope Wensley，in *AFAR*，August 1989：415）

关于"西方国家和澳大利亚地区伙伴的态度"问题，有两点可能要提请注意。

第一，对政治风波进行谴责的主要是西方工业化国家。亚洲的发展中国家、非洲和拉丁美洲对中国政府的批评要少得多。所以，为了迅速打破 1989 年政治风波后在国际上的孤立局面，中国政府根据其他国家对华的不同态度，集中精力搞好与发展中国家的密切的外交关系。这些努力，尤其在亚洲地区，产生了极大的效果。这方面最令人瞩目的成功，当属 20 世纪 90 年代初，中国与印度尼西亚和越南恢复外交关系，并与新加坡和沙特阿拉伯建交。

第二，在这份声明发表之时，其他西方国家正在采取类似的步骤以

第五章
从霍克到基廷（1989~1996）

减轻对中国的谴责。事实上，作为风波发生后批评中国政府的先锋，美国通过类似当年基辛格的秘密外交，再次比它的盟友抢先一步。早在1989年7月，布什总统已经派遣他的国家安全顾问布兰特·斯考克罗夫特（Brent Scowcroft）秘密前往北京——使人联想起1971年基辛格的行动——使中国政府确信，美国政府重视对华关系稳定的重要性。在几个月以后的12月，有关这次特使的信息才被公开，当时斯考克罗夫特和副国务卿劳伦斯·伊格尔伯格（Lawrence Eagleburger）再次前往北京，继续对中国的人权状况和其他有关中美关系的问题进行交涉。澳大利亚政府想必是注意到了这些变化，所以才决定以个案处理为由，解除与中国的部长级互访的禁令。

然而，澳外长声明同时指出，对部长级访问限制的修订，并不意味着恢复"正常的商业关系"，而且1989年7月实施的其他限制保持不变。这种谨慎的态度，明显与澳大利亚在那段时间的国内局势相关。尽管政治风波已经过去了几个月，澳大利亚公众——包括在澳大利亚的中国公民——仍然对中国的人权状况十分不满，并要求对中国政府持续施压。同时，还有不到两个月时间，联邦大选即将举行，工党政府不能忽视公众舆论，即使想这么做也不行。结果，在赢得1990年3月的大选之后，霍克和他的政党获得四连任。

无论是什么推动了取消部长级访问的限制，这个新的决定起到了很好的作用。作为该决定促成的第一次访问，中国冶金工业部部长戚元靖于1990年5月抵达澳大利亚，出席中澳合资西澳洲恰那铁矿开工典礼。作为霍克政府努力寻求与中国经济合作的重大举措，中国主管部长出席工程开工典礼，具有十分重要的意义。所以，如果继续停止任何部长级访问，意味着此项澳大利亚政府多年努力促成的合作项目将被推迟。正是由于这个新决定，澳大利亚现在可以对外宣称，中国迄今最大的海外投资项目落户澳大利亚。

在戚元靖到访的四个月以后，澳大利亚贸易谈判部长尼尔·布卢尔特（Neil Blewett）访问北京，出席第三届澳中部长级经济联合委员会会议。上一次澳中部长级经济联合委员会会议是在1989年4月召开的，尽管双边关系遇到暂时挫折，第三届会议的召开，使得经济联合委员会机制得以延续。戚元靖和布卢尔特的访问，基本上是以经济议题为主，澳大利亚的反对党却在这个时期进行了一系列的对华"政治性"访问，以挑战政府在这个领域设置的限制。

1990年6月，蒂姆·费希尔（Tim Fischer）率领国家党代表团访问中国。不久以后，国家党副主席布鲁斯·罗伊德（Bruce Lloyd）率领类似的代表团访问中国。似乎为了与国家党的同行竞赛，由影子内阁财政部部长亚历山大·唐纳（Alexander Downer）所率领的自由党代表团在11月访问了中国。紧随其后的是新南威尔士州议员对广东的访问。尽管这些访问——尤其是国家党的访问——与当时澳大利亚羊毛和小麦在中国销售惨淡相关，它们却是在澳大利亚国内政治的争议中成行的。这是因为，工党对部长级访问规定的调整，并没有把议会性质的访问和政党的访问包括在内。为此，外交部部长埃文斯在1990年7月2日发表了一份声明，重申政府对中国的高级政治访问的限制，指责反对党利用这些访问"获取政治筹码"（"Government Policy on Visits to China"，in *FRAR*，July，1990）。

尽管言辞如此，政府并没有尝试真正阻止反对党继续他们的访问。实际上，在埃文斯发表声明后的两个月内，反对党对中国进行了最重要的一次访问。1990年9月下旬，一个由反对党联盟组成的联合代表团访问了北京。代表团由自由党新领导人约翰·修森（John Hewson）率领，随团的还有国家党领袖蒂姆·费舍尔（Tim Fischer），影子外交部部长罗伯特·希尔（Robert Hill）以及议会反对党外交与国防委员会主席巴登·蒂格（Baden Teague），此次访问，代表了1989年以来澳方对中国最高级别的政治访问。而且，联盟党在当时的民意调查中遥遥领先澳大利亚工党，使得中国外交部相信，约翰·修森最有可能成为澳大利亚的下一任总理，这使代表团的重要性得到了进一步提升。

修森一行在北京

不同于其他高层访问，联盟党这次访问很快就成行了。提出这次访问

第五章
从霍克到基廷（1989~1996）

意向是在一个月前，当时中国外交部副部长刘华秋正在堪培拉出席新的中国大使馆开馆庆典。在他停留期间，刘华秋与修森的部下进行了会见，商谈能否尽快安排澳大利亚反对党代表团访华事宜。刘华秋欣然表示欢迎修森访问，时间安排也没有问题。刘华秋的肯定答复表明，中国期待修森的访问能够促成澳大利亚早日结束对双边高层交流的限制，也有助于其他西方国家解除类似的制裁。（本书作者对中国和澳大利亚官员的采访）从这个意义上讲，修森的访问所起到的作用与惠特拉姆在 1971 年出访中国相似——那次访问，对坚持奉行不承认中华人民共和国政策的麦克马洪政府造成了相当大的尴尬。

尽管有刘华秋的保证，修森访问的时间安排还是给接待单位——中国人民外交学会（CPIFA）带来了一定的困难，它是中国外交事务的重要组成部分，专门负责接待非政府的高级别来访者。之所以带来问题，是因为访问时间正值亚运会举行，这是中国在 1989 年政治风波之后举办的第一次国际盛事，也是在中国举办的最大型的体育赛事。当修森的访问临近的时候，中国人民外交学会正在忙于安排与亚运会有直接或间接关系的访问，而亚运会在中国外交的议程上处于更优先的位置。此外，修森的政党要求会见中共中央总书记江泽民和总理李鹏，而他们都已经有了很满的会见计划安排——他们将会见众多出席亚运会开幕式的亚洲领导人。因此，中国人民外交学会不得不努力在它繁忙的工作计划中为修森的访问腾出时间，并在短时间内安排最高级别的会见。最后，会见安排得以顺利达成，这在很大程度上是由于修森是当时中国为数不多的来自西方国家的访问者，以及修森在民意调查中的高支持率，使得中国人民外交学会说服中国领导人，应该给予修森与澳大利亚现任总理同样级别的待遇。

9 月 22 日，即代表团到达北京的第二天，江泽民总书记会见了代表团。如果江泽民原本期待澳大利亚反对党新领导人比现任工党政府能够提出一套对华缓和的政策主张的话，那么他在会见中将感到极其失望。通过会面，除了中国的人权状况——一个中国领导人希望避开的话题外，什么都没有谈及。修森首先对中国政府在一年前对学生游行的处理表达了关注，最后呼吁中国政府遵循普世的人权原则。他同时指出，除非中国的人权状况有较大的改善，否则，联合政府将不会考虑新的对华援助计划，以及恢复国防交流。结果，整个会见充满了火药味，江总书记还特别提到，修森是一个年轻的政治领袖（暗指其经验不足）。会谈结束后，修森形容当时的气氛显得有些"紧张"（Ellingsen，1990：7）。

似乎在第一次激烈的交锋中得到了磨炼，澳方第二天与李鹏总理的会面在一个更为轻松的气氛下进行。讨论覆盖了广泛的议题，包括贸易和经济合作，诸如恰那铁矿这样的具体项目。人权问题再次被提到，但是气氛没有那么具有对抗性，来访者也没有在此问题上纠缠。交谈中夹杂着玩笑和笑声。双方在会谈中都面带微笑。（根据本书作者对官员的采访）

然而，对话气氛的缓和来得太晚。中方已经决定，抵制修森当晚在澳大利亚大使馆举行的答谢宴。一些受邀的中方部长谢绝出席；最后，只有中国人民外交学会的副会长代表主办方出席了这个活动。在修森访华期间，碰巧澳大利亚驻华大使沙德伟不在北京，澳大利亚大使馆公使科林·赫塞尔廷（Colin Heseltine）主持了宴会。在北京停留的三天时间里，澳大利亚代表团也与纺织工业部部长吴文英、国家教育委员会副主任滕藤会见，讨论了澳大利亚羊毛对华出口以及在澳中国留学生的相关问题。原先邀请澳大利亚代表团来华访问的外交部副部长刘华秋，只同来访者简短会面，以非常急促的方式同代表团共进午餐，借此向修森及其一行表示不满。

自由—国家党代表团的访问，让中国领导人产生怀疑，将来澳大利亚的联盟党政府是否会比现在的工党政府更友好。他们的疑虑很快就得到了明确的答案，修森宣布他计划率领一个联盟党政府代表团访问中国台湾地区。尽管中国大使馆对此表示反对，1991年3月，该访问还是按计划进行了。几乎是在同一时间，工党宣布解除现有的与中华人民共和国交流的限制。这些变化加在一起，令北京相信，联盟党政府执政不仅会在人权问题上采取更强硬的立场，还会向台湾当局靠拢。（根据本书作者与官员的交流）

第五章
从霍克到基廷（1989~1996）

如果联盟党的访问是为了开启与北京的工作关系，这个目标显然是失败了，而惠特拉姆使团却在 20 年前就做到了；如果修森此举是希望损害工党政府对华政策，那么，他成功地实现了复仇计划。他对北京的访问，还有之前提到的其他反对党代表团，都公开打破并终结了对中国进行高层政治访问的官方禁令。

限制的放松

1991 年 2 月 26 日，澳大利亚政府正式宣布，除国防交流外，解除自 1989 年 7 月开始设置的与中国政治、经济交流的限制。这个决定的做出基于对国际和国内形势发展的判断。在结束了北京和拉萨的戒严令以及释放了数百名在 1989 年政治风波中被逮捕的嫌犯后，现在中国的情况已经完全稳定下来了。同时，西方国家也逐渐意识到，与中国政府的直接对话比施加压力更加有效。这一点在 1990~1991 年的海湾危机中得到了很好的证明，当时，西方国家不得不寻求中国的合作，以便在伊拉克采取军事行动问题上达成国际共识。中国可以否决联合国安理会第 68 号决议（授权动用武力打击伊拉克对科威特的入侵），但是最终并没有这么做，这一事实给世界发出了一个信号，如果西方采取更为缓和的态度，中国政府可以变得灵活。在这样的情形下，日本、美国和欧共体一个接着一个地放松了对中国的制裁——加雷斯·埃文斯也认识到了这一点。

同时，澳大利亚公众的舆论与一年半前的情况相比也有了很大的不同。当大多数民众仍然对中国的人权纪录持批评态度时，很多人——尤其是商界人士——已经开始质疑继续对华实施制裁的意愿和效果，以及这些制裁可能会对双边贸易产生的影响。例如，一篇报纸评论文章指出，由于澳大利亚政府的制裁，澳大利亚对华羊毛出口损失了 2 亿美元，导致双边贸易平衡发生了朝着有利于中国方面的逆转。（"Post – Massacre Sanctions"，1991：5）然而，如前所述，澳大利亚对中国出口的下降，是后者经济紧缩政策的直接结果，该政策是在 1989 年中国的政治危机以前提出的。尽管上述报道并不完全准确，但无论如何，这代表了支持放松对中国制裁的广泛民意。

声明公布后不久，外长加雷斯·埃文斯对中国进行访问——1989年中期以后最高级别的部长访问。他于1991年4月下旬抵达北京，在与中国外交部部长钱其琛举行会谈时宣布两国关系的寒冬结束。除了人权问题以外，双方讨论了一系列的国际和双边问题，如亚太经济合作组织（APEC）会员资格、柬埔寨和双向贸易问题。在访问期间，埃文斯还试图说服中国接待一个来自澳大利亚的人权代表团。埃文斯的访问，宣告了两国工作关系的全面恢复，为中断两年后重新开始高层交往开辟了道路。

1991年年底之前，双方进行了一系列高层访问。这些交往有助于激活自1989年后失去动力的双边关系。同时，为迎接1992年中澳建交20周年铺平了道路。

政府换届以后

当新的一年开始时，澳大利亚已经产生了新的政府领导人。随着工党在1991年12月完成了对领导权的重新洗牌，前财政部部长保罗·基廷取代了鲍勃·霍克成为澳大利亚新总理，结束了漫长的霍克时代。然而，领导权的易主，虽然在国内引起相当大的影响，但对澳大利亚外交政策的直接影响很小，加雷斯·埃文斯留任外交贸易部部长。对中国的政策没有大的变动。

在工作层面上，澳大利亚在北京的外交机构同样改头换面，尽管这不是澳大利亚国内领导权重新洗牌的结果。在双边关系最微妙的时期，完成了他的使命之后，沙德伟大使在1991年年末离开了中国，并出任澳大利亚的安全情报机构（ASIO）负责人。他的继任者是迈克尔·莱托勒（Michael Lightowler），这是历任澳大利亚驻华大使中级别最高的官员。莱托勒长期担任贸易部和外交贸易部副秘书长，是20世纪80年代实施中国行动计划的关键人物。他的委任表明澳大利亚将继续重视它与中国的关系。莱托勒的贸易官员背景说明澳大利亚政府非常重视与中国的经济外交。尽管莱托勒是在基廷政府上台后才开始履行他的新使命的，但他的任命早已被决定并公开。早在1991年4月，外长埃文斯在

第五章
从霍克到基廷（1989~1996）

墨尔本出席第八届中澳高层管理论坛（CASEF）会议时就宣布了这一消息。（Evans，1991：136）

新大使拥有一个充满活力和训练有素的团队，当中的很多人都可以讲中文。这些工作人员中，最有名气的是新公使或副大使郭森若（Sam Gerovich），他是驻北京外交使团中最资深的中国问题观察员，说得一口像本地人一样标准的普通话。[①] 1992年4月，经过长时间的协商、计划和建造，外长埃文斯正式宣布新大使馆落成，大使馆人员欢欣鼓舞。当年下半年，在发展迅速的华南地区中心城市——广州建成了新的澳大利亚总领事馆。经过这些发展，澳大利亚在中国的外交机构已经跟中国在澳大利亚的外交机构一样多。现在，除了各自的大使馆，澳大利亚和中国在对方的领土上各有两个总领事馆。在广州总领事馆开设之前，澳大利亚只有上海总领事馆，而中国已经建立了两个领事馆———一个在悉尼，另一个在墨尔本。但是这种新的平衡并没有持续太久。1994年，中国在珀斯建立第三座总领事馆，再次超越澳大利亚。

在上一年恢复了正常化以后，1992年的中澳双方高层互访进一步加强。在1992年，总共进行了15次部长或部长级别以上的访问。在中国对澳大利亚的访问中，最引人注目的要数副总理朱镕基和外交部部长钱其琛的访问。澳大利亚对中国的访问包括外长加雷斯·埃文斯、贸易部部长约翰·凯琳（John Kerin）和首席法官安东尼·梅森（Anthony Mason）。在这一年中，中方官员的级别较高级（副总理朱镕基），而澳方则更频繁，埃文斯和凯琳在一年之中都曾两度访问中国。在某种程度上说，这些交往模式，已经达到了1989年年中之前双边关系的高度。但是，有一个例外，即霍克在担任澳大利亚总理期间，曾经两次到访中国，而基廷并没有以总理身份访问中国以庆祝中澳建交20周年。年底之前基廷总理访华未能成行的主要原因是，拟议中的1993年3月联邦选举已经临近。

---

① 另外一个著名的中国通是默里·麦克（Murray McLean），从20世纪80年代到90年代长期担任澳大利亚驻上海总领事。他不但能说普通话，而且略通上海话，这对其与当地精英交流非常有益。

基廷继续前进

结果,澳大利亚工党在1993年3月的选举中以微弱的多数获胜,继续执政,基廷称之为"最甜蜜的胜利"。一度热门的人选修森输掉了选举——并不是因为他在北京访问期间不受中国领导人欢迎,而主要是因为他试图引入以商品和服务税为基础的新税制(GST),吓跑了很多联盟党的潜在支持者。不管怎样,完成了选举后,在1993年6月,基廷展开了他对中国的第一次访问。

基廷上一次访问中国是在1989年5月,以澳大利亚财政部部长的身份出席在北京举行的亚洲开发银行董事会会议,当时正是学生示威的高潮时期。四年之后,他踏上了一个完全不同的中国。他发现,这个国家到处都在发生着巨大的变化,快速的经济增长和社会的活力取代了政治动荡和经济紧缩。为期三年的经济调整在1991年年末正式结束,1992年年初,也就是在邓小平南方谈话之后,国家将市场机制全面引入国家经济当中,邓小平号召政府和人民大胆地探索市场化。当年晚些时候召开的中共第十四次代表大会,1993年召开的第八届全国人民代表大会第一次会议,正式将社会主义市场经济作为国家发展的指导原则,为国内经济的发展和国外经济合作带来了新机会。这种新形势也为基廷提升澳大利亚在中国的经济外交提供了有利的环境。

基廷总理是经韩国抵达中国的,他也刚刚对韩国进行了一个类似的正式访问。北京和上海都在他访问中国的行程当中。在北京,基廷会见了中国国家主席江泽民、总理李鹏和副总理朱镕基。他也出席了一个商业宴会并参观了北京电影制片厂。在上海,基廷会见了市政府的官员,包括市长黄菊和副市长赵启正,出席了一些商业活动,如上海福斯特啤酒厂的开幕仪式,福斯特啤酒厂是在中国最大的澳中合作项目之一。

随着中国经济的快速增长,在与中国领导人的谈话中,基廷将重点放在发展商业机遇上。比如,在6月24日与李鹏总理的会面中,基廷强调,澳大利亚可以"在中国扮演的角色,远不止原材料的提供者,还可以是通

第五章
从霍克到基廷（1989~1996）

信和计算机科学以及环境技术"的提供者（Tingle，1993：1）。两位领导人还讨论了更具体的问题，比如有关钢铁工业和羊毛贸易的合作。基廷注意到，随着中国向2000年前年产1亿吨钢铁的目标迈进，中国在澳大利亚铁矿石冶炼和早期加工方面的投资前景看好。（Tingle，1993：2）在羊毛的议题上，基廷对于中国对从澳大利亚进口的羊毛实行的配额和征收的关税表达了担忧，并提出了一个建议，即中澳双方在羊毛产品上建立一种生产伙伴关系，这种生产基于两个环节——在澳大利亚进行早期未脱脂羊毛的处理和加工，在中国则进行下游加工和羊毛成品的生产。

在会谈中，基廷总理希望李鹏总理支持召开亚太经合组织领导人峰会的计划。有趣的是，双方领导人还对北京和悉尼争夺2000年奥运会举办权交换了意见。据说，李鹏总理曾经表示，准备"拿出他口袋中所有的钱"，来支持北京申奥成功，而基廷总理则坚持认为，悉尼尽管财政优势不明显，但是在先进技术方面具有较强的竞争力。不过，他们都认为不管哪边取得申办权，2000年的奥运会都是在亚太地区举行。（Tingle and Jeffery，1993：2）将焦点集中在经济问题上的结果就是，使得充满争议的人权议题，在持续65分钟的会谈最后才被基廷总理简要地提及，所以，总的来说，整个会谈是在友好气氛中进行的。

也许是作为对于基廷总理友好姿态的回报，中方对于他关于澳大利亚羊毛出口的担忧做出了积极回应。在接下来几天的会谈中，负责经济事务的副总理朱镕基告诉基廷总理，在中澳两国间建立羊毛生产合作关系的大背景下，中方将会认真考虑取消澳大利亚羊毛的进口配额和关税限制。尽管不是正式承诺，但这种积极的姿态受到了基廷总理的欢迎，并得到了澳大利亚民众的普遍认可。（"Raising Our Asian Profile"，1993：8）

伴随着基廷总理对中国进行的正式访问，中澳关系最终得以恢复到最高水平。尽管1989年之前双边关系中经常使用的一些温情言辞不复存在，但是总体上看，双方关系很好。至少从工作层面上看，双边交流比起四年前甚至更加具有实质性意义。到基廷访问时，甚至连阻碍这种交流的最后障碍——防务交流上的限制——也在很大程度上得到了解除。从1992年9月开始，当澳大利亚国防部局级官员恢复了与中国同行的会谈时，双方在国防领域的交流开始得到了逐步恢复。例如，1993年4月和5月，澳大利亚国防情报组织（ADIO）负责人访问了中国，并与中国人民解放军讨论了中澳两国对于区域安全的看法。1993年6月，就在基廷总理开始访问中国时，一个小型解放军代表团正在昆士兰州的甘伦格拉观看澳大利亚参谋部协助下进行的联合国维和部队的演习（Submission by Department of Defence to Senate Standing Committee on Foreign Affairs, Defence and Trade 21, October 1993: 6 – 7）。

双方还就诸如东盟地区论坛等多边安全论坛问题交换了意见。这些论坛为讨论一些特别棘手的地区安全问题，例如南海问题创造了一个场所。尽管这些会谈仍然停留在初级阶段，但是，至少表明，澳大利亚政府已经悄悄地取消了自1989年7月设置的双边防卫合作的禁令，从而为实质性的防卫合作创造了条件。

贸易与经济合作

随着双边交流回暖，两国间贸易也飞速发展。贸易总额从1989年的24亿澳元到1993年增加到57亿澳元，增长了一倍多（见表5-1）。澳大利亚对中国的出口，以每年10%的速度增长，但这种增长很大程度上被增长速度更快的中国对澳大利亚出口所抵消，从而造成了对中国有利的贸易失衡（至少根据澳大利亚的数据来看是如此）。对澳大利亚的贸易政策来说，更重要的是，对中国出口商品组成结构发生明显改变。虽然农产品、矿石原料之类的初级产品仍然占据了出口的很大比重，但制造业的份额在快速上升。比如在1993/1994年度，澳大利亚对中国的ETM出口（机械、交通、通信设备）几乎增长了50%，并且没有任何减缓增长的迹象。（DFAT, *Annual Report 1993 – 1994*: 30）同时，初级产品出口的模式也在发生改变。铁矿石、铝及其他相关产品是矿石出口中增长最快的部分，而羊毛则在农业出口份额中远远超过了小麦。1993年，中国在过去30年以来首次取代日本成为澳大利亚羊毛的最大进口国，总值为5.84亿澳元。（DFAT, *China Brief*, July, 1994: 58）

第五章
从霍克到基廷（1989~1996）

表 5-1　澳大利亚对华贸易，1989~1995 年

单位：百万澳元（时价）

年　份	出　口	进　口	（进出口）差额	总　值
1989/1990	1171	1241	-70	2412
1990/1991	1347	1503	-156	2850
1991/1992	1457	1976	-519	3433
1992/1993	2268	2557	-289	4825
1993/1994	2590	3120	-530	5710
1994/1995	2960	3650	-690	6610

资料来源：基于"澳大利亚贸易统计数据"（Australian Trade Statistics）的计算，见 DFAT, *Country Economic Brief*: *China*（November, 1994: 59 and February, 1996: 96）。

　　澳大利亚如此高速的出口增长，不仅源于中国不断膨胀的需求，也得益于澳大利亚不断完善的对华贸易战略。该战略通过两条不同的路径实行。一方面，在总理和相关内阁各部的支持下，澳大利亚贸易官员一直与中国同行就市场准入问题进行谈判。在每年的部长级经济联合委员会会议以及其他双边会谈中，澳方谈判官员尝试——从各种可能成功的角度——获取中国在主要进口商品方面的具体让步，例如对于羊毛的关税、配额、进口许可的取消，精简检疫和外汇管制程序，以减少从澳大利亚进口蔬菜水果的障碍，取消进口动力煤、肉类、家禽及园艺产品的禁令等。为了加强谈判的力度，澳大利亚方面经常利用中国加入关贸总协定的迫切愿望，要求中方在市场准入方面做出让步，以换取澳方对于中国成为关贸总协定成员的支持。即使如此，澳大利亚比起美国，在坚持中方履行加入关贸总协定（即后来的世界贸易组织）的先决条件方面还是采取了比较温和的态度，而且公开反对将中国加入关贸总协定与人权及其他政治事务挂钩。

　　另一方面，除了官方的直接交涉之外，澳大利亚政府想出了更加巧妙的方法，通过谋求学术界的支持来促进出口。当埃文斯部长于1991年初宣布解除双方交流的限制后，外交贸易部东亚分析小组进行了两项研究，其中一项是对中国的粮食市场进行研究，另外一项研究则是关于中国内部先进地区的繁荣对澳大利亚经济的影响。两项研究均于1992年12月完成并发布。其中，有关《中国粮食市场》（Garnaut and Ma, 1992）的研究发现，

由于中国日常消耗以及牲畜喂养所需的粮食日渐增长，到 2000 年，中国粮食生产将面临 5000 万吨至 1 亿吨的短缺。该预期中的短缺能否通过相应进口来弥补，取决于中国领导人能否被说服放宽粮食自给自足的政策，以及在一些特殊经济地区实施进一步的改革，例如广东省和海南省。该报告建议，如果放弃粮食自给政策并开放粮食市场，能够提高资源分配效率，并且极大地促进中国经济全面发展。虽然澳大利亚官员早就提出过此类观点，但是，该报告用翔实的细节和切实的建议有力地支撑了自己的论点。此外，该研究是基于对相关中国政府部门和企业的大量咨询调查的。随后，该报告在中国发行，也有助于帮助中国的政策制定者改变看法，而这恰恰是官方直接交涉所无法做到的。（"Charting Change"，1992：4）

第二项研究的题目为《过渡中的中国南方：新地区主义与澳大利亚》，由莫道克大学亚洲研究中心发布（"Southern China"，1992）。该报告预测南中国（其定义为广东省、福建省、中国香港、中国台湾）将在 2000 年时拥有 1.4 亿人口和 5500 亿美元的 GDP 总量——几乎是澳大利亚 1992 年 GDP 的 2 倍。作为世界上经济发展最快的角落，南中国地区将成为东亚最大的市场之一。1997 年之后，这一地区的 4 个组成部分之中的 3 个将处于中国的官方正式管辖之下，同时它们将享有高度自治。这种状况使得澳大利亚很有必要从经济上和智力上重新定位自身，通过维持并拓展与中国南方省份以及中国香港、中国台湾的联系以进入该地区。（"Southern China"，1992：3）对于这类研究课题的委托及其调研成果表明，澳大利亚不是像早些年那样只是忙于建立指导双边贸易关系的基本框架，而是在实施对华贸易战略时更加注重细节，更加具有识辨能力和目标性。

除了双边贸易的增长，双向投资也在 20 世纪 90 年代初得到了快速发展。在 1994 年上半年，中国对澳大利亚的总投资已经达到了 4 亿澳元。除去两个最大的中国投资的项目恰那铁矿和阿鲁维奇公司，越来越多的中国投资者参与到小规模的投资中来，例如服装业、毛纺加工业、造纸业、探矿、饮食业、房地产、一般贸易及零售业。到 90 年代中期，超过 100 家中国公司和商业机构在悉尼、墨尔本、珀斯及其他澳大利亚城市设立了代理处或分支机构。（DFAT, *China Breif*, August, 1993：29 – 30；July, 1994：20 – 21）

第五章
从霍克到基廷（1989~1996）

与此同时，澳大利亚对华投资发展更快，从 1992 年预计 6 亿澳元合同投资额、实际投资额 2.3 亿澳元，到 1993 年年底的预计 20 亿澳元合同投资额、实际投资额 6 亿澳元。澳大利亚在华投资项目到 1992 年年底已超过 540 个。这些项目包括了啤酒生产、光学镜片、玻璃包装、钢管、电话电缆、食品加工、精纺毛织品、鞋类及服装业、运动器材、印刷电路板等。澳大利亚投资者也非常热衷于在中国参与各类联合投资项目，例如探矿、畜牧业、货运代理、广播、交通、冷藏、法律、银行、计算机软件及其他服务业。（DFAT，*China Breif*，August，1993：29-30）与20世纪80年代形成鲜明对比的是，澳大利亚对华投资额现在已经超越了中国在澳大利亚的投资额。澳大利亚 90 年代初期涌现的在华商业浪潮，主要是因为中国官方接受了市场体系和保持了超过两位数的经济增长速度。同时，这种商业热潮也可以部分归因于澳大利亚重新关注与中国进行发展援助合作。

在 1991 年 2 月恢复了对华援助之后，澳大利亚修正了它发展双边合作关系的方针，将资源集中在少数部门的大型项目，从而获得了更高的效率和更多的收益。这一新的方针集中于农林业及教育两个核心行业，而且跳出了以前的地域限制。除了直接消除中国的贫困和地区不平等之外，修正后的方针也强调双边的相互商业利益。（AIDAB，1994：34）因此，商业导向的金融便利化机制（CFF）重新焕发了生机。虽然 1991 年 11 月经济合作与发展组织的指导方针规定只有经济回报率低于商业利率的项目才适合金融特许，金融便利化机制被广泛应用于投资项目之中，包括了医疗护理、水处理、农村电信、能源业及运输业。例如，澳中两国政府在 1993/1994 财年批准了价值 1.5 亿澳元的一系列 CFF 投资项目协定。（DFAT，*China Brief*，July，1994：24-25）

为了避免中国在发展合作过程中过度依赖政府借贷，澳大利亚竭力拓展替代性的金融措施。包括利用出口信用、联合投标、建设—运营—转让（BOT）模式及与商业投资相关的直接援助，同时鼓励中国在商业融资发展项目上，采取更加宽松的关税限制政策。（"Australian China Trade Poised"，1992：10）到 1994 年，澳大利亚的发展合作项目已经发展到包含了许多形式，例如金融便利化机制、农业研究、与世界银行的联合融资、直接援助计划（DAP）、小型活动计划（SAS）及紧急重建援助（见表5-2）。中国现在已经成为继巴布亚新几内亚和印度尼西亚之后，接受澳大利亚援助第三多的国家，在1993/1994年度就接受了大约8500万澳元的援助。（AIDAB，1994：5）

表5-2 澳大利亚对华官方发展援助计划，1988~1994年

单位：千澳元

计　划	1988/1989	1989/1990	1990/1991	1991/1992	1992/1993	1993/1994*
AIDAB 计划						
工程	15563	10169	15096	16033	16600	16780
合资	1189	339	4247	—	2291	2000
金融便利化	4046	13769	16250	30871	43724	48000
培训	1640	1782	1529	1664	1316	1900
食品援助	—	9240	—	3850	6355	9500
私人企业联系	—	—	—	—	128	720
非政府组织	257	178	137	91	384	200
直接援助	48	58	71	78	125	100
小型项目	307	397	597	649	542	500
紧急援助	400	100	100	549	—	75
全球多边援助研讨会	288	378	669	202	123	100
		29	32	42	48	50
ACIAR 计划						
农业研究	1842	2172	2042	2467	2498	3117
其他政府部门	596	166	272	149	131	300
海外学生补助	4576	4665	4107	4114	1640	578
对华援助总额	30752	43442	45149	60759	75905	83920

注：*表示估算，—表示无数据。

资料来源：AIDAB Statistics Summaries（转引自 AIDAB，1994：40）。

变化与连续

1989年政治风波无疑影响了澳大利亚的对华态度。其后不久，一些

第五章
从霍克到基廷（1989~1996）

分析家认为，"那些有关澳大利亚政府加强与中国建立关系的政策设想，包括制定政策的决策者们的可信度，都被一一击碎了"（Trood，1989：63）。但是，事后来看，澳大利亚对华政策在风波后的变化看起来是被夸大了。正如前面提到的，尽管当时公众对于中国政府强烈不满，澳政府在1989年7月13日的声明中，阐述的政策变化，实际上是相当谨慎的。该声明只是言辞上强硬，政策举措上则不然，制裁仅限于相关的高层政治接触，同时又小心地努力维系双边关系的基础，尤其是在经济领域。如果说1989年之前的政策是意在通过培养政治上的善意以促进两国间的经贸联系并发展与中国牢固的工作关系，那么，这些目标在1989年年中以后也基本未变。尽管用来实现这些目标的政策工具暂时被调整了，但基于澳大利亚对华政策衍生出来的基本框架和设想依然被适当地保存了下来。

在7月份的声明中包含的一揽子措施，其实只是改变了政策的施行方式，而不是目标。随后发生的事情也表明，即使是施行方式上的改变，也是非常短暂的。澳大利亚政府在形势允许的情况下，很快就调整并取消了制裁。到了1993年6月基廷总理访华时，双边交流的强度如果说没有超过，至少也已经完全回到了1989年之前的水平。除了稍显冷淡的言辞和一些新的双边问题的浮现之外，基廷总理此次以贸易为主导的访华行程，其实与霍克总理在80年代的访华之行非常相似。总而言之，凸显了自从惠特拉姆政府1972年承认中华人民共和国以来澳大利亚政府对华政策的高度连续性。

如果说1989年之后的政策进程值得注意的是它的连续性而不是变化，那么问题就来了，为什么澳大利亚政府能够在公众强烈要求对现有对华政策做出大的改变的同时一直维持这样的政策？从比较外交政策学（CFP）的预设行为视角来对这个问题进行理论分析，应该比较能说明问题。

传统的外交政策分析法（FPA）倾向于强调相互作用在一国外交政策行为中的支配地位。从这一角度看，"一国对另一国的行为，取决于另一国对它的行为模式的接受程度"（East，Salmore and Hermann，1978：162）。换句话说，一国对另一国的外交政策是对该国此前行为的回应。与这种解释相符的是，澳大利亚暂缓与中国的高层政治接触的决定，可以被看作对于中国发生的政治风波的反应。这种传统研究方法一个显而易见的缺点就是它倾向于强调外部的（体系的）决定因素，忽略内部的（或是国内的、特质的）因素作用。相互作用解释了为什么澳大利亚会决定在双边接触上施加限制，但不能解释清楚为何设立、调整这些方针政策会如此谨慎和克制。为了弥补这种不足，我们有必要对外交政策制定过程中的内部和外部因素同时加以检验。

根据比较外交政策学的一系列更加复杂的看法，一国外交政策的动力是受到"惯性"和相互作用的影响的。惯性是指一个给定的国家对另一个国家的外交政策行为，在某种程度上，是前者自己施加给后者的早期行为的一种功能反映。换句话说："在特定时间内，一国内部在制定特定的战略过程中所借助的力量，能够确保用于特定的对象国。"（Warren Phillips, in East, Salmore and Hermann, 1978：162）所以，为了解释清楚澳大利亚政府为何能够不被1989年的公众意见左右，而只对中国发生的政治风波采取谨慎的政策反应，很有必要去找出那些当时在澳大利亚起作用从而确保了这些反应的势力。

正如前面的章节所提到的，到1989年时，澳大利亚在发展与中国实质性关系方面取得了长足进步。当澳中在1972年年末建交时，相对来说，澳大利亚在对华关系中，除了大量出口小麦以外没有什么大的利害关系。16年后，不但澳大利亚对中国市场的出口增长到超过10亿美元，而且双边经济联系也已经从简单贸易拓展到了相互投资、合作发展及其他形式的交流。此外，这些不断增进的多层面经济关系，也因双边机制的建立而得到加强。从1973年的贸易协议开始，连续几届澳大利亚政府都致力于与中方合作建立包含两国间广泛的经济活动的双边法律制度框架。这一框架中最重要的组成部分包括了发展合作协议、投资保护和双重税收及官方层面的联合部长经济委员会和非官方层面的年度论坛（中澳高级行政论坛，CASEF）。这些制度和较少与经济交流直接相关的机制，例如两国外交部之间的年度磋商，并不单单在维持双边关系动力方面扮演重要角色，还帮助形成了一张安全网，从而可以抵御两国

第五章
从霍克到基廷（1989~1996）

关系可能遭受的外部冲击。

随着双边关系体系在广度和深度上的发展，澳大利亚内部已经逐渐产生出一些在对华关系上有直接或间接利益的团体。这些利益团体包括了政客、官员、商人、学者及其他以某种方式与中国产生联系的群体。这些人通常会加入一些致力于维持并拓展与中方相同部门联系的组织。前面章节中提到的澳中理事会、澳中商会及澳中工商业联合会就是这些数目众多的组织中的一些重要的例子。随着时间的推移，这些组织的成员们不仅获得了许多关于中国社会的方方面面的专业知识，同时也培养了与中方组织及个人的联系纽带。虽然他们的动机和角度不同，但是这些人在维持澳中长期稳定关系方面是有共同利益的。正是这些利益团体，在1989年政治风波发展到最高点时，充当了缓和力量，帮助平缓了当时公众对于澳大利亚政府的政策选择不满所带来的影响。

综上所述，关于澳大利亚政府为何决定对风波采取谨慎的回应的合理解释，与其说是对这一发生在中国的政治风波的反应（或者说回应），不如说是基于澳大利亚在对华关系中自身的既得利益的考虑。通过采取这种对策，澳大利亚政府与商业团体以及更广泛的利益团体产生了共鸣，而大部分政府官僚机构也是这些利益团体的一部分。很自然地，决定进程的方式问题屈服于"官僚惯性"（在这一案例中可能被称为外交政策"自我增强的连续性"会更好），与"相互作用"相对应，也是与比较外交政策学中相关的命题一致的。根据这些命题，当对象国的相关信息能够被精确可靠地阐明时，"相互作用的进程将会决定接收国的回应"。与此相反的是，当此类信息不足或不能被轻易解读时，"官僚惯性的进程将会占据主导地位"（Phillips，1978：164）。当外长在1989年7月13日发表政策声明时，中方的情况是非常不清晰的，而澳大利亚在北京的大使馆由于惧怕可能面临的危险已经撤离，更给澳大利亚政府正确地评估当地变化无常的局势增添了难度。这解释了为什么堪培拉通过试探性的言语做出反应，给自己留下余地，而不是采取更加激烈的方式。这也解释了为什么当中国领导层取得了对国内局势的有力控制，并决定继续进一步进行经济改革和对外部世界开放时，澳大利亚政府会如此快速地做出反应。

主要问题

虽然澳中关系很快就从1989年的最低点中走了出来,但是恢复到常态的同时,也出现了一些对其他方面的健康关系埋下隐患的双边问题。其中最突出的问题包括澳大利亚对中国留学生的政策及态度、中国人权纪录及台湾问题。其实这些问题早在1989年政治风波之前的双边关系发展进程中就已埋下种子,这场危机只是唤醒了这些问题,并使它们开始日益凸显而已。

中国留学生

在澳中国留学生问题是一个重要问题。正如前面章节提到的,自1986年年初起,霍克政府根据驻华大使郜若素的建议,大力推进与中国的教育交流,中国留学生开始大量涌入澳大利亚。到了1989年年中,人数已经达到了大约15000人。其中,只有很少一部分的中国留学生是由中国和澳大利亚政府或其他机构资助的,大多数留学生都是自费来澳大利亚参加海外学生英语强化课程(ELICOS)的语言生。这些自费的语言生代表了澳大利亚教育出口的有利可图的收入来源,霍克政府对于他们的签证申请采取了所谓的"流水线"处理方式。根据这种方式,申请者会被用较低的教育水平标准(对于他们用10年级的标准,而对于非"流水线"的申请者则用12年级的标准)来进行评估,并且免于接受正常情况下要求的更全面的移民信用测试。(*AFAR*, November, 1989: 669)这导致了来自中国的申请者人数的迅速增长。除了已经签发的大量签证以外,截至1989年5月份,澳大利亚在北京的大使馆已经积压了25000份未处理的签证申请。(*AFAR*, November, 1989: 669–670)而当一些问题开始出现在已经去了澳大利亚的中国留学生身上时,在中国还有更多的人准备加入这个不断壮大的申请者队伍。

在1986年1月1日到1989年间,有15111名中国留学生来到澳大利

第五章
从霍克到基廷（1989~1996）

亚，但只有 1685 名——总数的 11.2%——在 1989 年 5 月底之前离开了澳大利亚。这意味着有 40% 的中国大陆留学生逾期滞留，几乎是其他所有国家和地区 23.3% 的逾期滞留率的 2 倍。（AFAR，November，1989：669）为了抑制这一现象，澳大利亚政府于 1989 年 8 月 30 日发布了旨在收紧签证许可标准的新条令。这些新条令中最重要的一条是对 ELICOS 的申请者的年龄设置了 35 岁的上限（AFAR，October，1989：620；November，1989：670）。虽然这一年龄限制，从教育角度而不是移民标准来看是合情合理的，新的方针成功地取消了大量现实及潜在的申请者进入澳大利亚的资格，但是，问题到此并未结束，因为按照澳大利亚原有规定，所有的 ELICOS 申请者在签证申请受理之前，都已经被要求向接收学校提前支付了学费和生活费。这笔提前支付的费用高达每人 6000 澳元，这在当时的中国是一笔巨款，而且多数情况下都是申请者向亲戚朋友借的。

新条令生效后，许多已经提前付费的申请者被拒签。对于这些人来说，新的条令不止击碎了他们希望能够在富足的澳大利亚社会过上更好生活的美梦，而且还迫使他们面临着迫在眉睫的危险——那笔提前支付的巨款。这个危险源于许多收了钱的私人教育机构要么不情愿，要么没有能力退还这笔钱给那些受波及的留学生。许多这些学校——尤其是城市学院国际部——只是简单地宣布破产以逃避财务上的责任。这引发了大量沮丧的中国学生在 1990 年年初走上街头，在澳大利亚驻北京大使馆和上海总领事馆门外进行声势浩大的游行示威。在这些游行进行到最高潮时，甚至有报道称澳大利亚的外交官员受到骚扰。（AFAR，May，1990：271）这些学生将怒气发泄在这些澳大利亚外交官员身上，不仅是因为后者近在咫尺，而且因为正是这些外交官所在的政府机构先前曾把他们的预付款项转给了 ELICOS 相关机构，然后又拒绝了他们的签证申请。

诚然，留学生问题的加剧，在很大程度上要归咎于澳大利亚政府机构的管理缺失以及部门协调能力欠佳，尽管以前政府在提升外交服务的效率和效用方面做过不少努力。虽然这些问题在驻北京大使馆和上海领事馆是由同样一批官员着手处理的，但是在堪培拉这一问题牵涉到至少三个不同的政府部门：就业、教育及培训部（DEET）主要负责促进澳大利亚教育服务出口以及确保 ELICOS 项目的实行；移民、地方政府及少数民族事务部（DILGEA）负责在不破坏澳大利亚总体移民计划的完整性的情况下，向就业、教育及培训部在中国的工作提供签证处理及相关的支持；外交贸易部则是扮演监督者的角色，确保教育出口计划是在最符合澳大利亚外交政策利益的前提下进行的。

由于它们在组织分工和工作程序上的不同，这些部门在实际执行政策时各自朝着不同的方向行事。当就业、教育及培训部渴望将澳大利亚教育推销给越来越多的富裕的中国居民时，移民、地方政府及少数民族事务部更注重预防对于有序履行澳大利亚移民政策的破坏。这就是为什么当移民、地方政府及少数民族事务部提出新条令以抑制逾期滞留问题时，就业、教育及培训部的官员及其部长约翰·道金斯（John Dawking）却认为很有必要向公众保证澳大利亚政府"承诺教育出口产业的持续可行性"（AFAR, June, 1990: 404）。所以，不出预料，当新条例发布几个月后，就业、教育及培训部仍然需要对那些继续接纳中国大陆申请者并接受预付学费的机构发出警告。（AFAR, October, 1989: 621）与此同时，外交贸易部也没能及时介入，直至这一问题演变为两国间的政治问题。部分原因是 DFAT 将教育交流的职责作为普通贸易促进业务的一部分，归于下属的经贸局（ETD）管理。一名外交贸易部的高级官员后来指出，如果这个问题在外交贸易部内部能得到更高级别的优先权，且被当作有政治意义的双边问题来处理，那么该部门就能够在事件变得无法收场之前更快速地采取行动。（本书作者1994 年 11 月份的采访）这在某种程度上也说明了政府部门的功能重组，虽然能够在很多方面带来收益，但同时也代价不菲。

总而言之，发生在北京和上海的澳大利亚外交机构前的示威游行，使得堪培拉的决策者们充分明白了情况到底有多糟糕，也成为整件事情最终解决的催化剂。经过政府部门间的磋商程序之后，澳大利亚政府于 1990 年 7 月份决定代表破产的学校向那些利益受到侵害的留学生退款。到了 1992 年末，退款的问题已经基本上得到解决，虽然这对澳大利亚教育出口计划的信誉度已经产生了不良影响。许多中国人通过这次教训得出了这样的结论：澳大利亚的学校更喜欢赚快钱而不是像它们宣传的那样真正帮助中国

第五章
从霍克到基廷（1989~1996）

人提升教育水平。正如下文将会提到的，中国政府也利用退款事件，来回击澳大利亚对中国人权的责难。

虽然1989年8月新出台的条令成功地减少了进入澳大利亚的语言生的人数，但是，应对已经进入该国的学生的方法还有待提出。所有可能被构思出来的方法在1989年年中的政治风波之后都被推翻了。而且，许多在澳的中国留学生申请庇护。出于对这些寻求庇护者的同情心以及对于中国情况的不确定因素的考虑，霍克总理声明将不会强迫这些中国留学生回国。随后移民部允诺给那些在1989年6月20日或之前抵达澳大利亚的中国公民延长一年的签证有效期，以应对中国政府宣布对离境公民进行彻查的声明。在这之后，又追加了六个月的签证有效期。1990年6月27日，霍克总理和移民部部长格里·汉德（Gerry Hand）发表了联合声明，宣布提供一类属于特殊类别的四年临时居住许可证，给那些在1989年6月20日或之前进入澳大利亚的中国公民。做出这一决定的理由是"中国在未来几年发展的不确定性"（AFAR, June, 1990: 405）。该声明指出：

> 在这个特殊目录上希望停留超过四年的中国大陆公民能否延长临时居留资格，以及他们能否获得永久居留权，将视中国情况的进展而定。（AFAR, June, 1990: 405）

中国留学生对此决定表示欢迎，虽然他们更希望这一声明提出更确切的说法。而中国政府对这一决定表示抗议，认为澳大利亚政府阻挠中国留学生回归报效祖国。但是这种抗议是相当低调的，而且很无奈，因为包括美国及加拿大在内的许多西方国家都采取了相似的政策措施。

1993年11月1日，经过华人团体及其同情者的紧张游说，基廷政府履行了霍克做出的不强迫中国公民回国的承诺，允许29000名此类人士（包括一些来自斯里兰卡和南斯拉夫的公民）获得澳大利亚的永久居留权。这不仅包括那些在1989年6月20日或之前已抵达澳大利亚的人士及他们的家庭成员，同时也包括了那些在1989年6月20日至1992年3月12日之间到达的人。随着这一决定的宣布，移民部成立了以宣布日期命名的所谓"11月

1日工作小组"，处理新出台的四类申请。虽然不是所有29000名申请者都符合相关标准，但是很明显，至少15000名在1989年6月20日或之前抵澳的以及后来抵澳的大部分中国公民都将会得到永久居留权。（本书作者1993~1994年期间对移民部官员及相关中国公民的访谈）这是自19世纪中期淘金热潮之后，单次数量最多的一批中国大陆移民。该公告的发布，对澳大利亚整个移民计划将产生何种影响，引发了国内辩论。① 而中国政府则认为这一决定是迟早会发生的事，除了外交部发言人例行公事的抗议之外，中国政府在这一问题上没有进一步的表态。例如，在公告刚刚发布以后，中国驻澳大利亚大使华君铎曾与澳大利亚官员一同出席过一个聚会，席间他根本没有提及留学生问题。（本书作者1994年对外交贸易部官员的访谈）

虽然留学生问题在1993年后逐渐淡化，但是给予上万名中国公民（包括后来的家庭团聚）永久居留权的决定，给澳大利亚社会组成以及中澳关系的实质带来了新的维度。新移民开始成为双边交流的积极参与者，从而极大地加强了两国之间在经济、社会及文化上的联系。当然，大量中国大陆人在澳大利亚的出现，也有可能导致澳中关系以及澳大利亚国内政治的复杂化。不过，与其他在澳大利亚的少数族裔群体相比，这种复杂性并不是仅仅由中国大陆人团体造成的。

人权问题

1989年后，澳大利亚和中国在人权问题上的争端，是与它们在对人权这一概念的阐释与应用方式上的分歧直接相关的。澳大利亚的方式很大程度上是源于——虽然并不是完全等同于——西方自由民主价值的传统，而中国官方对人权的定位，虽然根植于东方哲学及实践的古老遗产，但直到最近才被系统地阐明，以应对西方的挑战。虽然有过度简化的可能性，

---

① 许多其他的澳大利亚少数族群将"11月1日决定"看成是对中国的偏爱，因为这给中国人移民澳大利亚提供了一条捷径，使他们避免了严格的审查程序。例如，柬埔寨"船民"必须回国，然后提交申请，而中国人被允许在澳境内申请。而中国人回应说，这是因为回国可能会成为政治变化的牺牲品，因而不得不继续逗留在外。

第五章
从霍克到基廷（1989~1996）

但有必要在此概括一下中国和澳大利亚在对待人权问题上的一些明显差别。①

中国将自己视为一个发展中国家，它赋予基本经济社会权利，如生存权（或生计权）以及发展权最重要的地位——中国人认为没有这些基本权利，言论自由权和其他的公民及政治权利就失去了基础。所以，从中国的角度来看，个人自由固然重要，但是，不应以损害集体利益或是国家主权为代价。考虑到过去曾经作为西方殖民主义的牺牲品的经历，中国倾向于认为，西方国家对它的人权纪录的关注和批评是伪善的，只是干涉它的国内事务的一种托词。而澳大利亚更为主张人权的普世价值，认为在关于人权的国际契约中，总有一些具体的最低标准，是应该被所有国家都遵循的，而不管它们的经济社会发展水平如何。澳大利亚将人权视作国际话语中的合法主题，以及衡量澳大利亚的行为是否属于良好国际公民的标准，尤其是考虑到迅速发展的全球化的影响。像许多西方国家一样，澳大利亚支持人权的不可分割性，反对认为一些权利应该优先于其他权利和自由。所以，澳大利亚认为，公民的政治自由与集体的经济社会福利具有同等重要的地位，或者更为重要。通过对背景的简要描述，现在很有必要进一步检验在1989年政治风波中，两国在观念问题上的分歧，是如何在现实外交中暴露出来的。

有种普遍看法认为，澳大利亚政府在1989年政治风波之前，对中国的人权纪录一直保持缄默，然后，因为这一风波的剧烈影响，才打破了这种沉默。这种看法很明显是源于1989年之前，几乎没有报道称澳大利亚对中国人权做出过报告，相反在1989年之后出现了大量包含了此类报告的媒体报道。实际上，澳大利亚政府一直对中国的人权状况感兴趣。在建交前，尤其是对中国在"文化大革命"期间的过激行为，联盟党政府成员和澳大

---

① 鉴于人权问题是一个高度敏感和引起争论的问题，本书范围所限不便对此进行详细阐释，而只是对澳中双方带有官方和主流的观点做一个简单总结。有关中国在20世纪90年代初期的官方观点的完整记录，请参看中国国务院新闻办公室发布的白皮书，包括《中国的人权状况》（1991年11月）、《中国改造罪犯的状况》（1992年8月）、《西藏的主权归属与人权状况》（1992年9月），以及关于囚犯劳工、儿童福利等方面的介绍。至于澳大利亚方面的权威介绍，请参阅 Evans and Grant（1991：144-151）。

利亚工党反对派均做出过公开表态。澳中建交后，历届澳大利亚政府的总理和官员们不太公开谈及中国的人权问题，而是倾向于以安静外交的方式将他们关于人权问题的关注私下传达给中国政府。

根据澳大利亚外交外贸部官员的说法，在与中国外交部的定期官方磋商中，人权议题常常在部门领导级别的会谈中被提及。这种情况甚至在1980年下半年双边关系最好的时候也存在（根据本书作者在不同时间的采访）。前总理霍克对本书作者说，他也在和中国领导人胡耀邦和赵紫阳的会谈中讨论了中国进行政治改革的可能性，并且中国领导人对于他关于中国社会应该拥有更大的政治自由的建议做出了积极的回应。（本书作者在1994年11月的采访）这些言论与作者从中国得到的消息相吻合。虽然在1989年之后的背景下，很容易指责霍克政府对待中国人权问题的态度太软弱，但是，上述有限的证据至少表明霍克和他的同僚们对于这个问题的兴趣不低于一般澳大利亚公众。从20世纪80年代澳大利亚出版发行的大部分国家级和大城市的报纸来看，读者对中国的商业机会更感兴趣，而不是违反人权问题。

相较于对柬埔寨和东帝汶的广泛关注，堪培拉对于中国人权状况缺乏总体上的关注，其中，部分原因与1989年年中之前处理人权问题的方法有关。考虑到中国总的社会经济发展背景，澳大利亚官员在与中国同行讨论人权问题时总是小心翼翼。澳大利亚关于人权的说辞，在实践中也得到了澳大利亚在为中国减贫和基础建设援助中所体现的积极支持的印证。澳大利亚政府对于经济和社会发展的强调与中国政府对于生存（或生计）的坚持以及将发展作为最基本人权的观点不谋而合。所以，作为这种契合的结果，在1989年年中之前，人权成为两国合作的领域，而不是公共争端或者对抗的焦点。

由于同样的原因，澳大利亚国内的人权活动家发现，他们的政府行为出现严重缺失，因为这些活动家们更关注中国公民的政治权利，而不是社会经济福利。这并不意味着人权活动家及其组织对中国经济困苦现状的忽视。但是，如果将大赦国际和亚洲观察这样的人权组织作为一方，而将诸如牛津饥荒救济委员会和海外社区援救这类慈善和援助组织作为另一方的

第五章
从霍克到基廷（1989~1996）

话，那么可以发现，它们之间的关注点明显不同。相比前者偏重于专制扣押和对政治异议分子虐待这类违反公民政治权利行为的关注，后者看起来更关注如何减少贫穷等社会经济问题。

新途径

如果说在1989年年中以前，澳大利亚对中国人权问题的解决方法有强调社会经济权利的特点，那么1989年政治风波则戏剧性地改变了这种方法。与早期不同，其后至少一年中，人权问题在澳大利亚对中国政策中占据了中心地位。每次与中国同行会谈时，堪培拉的部长和官员们都会为提高这类议题在会谈中的地位做些特殊的努力。他们对中国当局处理学生示威游行的方法提出了质疑，并强调澳大利亚公众对于中国表现出来的缺乏公民政治自由问题的关注。在这方面，最重要的行动是，1991年和1992年澳大利亚两次高调地派出代表团，专门调查中国人权状况。考虑到这对于理解澳大利亚人权外交政策的重要性，以及目前学术界相关研究的不足，① 在此有必要对这两个代表团的情况做一些详细的考察。

人权外交：题中之意？

一些作者（比如，Van Ness, 1992；Albinski, 1996：48）认为，这两个人权外交使团的派遣，是由中国方面提议的，但事实与此相反，这个提议最初是由堪培拉提出，然后由澳大利亚驻北京大使馆贯彻执行的。就在1991年4月外长加雷斯·埃文斯抵达北京恢复两国间正常的工作关系不久之前，澳大利亚大使馆公使科林·赫塞尔廷致电中国外交部，表示加雷斯·埃文斯外长访华期间，在与中国外交部部长钱其琛的会谈中，将提出有关澳大利亚向中国派遣人权代表团的问题。当4月份埃文斯正式提出这个问题时，钱其琛早就已经有经过深思熟虑的答案了。他回答道，中国将欢迎来自澳大利亚的友好代表团，并称这将对加强双边的互相了解做出贡献。

---

① 皮特·范·内斯（Peter Van Ness, 1992）对第一个代表团的情况进行了研究。以下部分是基于本书作者对代表团成员和中国官员的采访和谈话、代表团的报告，以及相关体验和观察。

钱其琛强调，代表团应该考察中国的总体情况，而不是单单关注人权问题。考虑到代表团主要由议会议员组成，所以，钱其琛还说，应该将代表团的名称叫作澳大利亚议会代表团，而不是澳大利亚人权代表团。他还补充道，将把议会的访问者作为平等的对话伙伴对待，而不是所谓的钦差大臣。埃文斯对中国同意接待代表团表示满意，所以，没有对钱其琛的意见提出异议。（基于本书作者与澳中官员的谈话）

北京的理由

这是中华人民共和国同意接待的第一个专门关注人权的代表团，对于中国政府为什么会同意接待这类代表团存在着相当多的疑问。例如，皮特·范·内斯（Peter Van Ness, 1992）从理性行为体模型的角度分析中国接待来自像澳大利亚这样的西方中等强国的人权代表团，对其国家利益会有什么影响。但是，如此考虑太过宏观，难以解释清楚这个特定的案例。事实上，中国的允诺不仅是出于战略上的考虑，而且是同中澳双方战术上的举措分不开的。

从战略上看，中国领导层开始意识到，自1989年起，在处理与西方国家的关系时，人权问题已经成为中心议题，而且没有任何办法绕过这个议题，所以，只有尝试着学习在有利于中国的立场上来参与这场有关人权的新游戏。在澳大利亚提出派出代表团的提议时，一些其他的西方国家也表达了他们想派遣类似代表团前往中国的意向，这些国家包括瑞典、法国和意大利。在这种情况之下，中国外交部认为，对人权访问的潮流进行阻止已经不再是明智的选择，而且，如果这种访问得到允许，那么中国面对的来自西方的压力将得到缓解。这与中央领导层的分析一致，因为中央领导层推断，彻底地拒绝来自西方的人权代表只会增加反对中国的情绪，并且会对国家的国际声望造成长远的损害。通过准许一些人权代表进入国内，并将其保持在有序和受控制的范围内，中国外交政策制定者们希望既能掌握外交主动权，也能在与西方的持久战中获取一些第一手的经验。

从更加战术性的角度看，澳大利亚外交官们与中方商讨访问事宜的方式，有助于同中国达成协议。第一，如前所述，在首次提出访问事宜时，

第五章

从霍克到基廷（1989~1996）

澳大利亚谈判家们采取了安静外交方式，而不是公开施压或装腔作势。第二，这个想法是在外长埃文斯对中国进行访问的大背景下提出的。中方认为，这次访问是澳大利亚对于重启双边正常交流所做出的积极努力，因此理应得到积极回应。第三，澳方同意接受中国对代表团所取的名字。如果澳大利亚政府选择其他方式，也就是说，如果澳大利亚在最开始是将人权代表团作为公共议题，而不是首先通过安静外交方式来为此次访问铺平道路，如果这个提案被放置在增进双边关系这个大背景之外，又或者澳大利亚谈判家们坚持使用"人权"这一字眼来命名代表团——那么，中方对澳大利亚的提议能否做出如此爽快的回应是值得怀疑的。

最后，澳大利亚得到中国的信任（虽然中国看来半信半疑），成为第一个向中国派遣人权代表团的国家。这个事实不能过分归因于政策考虑（像皮特·范·内斯所说的那样），也许可以从行政安排的角度加以分析。根据安排，中国人民外交学会负责接待包括澳大利亚在内的西方人权代表团这个不受欢迎的任务。而在中国人民外交学会的内部授权中，从来都没有提到，应该给予哪个特定的国家第一个派遣此类使团的机会。一旦给予中国人民外交学会接待这种使团原则上的赞同，那么，访问时间的确定，就完全由中国人民外交学会和外国使团自由协商。基于澳大利亚驻北京外交官在最短的时间内与中国人民外交学会官员就访问计划的日期达成了最后协议，以及冬季澳大利亚议会处于休会期间，代表团因此能在双方商定的日期按时到达中国这两个事实，使澳大利亚能先于有类似想法的国家一步获得这种荣耀。但如果出现一些情况，比如澳大利亚国内的紧急情况造成访问的推迟，这是官方交流中常见的情况——那么这种荣耀可能很容易地就变成了瑞士人、法国人或者意大利人的了。由此可见，这种荣耀是澳大利亚的努力（加上运气）得来的，而不是由中国方面设计的。这也是为什么中国对于澳大利亚甚至比美国更加积极主动感到相当诧异，因为，后者被认为是西方民主价值观的卫道士。[1] 但是，这种激进主义的做法并没有为澳

---

[1] 必须指出的是，美国国务院负责人权事务的助理国务卿理查德·斯奇福特（Richard Schifter）于1990年12月初访问了中国。尽管也是集中于人权问题，但是，他的代表团规模和性质无法与澳大利亚代表团相提并论。二者属于不同类型，因为议员似乎比政府官员更难控制。

大利亚在中国领导层中赢得更多的朋友。

虽然澳大利亚访问的日期早就已经确定，但是，由于澳大利亚一部分人提出了敏感的要求，代表团行程的具体细节直到到达北京的前夜才最后敲定。至少有下面两个敏感的要求是造成中国人民外交学会接待困难的隐患，即要求访问西藏地区并要求与拘押中的不同政见者见面。相比在第一项上快速达成一致不同，第二项直到最后时刻仍然使谈判双方争执不休。中方欣然接受了澳方对于参观西藏首府拉萨的要求，同样也同意对北京、成都和上海的访问。但是澳大利亚方面要求参观行程中应包括北京第二监狱（又被称为秦城监狱），在这个监狱被认为关押着许多"政治犯"。对此，澳大利亚方面被告知，中国法律只允许犯人与他们的家属接触，并且秦城监狱不对外开放。稍后，澳大利亚大使馆提议去参观政治敏感性较低的北京第一监狱作为代替。当中国人民外交学会正式向司法部提交修改的建议时，他们得到的答复是，要求访问的监狱正在整修，因此，公众参观存在安全隐患。

至此，澳大利亚代表团访华的消息在西方引起了公众的广泛关注（尽管中国国内没有任何相关报道）。虽然这件事得到了广泛欢迎，但是许多人权组织和活动者对于此类访问的实际效果提出了质疑，他们中的一些人公开指责澳大利亚政府掉入了中国旨在"漂白"（或者"粉饰"）其国家人权纪录的圈套中，而没有将参观监狱纳入参观中国首都的行程中，只会加强这种指责的力量，因为北京是政治风波的发生地。面对这种情况，澳大利亚外交官们做了最后的努力。在离代表团按预定计划前往北京只有几天时，澳大利亚驻华大使沙德伟造访了中国外交部，向钱其琛部长转交了一封澳大利亚外长埃文斯的亲笔信。信件中不仅要求中国外交部部长亲自进行调解，以保证代表团能进入北京监狱，而且还暗示如果要求被拒绝，那么代表团将不得不一并取消这次访问。因为全世界的媒体都聚焦在这次事件上，所以，最后关头的取消对中国来说将是一场公共关系危机。对于这一点，中国外交系统中的人要比他们司法机构的同事了解得更加清楚。不管是使用了何种极具说服力的力量，在第二天早些时候，来自中国人民外交学会的代表就通知澳大利亚大使，司法部克服巨大困难，同意安排代表团参观

第五章
从霍克到基廷（1989~1996）

北京第一监狱。澳大利亚的边缘政策产生了效果。（基于本书作者事后同澳中官员的交谈）

第一次访问

第一次访问的具体时间是1991年的6月14日至26日。澳大利亚代表团由工党参议员克里斯·沙赫特（Chris Schacht）率领，成员包括其他八名议员，克里斯·沙赫特是议会外交、国防和贸易联合常设委员会（JCFACT）的主席。其他八位成员分别是：大卫·康诺利（David Connolly，自由党），议会外交、国防和贸易联合常设委员会副主席兼代表团副团长；参议员维奇·伯恩（Vicki Bourne，澳大利亚民主党），澳大利亚民主党外交事务发言人；费思芬，澳大利亚亚洲—澳大利亚协会会长，新中国成立后的第一任澳大利亚驻华大使；克里斯·西多蒂（Chris Sidoti），澳大利亚人权与平等机会委员会秘书；爱丽丝·泰（Alice Erh – Soon Tay），法学教授和中国法律专家；乔恩·谢泼德（Jon Sheppard），澳大利亚外交贸易部人权处主管；任格瑞（Richard Rigby），澳大利亚驻北京大使馆政务参赞；凯文·加拉特（Kevin Garratt），律师，移民、地方政府和少数民族事务部西藏问题专家。据说外长加雷斯·埃文斯熟知代表团中的大部分人，每一位人选都是他亲自决定的。

代表团的组成不仅展现了罕见的政党团结，而且也反映了澳大利亚政府尽可能收集更多信息的决心。除了能代表所有主要党派之外，代表团成员中包括三位知晓普通话的官员（费思芬、爱丽丝·泰和任格瑞）和一位通晓西藏语的官员（凯文·加拉特）。这就保证了代表团能够获得第一手的信息、资料，而不是依靠中国政府提供的材料和中方翻译人员准备好的资料。任格瑞作为知晓普通话的官员中的一位，普通话极其流利，所以充当了代表团的"眼睛和耳朵"（偶尔还是"嘴巴"），表现极其出色。这些中国通的存在，促使中方介绍人必须认真准备他们的介绍词，因为他们不能指望用中文和他们的同事临时商量（这在中国是经常发生的），同时又可以避免密谈信息被外国客人知晓的风险。

代表团与社会各界举行了会谈和讨论会，包括来自公安部、司法部、最高人民法院和最高人民检察院的代表,辩护律师、宗教及少数民族事务官员、计划生育部门的代表和其他共产党官员。在与司法部的讨论中,代表团提出了大量有关人权的问题。代表团也参观了两座监狱,即北京第一监狱和上海监狱,以及成都的一所青少年拘留所。在拉萨期间,代表团没有能够像预期的那样参观拘留所,而是参观了一些宗教场所。(行程详见1991年澳大利亚政府人权代表团相关资料)

大部分的讨论都在一种紧张的氛围中进行,双方言语锋利、直接。在参观北京的一个地点时双方怒火被激发,起因就是中国人民外交学会的最高陪同负责人与代表团的团长发生了推搡。这种紧张不仅来自双方对于实质性人权问题的意见相左和两国对于法律或司法实践的不同理解,而且也涉及这次交流的形式方面,例如,双方对于代表团名称的争吵。与代表团的随行澳大利亚外交贸易部官员在提及双方外长达成的代表团名称时的谨慎相比,在访问期间,代表团的议员们(特别是团长克里斯·沙赫特),不顾中国官员不断抗议,全程仍然称代表团为"澳大利亚人权代表团"。来自中方的另一不满是,代表团追问"难题"时的严厉和苛刻的方式。大部分时间里,作为代表团的提问代表,克里斯·沙赫特采用严肃的提问方式,使得中方官员无法用一些模糊不清的回答来逃避问题。这不仅对于注重"面子"文化的中方官员来说是难以忍受的,而且对于那些法律和司法官员也是一种羞辱,因为这些人一生中的大部分时间都是在审问犯人,而此刻,他们发现自己成了这种无情"质问"的对象。

为了扭转这种单向提问方式,中方也从一个特殊角度提出了有关澳大利亚滥用人权的议题,特别是土著人的困境。但是,大部分中国的会谈者对澳大利亚不太了解,他们的问题没有澳大利亚代表团提出的有关中国的问题那样深刻和尖锐。即便这样,中方暗中仍然有其他克敌制胜的筹码,例如有关退还中国学生预付款项的问题(之前讨论过的)没有得到完全解决。虽然澳大利亚政府在当时已经决定代表破产的海外学生英语课程机构为学生提供赔偿,但是还有许多受害者仍然不确定是否或者何时能拿回他们的钱。代表团在北京期间,中方安排这些受害者的代表与克里斯·沙赫特和他的团队面对面会谈,让这些受害者代表当面表达他们的不满与委屈。

第五章
从霍克到基廷（1989~1996）

中国外交部领事司也专门会见代表团，以长篇报告的方式，历数在澳大利亚居住的中国人受到的种种不平等待遇，包括大量签证申请被拒绝。中国官方不仅责备澳大利亚政府在处理退款事件中的迟缓态度，而且用这个问题来质问澳大利亚关切中国人权问题的诚意。

除了工作层面的讨论，作为整个访问行程中的最高层次的会谈，当代表团与副总理朱镕基会面的时候，气氛已经大大缓和。很大程度上的原因是克里斯·沙赫特在会上的发言有所缓和，这样做的原因，一部分是对朱总理特殊身份的尊重，另一部分原因是，经过几天与其他官员的激烈争论，那种最初的激动情绪在某种程度上已经有所减弱。尽管双方对于人权问题都有自己的看法，但是，最后双方还是求同存异。朱总理坚称，中国应该在不受外界干扰的情况下把人权作为内部事务加以管理，但是，他同时强调，他理解澳大利亚希望就人权问题与中国展开公开和正式对话的需要。克里斯·沙赫特强调，他尊重中国把人权问题作为国内事务不可分割的一部分的立场，同时他也认为这是组成国际话语的合法的主题。在会谈的最后，克里斯·沙赫特代表澳大利亚外长加雷斯·埃文斯和澳大利亚政府，邀请朱镕基总理在不久的将来访问澳大利亚。朱镕基总理欣然接受了访问邀请。

有趣的是，邀请朱总理访澳的决定是在克里斯·沙赫特打电话给埃文斯谈论即将开始与朱副总理会谈的前一个晚上做出的。这是因为，在代表团抵达北京之前，会谈本身作为行程中的一项还没有最终得到确定。考虑到双边关系刚刚恢复正常，邀请中国副总理访澳这个突然的决定具有重大的意义，因为朱副总理将是自1989年双边关系受创后访问澳大利亚的中方最高级别领导人。也许朱总理作为一个致力于改革的积极的国际形象有助于这个临时决定的做出。事后，这个决定不仅有助于从总体上加强双边的关系，而且还在客观上直接成了保持刚刚建立起来的人权对话发展的动力。这是因为，在会谈当中，朱镕基副总理接受访问邀请时，他不仅表达了自己对克里斯·沙赫特邀请的感谢和欣喜之情，而且还说欢迎克里斯·沙赫特的代表团再次访问中国。在那种情况下，朱副总理的言论只不过是出于典型的中国礼节脱口而出的客套话，然而，克里斯·沙赫特很快就利用了朱副总理的话，声称中国副总理向代表团发出了再次访华的正式邀请。随后，在1992年2月份，朱镕基访问堪培拉时，面对中国表现的明显不愿再次接待此类访问的态度时，澳方再次引用他早先出于礼貌发表的邀请代表团再次访问中国的言论来向中国施压。

但是，中方并没有因为克里斯·沙赫特对于朱镕基副总理的客套话做的自我解释而丧失主动权。在会谈举行一天后，官方英文报纸《中国日报》（*China Daily*）（1991年7月19日）发表评论员文章指出，澳大利亚议会代表团团长克里斯·沙赫特已经同意朱镕基副总理关于人权是中国内政的观点。尽管沙赫特对于这种断章取义式的报道感到震惊，但是他无力纠正《中国日报》读者的印象，这些读者肯定以为，随着越来越多的西方代表团相继访华，渴望与中国领导层修补政治关系，沙赫特所率领的代表团只不过是其中之一。

从中方的角度看，在充斥着负面影响的访问中，积极的一个方面就是，代表团就中国计划生育政策的评价。虽然代表团的报告（澳大利亚政府人权代表团报告）对于中国实行计划生育政策仍然持批评态度，但是也意识到了，"除非中国稳定其人口增长，不然其将不能够提高中国人民的生活水平，并且很可能将会造成经济衰退和动荡"（1991：37）。因此，代表团报告建议，"澳大利亚政府应该在两个方面提供帮助，第一个是技术建议，第二个是避孕方法，因为这将会减少堕胎的人数"（1991：38）。

对于中国政府来说，在这次访问中，他们认为最具负面影响的方面是代表团对西藏局势和西藏人权状况的评判。（Australian Government Human Rights Delegation，1991：37 - 38）

从澳方来看，这次访问的最大成就不在于能给中国的人权状况带去多大可能的改观，而在于开启了前所未有的对话。根据代表团的说法，通过接受代表团的访问，"中国政府承认了人权议题在国际议程中的合法地位"（Australian Government Human Rights Delegation，1991：Ⅷ）。在澳大利亚代表团离开之后不久，中方接待了来自法国、瑞士、奥地利、英国、加拿大、美国和其他西方国家的类似代表团。为了维持在人权问题上双边对话的势头，澳大利亚政府认为，不仅有必要继续派遣代表团，而且还应该邀请来

第五章
从霍克到基廷（1989~1996）

自中国的代表团访问澳大利亚。然而，中方并没有派遣这样的访问团。尽管缺乏相互访问，但是澳大利亚还是设法促成了对华派遣第二次代表团。

第二次访问

经过堪培拉方面的反复提请，以及中国人民外交学会与澳大利亚驻华使馆马拉松式的谈判之后，1992年11月8~20日，第二次澳大利亚议会代表团终于成行。此次代表团行程包括重访北京、成都和上海，而且还要前往西部地区新疆维吾尔自治区的乌鲁木齐和喀什。

尽管澳大利亚政府尽力争取将西藏纳入此次访问的行程，但是没有获得前往拉萨的许可。在代表团抵达北京前不久，外长埃文斯又一次给他的同行钱其琛外长写信，表达了他的失望之情，同时也希望中国政府能在最后一刻改变想法。中方没有改变他们的想法，但是作为替代，建议代表团访问阿坝藏族羌族自治州（属于四川省），这些地方也居住着藏族群众。因为阿坝藏族居住在偏远的多山地区，那里还没有正常的交通运输方式与外界联系，所以考虑到行程中访问阿坝的实际困难，澳方谢绝了提议。就在代表团抵达北京之时，中国人民外交学会会长刘述卿解释说，尽管他们为代表团再次访问拉萨做了大量努力，但是，必须尊重西藏自治区政府的意见。随后，他给出了西藏自治区政府婉拒代表团访问的四点理由：第一，在1991年的访问中，代表团给西藏人民留下了不好的印象；第二，代表团的报告包含了有关西藏的不负责任的评论；第三，西藏自治区政府对于堪培拉1992年5月同意达赖喇嘛访问澳大利亚，以及安排其与总理基廷和外长埃文斯会见的做法表示不满；第四，在当年早些时候，西藏自治区政府代表希望澳大利亚政府机构（最后证实是澳中理事会）为西藏官员访问澳大利亚提供帮助时遭到拒绝。（Australian Government Human Rights Delegation, 1993: 72）

因为第二次访问的目的在于继续并扩展一年前开始的对话，所以尽管代表团构成有了一些显著的变化，但是，保持了基本的连续性。克里斯·沙赫特仍然是团长，大卫·康诺利、费思芬和乔恩·谢泼德因故未能加入此次代表团。迈克尔·麦克拉（Michael Mackellar）接替康诺利担任副团长，伊恩·罗素（Ian Russell）接替谢泼德担任代表团的秘书。其他的新成员包括能说普通话的黄思贤（Stephen Huang）以及能说维吾尔语的迪尔伯特。在新疆维吾尔自治区访问时，尽管受到了中方组织者的阻挠，但是迪尔伯特为代表团收集了不少有用信息。（本书作者与澳中官员的交流，1992）

第二次访问与第一次相比，涉及范围有所扩大，会谈以及讨论的基本议题没有太大变化。除了继续强调合法和公正的话题外，第二次访问也提出了一些有关中国国内个人档案制度和艺术自由的问题。例如，在这次行程中，沙赫特要求与著名但颇具争议的导演张艺谋以及电影明星巩俐会面，但是最后由于行程太过紧张而取消了计划。（本书作者与澳中官员的交流，1992）

虽然不可避免地存在着紧张的时刻和激烈的辩论，但与上一次的访问相比，第二次访问中的讨论是在更加轻松的氛围中进行的。一方面，双方通过一年前的初次会谈已经得到磨炼，并且对会谈方法进行了适当调整。另一方面，中澳双方面临的新环境有助于冲突的缓和。与1991年7月举行的前所未有的初次会面不同，第二次访问是在大量相似的西方代表团访问中国之后开展的，因此失去了先前的新奇感。尽管澳大利亚国内不乏关注者，但是，第二次访问对于澳大利亚国内大众来说，已经不再具有戏剧性的吸引力了。结果就是，第二次代表团几乎没有受到来自国内的公众压力，因此，能够以一种更加有效率和心平气和的方式来开展对话。（本书作者与澳中官员的交流，1992）

然而，更重要的是，中国也在经历巨大的发展。邓小平在1992年1月对深圳进行了视察，1992年10月，中国共产党第十四次全国代表大会召开，标志着社会主义市场经济道路，以及继续推进中国的改革与开放的确立。（Second Report of the Delegation, 1993: 19）进而，中国对于国际上对其人权的严重关注有了进一步的认识。自从代表团的第一次访问后，中华人民共和国国务院新闻办公室陆续发布了三份中国人权白皮书，从各个方面来阐述中国的人权状况，以回应国际社会的普遍关注。这些文件包括：《中国的人权状况》（发表于1991年11月）、《中国改造罪犯的状况》（1992

第五章
从霍克到基廷（1989~1996）

年8月）和《西藏的主权归属与人权状况》（1992年9月）。用代表团的话来说，这三份文件是"用来捍卫中国人权纪录，并回应外国批评，以及对于人权事务上的中国官方的统一立场。同时表明，中国已经逐渐认识到对其人权表现的国际审查和批评"（Australian Government Human Rights Delegation，1993：7）。

由于各方面的努力，第二次访问比第一次顺利。新疆恶劣的天气使得代表团无法展开对乌鲁木齐一处劳改队的调查计划，作为替代方案，中国政府安排代表团前往上海的一处劳教所参观。去劳教所参观的行程使代表团获得了"大量富有价值的"信息（Australian Government Human Rights Delegation，1993：10）。虽然代表团被拒绝进入拉萨，但是代表团在成都受到了最热烈的欢迎。成都是中国人口最多的四川省的省会，双方交换了有关计划生育情况的最新进展信息。四川省计生委对于澳大利亚代表团的帮助表示感谢和敬意，对话以一种建设性的方式进行——这与其他地方争吵式的会谈截然不同。尽管代表团未能与中国最高层领导人朱镕基副总理等举行再次会见（也许是中国对于第一次代表团言行不满的表现），但是与钱其琛外长进行了会面。钱其琛在几个月之后的第八届全国人民代表大会上被任命为副总理。代表团认识到，中国的态度比第一次更加积极。因此，代表团在第二份报告中的评价相对比较乐观——尽管仍然不无忧虑。代表团在报告中总结道，虽然"未来发生大规模镇压事件的可能性"不能排除，但是，在"不久的将来，中国可能逐步改善公民权利和（实行）有限的政治权利"（Australian Government Human Rights Delegation，1993：81-82）。

与代表团第一份仅用两个月时间就完成的报告不同，第二份报告直到访问结束后近六个月才出版。这可能是由于在此期间经历了圣诞长假，以及公众的关注度相对降低。到1993年5月第二份报告出版的时候，澳大利亚公众的注意力已经集中到保罗·基廷总理即将展开的访华上。在他6月份访华期间，基廷向中国政府对两次人权代表团的接待表示了感谢，并再次发出了希望中国人民外交学会回访澳大利亚的邀请。此外，基廷和李鹏总理及其他中国领导人也提出了相关的人权问题；然而，如前所述，这些问题都只是在两国双边关系的总体框架下进行的简短讨论。尽管澳方反复表示邀请中国人权代表团回访澳大利亚，但是这样的访问始终未能在基廷政府任内实现。直到几年后，两国建立了有关人权问题的双边对话机制，这一未竟之行才在霍华德政府任内得以实现。这些会在下一章节涉及。事实上，基廷总理回国后不久，他的政府就开始在亚洲人权问题上采取温和政策。

1993年9月，基廷总理出访美国时，向美国政府表示，澳大利亚在与中国、印度尼西亚等亚洲国家开展人权外交时，需要考虑更大范围的外交政策利益和目标。（澳大利亚午间新闻电台，1993年9月14日）这意味着在人权外交的具体策略上，基廷政府和克林顿政府意见并不完全一致。尽管它们都将人权问题当作各自外交政策的重要部分，但基廷政府似乎倾向于避免与其亚洲邻国在这些问题上正面冲突。

基于这一立场，在人权问题交流方面，澳大利亚逐渐使高调的人权代表团让位于特定案例的工作层面交涉。这一时期，最为著名的案例就是涉及华裔澳大利亚商人詹姆斯·彭（James Peng，彭建东）的事件，他在未经任何审判和正式指控的情况下被拘押了两年。在澳大利亚政府多次派遣使团之后，1995年9月，深圳市中级人民法院最终以贪污腐败罪判处彭建东有期徒刑18年。尽管法院的宣判同时包含将彭建东驱逐出境，但驱逐出境是否在对其进行监禁之前执行，这一点并未明确。这与一个月前对美国人权活动分子哈里·吴（吴宏达）的审判相似。事实上，澳大利亚外交人员进行了长达四年的努力，才使彭建东最终于1999年得以获释并返回澳大利亚。

尽管发生了这些外交路径的改变，人权外交仍然是澳大利亚对华政策中最重要的方面。1989年之前，澳大利亚并不关注中国公民政治权利问题，这主要是由于领导风格而非政策利益的缺乏所致。考察澳大利亚的总体活跃的人权外交活动——尤其是有关公民政治权利的外交活动——可以发现，其在1989年以前对中国人权问题的沉默，更多的是一个例外，而非澳大利亚二战后外交传统的原则。自从20世纪40年代赫伯特·维尔·伊瓦特（Herbert Vere Evatt）成为联合国的先驱人物后，澳大利亚一直都在解决人权问题方面处在前沿。这一点也体现在澳大利亚对联合国人权委员会等多

第五章
从霍克到基廷（1989~1996）

边论坛的参与中，此外，澳大利亚还同许多国家一道，在双边人权外交中发挥积极作用。例如，单就1990年来说，澳大利亚提出了包括美国在内的世界80多个国家的400多件人权案例。澳大利亚还是世界上第一个在国会议员之间建立人权小组的国家，这一小组名为特赦国际议会小组，包括了200名来自议会和各政党的成员。（*Reports of JCFDAT*，1992、1994）

尽管表面看来，澳大利亚1989年后对中国人权问题的一系列交涉，是由政治风波导致的，但是，如果不了解澳大利亚的历史、国民心理等社会本身的特征，就无法充分了解这类活动的激烈程度。澳大利亚前外长加雷斯·埃文斯和共同执笔的布鲁斯·格兰特（Bruce Grant）所做的如下评论或许能对我们加深对问题的理解有启示作用：

> 我们（澳大利亚国家）当初作为英国社会流放罪犯的监狱而建立，我们现在的人口中，有相当大的一部分是这群远离迫害前来寻找美好生活的流放者的后裔，至少我们的国民心理中，有一半的成分是与对改革和进步的承诺相联系的。鉴于我们国家的规模和实力，确保世界在公正、平等、人尽其才而不是地位和权力的原则下运行，符合澳大利亚的国家利益。（Evans and Grant，1991：42）

尽管这些评论听起来过于简单，而且充斥着道德的弦外之音，但他们仍然在一定程度上解释了为什么澳大利亚——尤其是工党政府领导下的澳大利亚——比其他大多数国家都热衷于将自己设计成国际社会的良好公民，并致力于在世界范围内维持和提升人权标准。

台　湾

澳大利亚和中国大陆的关系在1989年政治风波后经历了挫折，同台湾地区的关系则得到了明显加强。正如外长加雷斯·埃文斯指出的，"虽然没有得到外交承认，但当时区域内外各国（包括澳大利亚），都同台湾保持贸易联系，（因为政治风波的影响）纷纷开展与台湾其他领域的联系"（Evans，1989a：280）。1989年年中之后，澳大利亚所采取的增加与中国台湾联系的步骤包括立法保护台湾在澳投资；在悉尼和台北之间开辟直航航线；提高堪培拉和台北准官方代表团的级别，以及开展"部长级"交流。

投资保护

1989年12月，澳大利亚议会不顾中华人民共和国政府的反对，通过了一项法案，这项法案向在澳大利亚投资但无外交关系的外国实体的投资提供保护。尽管这项法案并未指明"台湾"，但这项新立法很明显主要旨在为在澳的台湾投资提供保护，防止中国政府可能对其进行声索。这项措施是对台湾方面不断请愿所做的回应，他们成功地说服了澳大利亚公共事务的关键部门，这些部门担心尽管澳大利亚政府努力吸引外资，但北京可能的强征行为，会阻止大规模的台湾资产进入澳大利亚。尽管法案的通过解除了这种担忧，但预期的"台湾投资热"并没有到来。1993年，台湾地区在澳大利亚的全部投资仅为1.7亿澳元——这是台湾地区超过150亿美元的对外投资中很小的一部分。（Klintworth，1993：106）这表明台湾地区的投资热，更多地在于消除澳大利亚经济环境中的弱点，例如高昂的航运交通运输费用、高工资和复杂的产业间关系，而不是消除影响投资安全的心理上的不确定因素。

空中航线

为了促进以及利用台湾地区不断上升的旅游趋势，澳大利亚在20世纪80年代后期和台北开始进行直航谈判。双方进行了几年的谈判之后，在1991年3月最终达成了协议。为了避免政治敏感性以及冒犯中国政府的危险，该协议规定，不允许澳大利亚国营航空公司Qantas和台湾地区的"中华航空公司"经营澳大利亚到台湾地区的航线。取而代之的是，让Qantas的子公司澳亚航空公司和台湾长荣航空公司共同运营。这一实践与台湾地区和包括美国、日本、荷兰、加拿大及东盟国家等其他国家建立的航空运输模式相似。

第五章
从霍克到基廷（1989~1996）

互设代表团

1991年3月13日，外长埃文斯在议会宣布，将允许台湾地区在堪培拉设立商业办公室。不到两个星期，3月26日，他指出这个办公室可以命名为台北经济和文化办公室（TECO）。(*AFAR*, March 1991: 105, 113) 这个声明代表了台湾有关方面在澳大利亚游说的成功。在此之前，台湾当局在澳大利亚的代表办公室仅限于悉尼和墨尔本，并且以一个模糊的"远东贸易公司"来命名，其员工不能与在堪培拉的政府官员有直接联系。声明发表之后，台北经济和文化办事处在堪培拉的一个重要地方建立，一位前任台湾"外交部"的官员担任办事处的主任。1992年10月，堪培拉的该办公室成员获得了外交特权和豁免权。克林沃尔斯（Klintworth）指出，在未正式承认台湾当局的国家中，只有澳大利亚授予了台湾本该是主权国家才享有的外交特权。(Klintworth, 1993: 111)

同时，澳大利亚在台湾地区的代表团的力量也得到加强。澳大利亚驻台湾地区的工商办公室中的澳大利亚官员和当地雇员数量大幅增加，代表团团长级别也得到了相应提升。直到1994年年末，该办公室雇员总数已达到50人，使澳大利亚代表团成为驻台规模最大、最为活跃的代表团之一。(Leon, 1994: 12) 代表团规模增加后一个最为显著的结果就是，在处理签证发放时效率进一步提高。台湾地区签证申请者在获取签证前需要等待的时间从20世纪80年代的20天缩减到了5天，直到90年代初的只需要48小时。

与签证处理相关的另一个重大发展是，澳大利亚废除了原来向台湾地区护照持有者发放签证时附加的具有争议的声明。这项声明规定："由于台湾没有得到官方的承认，澳大利亚政府不给予该签证持有者任何官方或其他形式的地位待遇。"台湾当局意识到该声明的侵犯性，并向澳大利亚政府施压，要求废除这项声明，甚至威胁（1991年），如果澳大利亚政府不废除该声明就取消直航。随着新西兰政府于1991年8月采取了一项相似行动，澳大利亚政府决定在给台湾旅客发放的签证中删除该有争议的条款。

"部长级"访问

签证办理的简化,不仅方便了台湾地区和澳大利亚两地的普通访客,同时,也有利于处理双方特殊种类的访问。从1991年下半年开始,尽管中国政府持续反对,堪培拉和台北之间的"私人"或"非官方的""部长级"访问日益成为澳大利亚对台湾地区政策修正后共同接受的一部分。这样的访问,始于台湾地区对澳大利亚的"部长级"访问,包括"经济部部长"萧万长在1991年7月的访问、1992年"内政部部长"吴伯雄和1993年4月前"财政部部长"郭婉容的访问。他们在澳大利亚访问期间,均会见了高级内阁部长。首位进行回访的澳大利亚部长是旅游资源部部长艾伦·格里菲斯(Alan Griffiths),他在1992年10月访问台湾。访问期间他受到台"行政院院长"郝伯村、"外交部部长"钱复以及其他一系列高级官员的接待。紧接着这一史无前例的访问,澳大利亚对台湾地区的"部长级"访问还有不少,包括1993年11月贸易部部长彼得·库克(Peter Cook)和1994年7月通信部部长李米高(Michael Lee)的出访。尽管这些出访都是在私人层面进行的,但在性质上,他们都与澳大利亚政府在1972年承认中华人民共和国之后,同台湾有关方面进行的互访有所不同。

与澳大利亚所做的承诺相反,它在1989年之后的这种行为,类似于实行"两个中国"政策。这一修正性的政策立场,自然引起了中国政府的强烈不满,给本应不断升温的澳中关系蒙上了一层阴云。而澳大利亚的对台新政策之所以还没有引起中国政府的激烈反应,一方面是因为中国政府在1989年政治风波之后对澳大利亚有所容忍,另一方面在于,澳大利亚工党政府寻求与台湾地区之间建立更加亲密的关系。从这个意义上来说,澳大利亚毫无疑问地追随具有同样考量的其他国家的做法,实行机会主义外交,只是这些国家在处理与台关系时并不这样明显。同时,中国大陆许多人认为,如果澳大利亚在对台关系上的所作所为,是西方国家在1989年政治风波的余震中企图削弱中国政府威信政策的一部分,那么将是幼稚的。实际上,对台的修正性立场,主要出于澳大利亚自身的利益,并且在1989年政治风波发生之前就已经开始进行。

第五章
从霍克到基廷（1989~1996）

如前所述，澳大利亚与台湾地区的贸易，从 20 世纪 80 年代初就已经超过了澳大利亚同中国大陆的贸易总额。如 1990 年，澳台贸易总额为 35.6 亿澳元，比澳大利亚与中国大陆的贸易额 26.2 亿澳元多 30% 以上。台湾地区成为澳大利亚第七大出口市场，在 1990 年占澳出口总额的 3.5%，而出口到中国大陆的总额仅占 2.5%，中国大陆为澳大利亚第十大出口地。此外，台湾地区在 20 世纪 80 年代末拥有世界第二大外汇储备，这些发展，都使澳国内亲台游说集团的力量大增，包括执政党和反对党政治家、政府官员、学者、商界人士等。这些人通过各种途径向政府施压，要求采取温和的对台政策，以便使澳大利亚不错失分享该岛繁荣的机会。

实际上，澳大利亚工党政府愿意在既有澳中关系允许范围内，发展亲台人士所期望的对台关系，并从台湾地区的经济成功中获益。早在 1986 年 12 月，霍克政府就颁布了对台湾政策的深度分析报告。从那以后，便开始采取密切双方关系的各项措施，例如，在澳大利亚建立台湾市场服务处，在台北建立台湾教育中心。（Evans，1990：814-815）此后，又做了相似的努力，霍克的经济顾问郜若素在他所做的一份具有重要影响的关于澳大利亚同东北亚经济关系的报告中，建议与台湾地区发展更加积极的关系。用他自己的话来说："积极加深同台湾的关系符合澳大利亚的利益。"（Garnaut，1989：279-280）重要的是，郜若素对台关系的建议在 1989 年政治风波发生之前就开始实施了。尽管郜若素的报告在 1989 年年末才正式发布，但在发布之前，就已就其结论和建议同霍克总理及其他高级官员进行了深入的讨论。到 1989 年中国各城市发生学生运动时，该项报告的初步建议已经在实施之中。

本节开头介绍的对台关系各项措施，是澳大利亚外交贸易部在 1990 年 10 月完成的一项外交政策评估报告中提出的。通过仔细考察，其中各项建议，很显然是 1986 年政策评估报告的逻辑推定和具体化。而郜若素的报告则是对 1989 年以后中国所处的国际环境变化的紧急反应。从这个意义上说，澳大利亚是根据其自身的议程来采取对台政策的，而并非追随国际潮流。堪培拉也许被指控为趁火打劫、两面下注，但不应简单认为，这是澳大利亚的"更大、更强势朋友"所精心策划的西方反华阴谋的一部分。

结 论

1989年年中以后的一段时间，澳大利亚对中国的政策似乎更多的是基于中国的人权纪录的政治考量，但是，这一情况并未持续很久。随着1993年6月保罗·基廷访问中国，双边交流——尤其是经济领域的交流——就迅速恢复到1989年以前的水平。从贸易和经济意义上考察，基廷访问中国的行程同其前任十分相似。尽管人权问题仍然是澳大利亚对华政策中重要的考虑，但随着1992年底派出第二批人权代表团，人权问题就已经降温不少。

1989年之后，澳大利亚政府一直试图控制，不让人权问题上的政治争吵影响到贸易和经济交往。在1989年6月事态最严重的时刻，面临民众对中国人权问题的谴责压力，堪培拉在利益集团的协助下，做出了适度反应，使得在政治风波的冲击面前，仍然确保了澳大利亚对华政策的连续性。

如前所述，政策改变的模式和持续性取决于体系和国内环境（包括特殊因素）的共同影响。尽管人权政治天平的倾斜情况，最主要是由体系发展所触发的——尤其是中国的重大事件——然而，国内因素也使政策过程中的持续性变得可能。堪培拉及相关利益团体出于澳大利亚自身的利益考量，采取了与西方盟友明显不同的政策。这样审慎和微妙的政策立场也反映了澳大利亚不断增长的身份特点，使其在处理对外关系时，即使面临巨大的体系压力，也能够保持自身国家利益的独立性。

然而，不同于20世纪80年代的愉快关系，1989年以后的澳中关系因一些双边矛盾，如中国学生的问题、人权问题和台湾问题，而陷入低谷。因此，20世纪80年代浪漫的双边关系让位于事务性的谈判和交涉。尽管如此，双边关系的机制仍然完好，工作层面的交往比以往更加密切也更具实质性。这种双边关系的弹性，意味着在经历了暴风骤雨后，澳中两国关系迈向了一个更加成熟的阶段。

第六章 霍华德时期（1996~2007）

约翰·霍华德（John Howard）总理所领导的自由—国家党联盟共执政11年零8个月又22天，从1996年3月11日到2007年12月3日——这是除了孟席斯时代以外，澳大利亚历史上最长的执政纪录。在如此长久的执政期内，国际社会和澳大利亚国内政治都发生了许多变化。接下来的这一章，我们在聚焦霍华德政府对华政策演变前，首先要考察其政策大背景。

大背景

霍华德时期国际社会发生了两件对全球事务以及澳中关系产生深远影响的大事。第一件是始于1997年7月的亚洲金融危机。随着泰铢的崩溃，危机迅速扩散到了亚洲大部分地区，造成了世界范围内对金融危机的担忧。除泰国以外，印度尼西亚、韩国属于受影响最大的地区；中国香港、马来西亚、菲律宾和老挝也遭受严重损失；而印度、新加坡、文莱、越南、中国台湾等国家和地区的需求和信心整体下滑。这次危机的速度和范围，不仅暴露了不断加深的全球化背景下各国经济相互依赖的程度，也使当时被奉为楷模的"亚洲四小龙"（中国香港、中国台湾、新加坡、韩国）大失光泽。在危机之前，这些经济体被誉为亚洲发展模式的典范。（Pempel，1999）尽管中国和澳大利亚在此次危机中所受影响相对较小，但两国都需要努力应对这一重大冲击，希望从这件发生在自己家门口的史无前例的危机及其余震中吸取教训。

第二个重大国际事件是在2001年9月11日由"基地"组织发起的一系列针对美国著名标志性建筑的自杀式袭击,袭击目标包括纽约世贸中心的双子大厦和华盛顿五角大楼,造成将近3000人死亡。袭击事件中那令人触目惊心的画面,通过电视在世界各地不断播放,不但对广大观众的心理造成了深远影响,更影响了全球事务的议程。布什政府随后宣布的"反恐战争"成了美国政府对外行为的最优先事项(Atkins,2011),也被纳入包括中国和澳大利亚在内的世界其他主要国家的外交政策议程。基于澳新美同盟,澳大利亚率先加入了美国在阿富汗发起的推翻塔利班政权、铲除"基地"组织的战争。此后,又参与了由所谓"自愿同盟"(同美国和英国一道)在伊拉克发起的推翻萨达姆·侯赛因政权的战争。

中国在"9·11"袭击发生后向美国人民表达了同情,并支持美国发起的反恐战争——尤其是在联合国框架下采取的行动。的确,"9·11"事件不仅在中美合作上成为一个新的开端——虽然是一种尝试性的和步履蹒跚的合作,同时,也使中国外交在摆脱1989年政治风波的阴影后进入了一个迎接后冷战时期挑战的新阶段。

北京的"新外交"

随着经济的高速增长和现代化建设的迅速扩展,中国日益在国际舞台上展现出不断增强的自信,也不断努力同外部世界建立多边关系。(Medeiros and Fravel,2003)这些努力体现在中国增加对联合国机构和全球性组织以及其他国际机制——尤其是在亚太地区的机制的参与上。对联合国或全球性组织的参与的一个显著体现是,北京持续不断地申请直到2001年最终成功加入世贸组织,而对地区国际机制的参与则体现在它对亚太经合组织、东盟区域论坛和东亚峰会的参与上。

除了不断参与已有的国际组织和论坛外,中国在应对冷战后单极秩序上也有一些新举措。一个重要的例子是建立了上海合作组织。以中苏边境谈判为基础,中国在1996年同俄罗斯、哈萨克斯坦、吉尔吉斯斯坦、塔吉克斯坦签订了在边境领域加强军事互信的协定。当时的上海五国每年持续

第六章
霍华德时期（1996~2007）

会晤，直到2001年乌兹别克斯坦也加入该组织。如今，该组织被重新命名为上海合作组织（简称"上合组织"），这一政府间安全机构在国际事务上的重要性和获得的关注度不断提升。尤其是在"9·11"事件发生之后，在上合组织框架下采取了一系列共同的反恐行动，在中亚和中国的西部边界打击恐怖主义、极端主义和分裂主义。（Sznajder，2006）

的确，尽管存在复杂的历史问题，西部的新疆地区成为中国政府严密管控下新出现的热点，并逐渐吸引国际关注的目光。其他引人注目的问题包括更为人熟知和由来已久的台湾问题、西藏问题和南海问题——就保卫国家主权和领土完整来说，这些问题都触及了北京的核心利益。鉴于中国广阔的版图以及由多个民族组成，尤其是边境地区的多民族区域，这些问题具有高度敏感性，使北京在同包括澳大利亚在内的其他国家发展关系时，面临新的严峻挑战。我们将在本章的后文中进一步展开讨论。

撇开主权问题不谈，中国同邻国修复关系的努力并非没有回报。例如，在上合组织的进程中，作为建立信任措施的部分成果，中国和俄罗斯最终在2008年解决了4300公里的共同边界争议。此外，中国还同印度、越南通过搁置争议的办法，在解决边界争端问题上取得了进展。（Niazi，2005）中国通过搁置争议、寻求长远经济和贸易发展的共同利益，在与这些传统敌手的谈判中展示了灵活性。以印度为例，在短期内，双边的贸易额就翻了一番，中国在2010年成为印度的最大贸易伙伴。（Palit，2010）与此同时，同越南的边境贸易也日益繁荣起来，成为中国同整个东南亚贸易关系的缩影，为中国最终与东盟在2010年实施自由贸易协定奠定了基础。而北京在开启针对朝鲜核问题的六方会谈上的关键角色，也被广泛视为中国21世纪外交政策的积极发展。（Medeiros and Fravel，2003）

尽管在中国对外关系中存在一些长期或者短期的困难，例如那些影响中日关系或中美关系的因素，北京在与国际社会的接触过程中，外交上表现出越来越多的灵活性，安全考量上更加深思熟虑——这些被西方分析家称为中国的"新外交"和"新安全观"。（Dumbaugh，2008）尽管不同人对此会贴上不同的标签，但现有的研究已能够充分展现，中国在应对后冷战时期以及后邓小平时代不断变化的环境时，一直在对战略思想和外交政策进行调整。这样的调整不仅局限在传统外交领域，而且扩展到了国家对外行为的其他领域。正如一些评论家（如 Kurlantzick, 2007）所称的中国发起"魅力攻势"那样，中国开始在公共外交方面加大投资，希望在国际社会中提升对中国形象的意识和认知。以国外大学为基础建立的孔子学院的数量不断增加，以及 2008 年在北京举办的奥运会、2010 年在上海举办的世博会都是在这一方面所做的显著努力。

然而，这一调整更多涉及政策的重点和方式，而并非触及中国外交政策的总体目标。与邓小平时代现代化的目标相一致，为中国经济可持续发展创造和维持一个和平稳定的国际环境，仍然是中国外交政策的主要目标。实际上，自从 20 世纪 80 年代以来，经济外交一直是中国外交的流行词，北京努力同不断相互依存的世界加深经济联系。例如，在 1988~1998 年的关键十年中担任外交部部长的钱其琛尤为强调经济知识对外交工作的重要性。在他的 10 年任期中，对外交部官员所做的无数次讲话中，不论是在北京总部还是在驻外使领馆中，他都常常指出经济外交是外交工作的中心内容之一。他的继任者唐家璇（1998~2003 年任职）、李肇星（2003~2007 年任职）、杨洁篪（2007~2013 年任职）都在这一方面沿用其理念并增加了自己的创新。作为他们共同努力的结果，经济知识以及国际意识和外语能力被视为当代中国外交官应该具备的关键素质，因此，经济专业又能很好掌握英语的毕业生成为急需的人才——这同早年老一辈的外交官是从早期革命家、党政干部中选拔出来的情况有极大不同。（基于本书作者在 20 世纪 80 年代以后同各个时期中国官员的交流）

但具有讽刺意味的是，中国强调经济外交也使外交部一度处于不利地位，因为越来越多的政府部门——尤其是那些管理对外经济联系和贸易的部门，顺势参与处理中国同外部世界种类繁多的关系，分担那些过去专属外交部的责任。这不仅使外交部运作复杂化，并分散了它的职权，而且使其更加难以吸引最优秀的人才。外交部曾经是中国主要外语院校毕业生最向往的地方，此时却被优秀毕业生排到经济和贸易部门之后——这样的部门主要包括对外经贸部，该部门后来改名为对外贸易和经济合作部，之后又被划归商务部之下。20 世纪 90 年代之后，情况得到了改善，不是因为外

第六章
霍华德时期（1996~2007）

交部比商务部多了几分吸引力，而是因为随着改革开放的深化，中国的大学如雨后春笋般在全国建立，供过于求的大学毕业生争相进入有限的政府部门工作。（基于本书作者同各时期中国官员的交流）

似乎是巧合，北京大力提倡经济外交的同时，霍华德主政时期的堪培拉也进行着类似的尝试——这种尝试被一些人称为"就业外交"。

堪培拉的"就业外交"

当霍华德就任总理时，澳大利亚还没有完全从1991~1992年的经济衰退中恢复过来，全国的就业率仍然徘徊在8%，求职者中有1/3是长期失业者。（ABS，1996）这为澳大利亚选举政治中"汉森现象"的出现提供了沃土。

就在自由—国家党联盟赢得选举的同时，波琳·汉森（Pauline Hanson）——此前被取消自由党候选人身份——作为独立候选人进入议会，提出反亚洲移民、反全球化的政策观点。这些观点在一批愤愤不平的选举人当中产生共鸣，这些选举人有一定的影响力，且都曾是自由—国家党联盟的支持者。因此，当霍华德就任总理后，这种局面对霍华德的思想产生了影响。（Cotton and Ravenhill，2001：7）尽管汉森的反亚洲情绪给亚洲邻国带来了冲击，但霍华德还是不失时机地和前任工党政府的融入亚洲政策划清界限，转而重新强调同美国的联盟和同欧洲的传统联系。

在"亚洲第一，但并非唯一"的旗帜下，霍华德将他的观点阐述为澳大利亚无须在其地理和历史之间做出选择。随着1997年亚洲金融危机的爆发，霍华德迅速抓住这一机会，说该事件印证了他的新理念，而且证明了澳大利亚传统价值观的强大，这些价值观中有很多是从澳大利亚的欧洲历史中加以继承的。这种重新获得的自信——近乎自满，可以从澳大利亚对其邻近地区的"新干预政策"背后看出端倪，如澳大利亚卷入了东帝汶脱离印度尼西亚的独立运动，向所罗门群岛派出了以澳大利亚为首的国际武装力量，并在巴布亚新几内亚政府的敏感职位安置了澳大利亚人员等。（Cotton and Ravenhill，2001：5-9；Cotton and Ravenhill，2007：3-16）

考虑到澳大利亚经济困境催生了汉森现象，霍华德和外长亚历山大·唐纳不遗余力地强调，要在追求澳大利亚国家利益的过程中以"冷静的头脑"深思熟虑，"国家利益"这一通常被定义为功利的词语，并非先前工党政府的宏伟设想。受到国内因素的强烈驱使，霍华德政府也强调外交在促进就业、提高生活水平方面的作用。正如唐纳曾被引用的一句话所说，他正在推行"就业"外交政策（Goldsworthy，2001：12）。

这些情绪，尤其是对国家利益的强调，都能见诸外交贸易部、国防部在1997年发布的外交和国防白皮书。其中，外交贸易部的白皮书更是将"国家利益"作为标题。这些文献连同随后发布的更新版本（DFAT，1997、2003；DOD，1997、2000、2003、2005），不仅提供了一个蓝图，同时也为霍华德政府在外交和安全问题上的思维和行动提供了理论依据。

在北京与堪培拉就后者强化美澳同盟（包括延长松峡军事设施的时限，霍华德政府以前沿防御取代了工党以大陆为基础的自主和纵深防御）问题发生争执的高峰时期，这些白皮书经常被中国评论员援引，作为霍华德政府盲目忠于澳新美同盟，以及所谓的"霍华德主义"对于澳大利亚国家利益进行错误界定的文件证据。（Jia and Hou，1999；Yang，2005；Hou，2005a、2007a；Ding，2010；Ding and Wang，2010）

在就业和经济的总体关注方面，霍华德政府着手树立自己在国际、国内的信誉。例如，为了显示自己提高经济效率的决心，霍华德政府减少了许多公共服务岗位，包括那些属于外交贸易部的岗位，使该部门一度被裁掉20%的职员。在新的经济外交时代，类似于中国外交部处于更为强势的经济部门的阴影之下，澳大利亚外交贸易部也发现，自身对于外交政策议程的控制力正在被财政部、总理与内阁事务部及堪培拉的其他官僚机构挤到一旁。（Goldsworthy，2001：14-16）尽管人员裁减给公共服务机构的士气带来负面影响，但是，这给了霍华德在重要岗位安插亲信的机会，从而强化了他对政策实施的控制权。其中一个任命就是让迈克尔·拉斯特拉齐（Michael L'Estrange）做外交贸易部秘书长。拉斯特拉齐和约翰·许尔逊（John Hewson）一样是长期服务于自由党的重量级人士。比如，拉斯特拉齐曾陪同约翰·许尔逊访问中国，后者勇敢打破1989年政治风波后西方政府

第六章
霍华德时期（1996~2007）

对官方访华的禁令，冒险以反对党领袖的身份于1990年访问北京，并同江泽民举行会谈，这给其自身带来了厄运。许尔逊自此之后淡出政坛，而拉斯特拉齐则继续沿着官僚层级上升，在被任命为澳大利亚外交部秘书长之前，已经是内阁秘书。

作为霍华德政府外交政策优先项目调整的一部分，工党政府曾引以为豪的推进亚太地区多边论坛的努力，如亚太经合组织（APEC）让位于双边倡议和对国与国关系更为现实主义的重视。（Cotton and Ravenhill, 2007: 7-9）霍华德所培植的最首要的双边关系是同美国的关系。这不仅体现在强化长期存在的澳新美同盟，从而导致中国和澳大利亚的许多分析家认为霍华德缺乏独立性，是一个"伟大、有实力的朋友"的盲目追随者（或记者所描述的地区"副警长"），而且还在于霍华德不顾国内农业部门的疑虑，就缔结澳美自由贸易协定（FTA）展开谈判。这样做的动机（至少据一位权威评论员所言）是使两国的经济关系能够与澳新美同盟安全关系一样，得到进一步的机制化。（Kelly, 2006）

这样的双边主义和强硬追求狭隘界定的国家利益，同样体现于霍华德政府抵制联合国发表关于澳大利亚处理与原住民关系的人权纪录，以及它拒绝加入《京都议定书》上，因为这会给澳大利亚选民增加高额的调整成本。为了应对国际压力，霍华德甚至援引汉森的口号，表示自己的政府决不"屈服于不利的全球势力"（Cotton and Ravenhill, 2001: 8）。

在介绍了大背景之后，我们现在可以转向澳中关系的细节，以探究霍华德和他的团队如何实施对中华人民共和国的政策。

双边的故事

艰难的开局

霍华德政府的中国政策开局不利。这届政府刚刚于1996年3月开始执政时，就不得不对一再升级的台湾海峡紧张局势做出反应。中华人民共和国在第一次台湾地区领导人直选前夕，在台湾附近水域进行包括导弹试射在内的军事演习，美国决定向台湾海峡派遣两组航空母舰战斗群。这是霍华德和他的新政府面临的第一次重大的外交政策挑战。外长亚历山大·唐纳立即表达了对美国干涉的支持，因而惹怒了北京。不久之后，堪培拉还宣布废除发展进口融资机制（DIFF），兑现联盟党选前承诺，以平衡预算。（McDowall，2009：7-15）尽管废除发展进口融资机制并不是特别针对中国，印度尼西亚、越南和菲律宾也都会受到影响，但是中国仍然强烈抗议——部分原因是发泄对堪培拉支持美国在台湾海峡行动的怒气。

在此事件尘埃落定之前，一系列的其他事件很快地接连爆发，从而起了火上浇油的作用。这些事件包括：中国于1996年6月8日进行的核试验以及澳大利亚对此的谴责；第一届澳美部长级磋商（经常被称为 AUSMIN Talks）于7月在悉尼举行，随后的共同声明（所谓的《悉尼声明》）呼吁在21世纪强化澳新美同盟；台北市市长陈水扁争议性地访问并参加7月在澳大利亚布里斯班举行的第一届亚太城市峰会，而北京市市长、深圳市市长拒绝出席以示抗议；关于堪培拉正在同台北就可能的铀出口进行秘密协商这一事件的曝光；以及9月份初级产业部部长约翰·安德森（John Anderson）可能同铀谈判有关的访台行程。（McDowall，2009：13-15）这不仅是双边关系的一长串刺激因素，而且那些涉台事件触及了北京誓死捍卫国家主权的最敏感神经。

似乎这一长串的事件还不够，更加严重的是，在1996年9月末，不顾北京的持续警告，达赖喇嘛不仅被允许访问澳大利亚，并且会见了唐纳外长和霍华德总理本人，从而激起了中国方面的愤怒。

这些事件加在一起，连同发生的大背景，即霍华德对汉森的反亚论调的含糊其词，以及堪培拉旨在维持同美国、欧洲的紧密关系的（不同于之前的工党政府融入亚洲的立场）新战略方向，都使北京的官员确信，澳大利亚霍华德政府对华怀有敌意，而且意图同美国一道遏制中国的崛起。（Yang，2005；Hou，2005）为了表达不满情绪，北京决定暂停同澳大利亚的部长级高层交流。在霍华德政府成立不到6个月的时间内，两国的政治关系跌至1989年政治风波以来的最低点。这使得霍华德感到焦虑不安——他在工商界的朋友也有同感，因为这些人在中国市场的利益不断增加。2011

第六章
霍华德时期（1996~2007）

年9月，在接受本书作者采访时，霍华德承认他的政府同中国的关系开局不利，而且当时他迫切希望改变这种状况。尽管他未能回忆起工商界当时的具体要求，但是他说，自己从直觉上知道中国太重要了，所以不能使中国对澳大利亚的行为和意图感到生气和不安。他当时需要同中国的领导层尽快建立联系。

情况好转

他的机会来了，当然不是在一个双边条件下（因为在当时环境下，这很困难），而是在一次多边论坛上——这要归功于他的前任工党政府构建多边机制的努力。1996年11月，借马尼拉召开的亚太经合组织峰会之机，霍华德总理同江泽民主席进行了会面。尽管霍华德政府最初的表现未能给中国当局留下深刻印象，具有讽刺意义的是，本届政府却在破坏双边关系方面成功地吸引了北京最高层的注意力。自堪培拉新政府成立后，江泽民已经听到了许多关于双边关系的杂音，但他还是期待直接听到澳大利亚新领导人的说法。（基于自20世纪90年代后期以来，本书作者与官员的多次交流）

对霍华德来说，他在助手的帮助下，有备而来，希望自己的表述能够正中江泽民的下怀。（2011年在与本书作者的访谈中提及）在会面中，他向江泽民明确表示，澳大利亚同美国的同盟扎根于历史，旨在促进本国的安全，并不是针对中国的。霍华德强调了他本人就建立更紧密的两国关系的承诺，并表达了其政府对中国加入世界贸易组织的支持。霍华德重申堪培拉对"一个中国"政策的支持，同时明确表示：他将中国在本地区事务的参与视为稳定的力量。（Howard，2010：502-503）霍华德继续强调中国和澳大利亚之间的共同利益，这与中国在处理与其他国家关系时所奉行的"求同存异"政策相吻合。

会面进行得很顺利，以至于江泽民邀请霍华德在不久的将来访问中国，霍华德欣然接受。这标志着霍华德政府同中国领导层关系的一个转折点，正如霍华德本人在自己的回忆录中以及两国学者所说的那样。（例如，Jia and Hou，1999；Malik，2001）如果说，两国关系在年初迅速恶化，那么，仅仅经历一次会面的时间,就发生了巨大的转变。这使得人们不禁要问为什么这个转折点来得这么快。从行而上的意义上说,来得快的东西去得也快。但是讨论中的该案例需要更仔细的观察。

一个显而易见的解释就是,两国因经济和战略原因需要对方,并且经受不住摩擦失控。事实上,经过多年的发展,双边贸易在1996/1997年度达到78亿澳元,两个经济体之间建立了高度的相互依赖。从战略上看,作为亚太地区的两个重要的邻国,共同努力以强化合作而不是相互对抗,符合双方的利益——正如在本章前面所提到的那样,在后冷战时代,促进国家经济发展是首要任务。不仅霍华德急于在先前争吵之后修复同北京的关系,中国领导层也需要赢得更多的朋友以对抗美国在国际事务中的主导地位。这就解释了为什么江泽民乐于同霍华德会面,而马尼拉的亚太经合组织峰会促成了这样的会面,该峰会为澳中双边关系在经历了一系列短暂的争吵之后提供了一个转机。

如果说上述分析解释了为什么会面发生得如此之快,那么会谈的结果却难以预料。毕竟,情况可能在交谈过程中变坏,正如在1989年政治风波发生后的1990年,江泽民与约翰·许尔逊的会面所发生的情况那样。换言之,上述提到的因素,是解释马尼拉会谈成为两国关系转折点的必要原因,但不是充分原因。为了充分地解释会谈的成功,必须考虑其他因素,包括那些与主要谈话者个性本身相关的"特殊"因素。

正如霍华德在他的回忆录及其同本书作者访谈中明确表示的那样,他急于在北京搁置部长级访问之后同中国领导层进行接触,他在同江泽民会面前做了很好的功课。作为一位老练的政客,霍华德非常擅长妥协的艺术,并且知道如何在高层交谈中表明他的意图。所以现在要看江泽民如何回应霍华德踢过来的这一球。

江泽民没有让他失望。在1996年年底,他已经牢牢占据了后邓小平时代中国领导集体的权力顶点(很久前就将权力移交给江泽民的邓小平在1997年2月去世),而且在同外国领导人打交道时显得非常自信。霍华德发现,江泽民也许是中国迄今为止最关心外部事务和了解国际问题的领导人,并且相当程度地掌握英语、罗马尼亚语和俄语。那些知道江泽民与外国领

第六章
霍华德时期（1996~2007）

导人交往历史的人士注意到，江泽民往往尊重那些有着丰富政治经验的领导人，而且尤其喜欢同操英语的领导人交谈。他的英语水平较高，使他能够在翻译之前，就获知对方讲话的大意。

这对霍华德来说是个好兆头。作为一个经历过几次沉浮的老练领导人，他对江泽民特别感兴趣，因为后者总是提前掌握与之会谈的外国领导人的资料。霍华德的经历，使江泽民和他的同事想到中国的俗语"三起三落"，这通常用来描述最高领导人邓小平的政治生涯。此外，不同于许尔逊（此人被江泽民贬为太年轻和缺乏经验），霍华德同江泽民年龄较接近，更便于同江泽民交流。（本书作者与官员们的交流）正如结果证明的那样，在会谈中，江泽民不仅对霍华德所说的认真听取并做出积极回应，而且他还打破惯例，直接用英语同霍华德聊天。从此以后，霍华德和江泽民之间开始培育融洽的关系，这种关系随着两人会面次数的增多而加强。顺便提一下，这样的融洽关系有时会让霍华德的妻子贾奈特（Janette，曾经是一名老师）感到焦虑不安，因为，在他们后来的会见中，她经常发现自己被江考问到莎士比亚作品里面的人物。（Howard, 2010）

关于马尼拉会谈的成功，江泽民对英语的掌握——尽管是有限的——确保他不仅听到而且有时间思考霍华德所说的话，也就是说，他有两次机会听取霍华德的谈话，第一次直接用英语，第二次通过中文翻译。因为他对霍华德所说的话能即时判断，再加上其安全感和自信心，故而有把握向霍华德当即发出访华邀请。假使江不懂英语，仅仅依靠中文翻译，那么他也许需要更多的时间事后同他的官员确认才能最终决定。假使江此时不那么自信，他也许会觉得有必要跟同事商量一下再做决定。因此，两位领导人个性方面的特殊因素，影响了两国关系改善的时间和速度。倘若这次会面在两个不同的领导人之间展开，那么对霍华德的邀请也许要花更长的时间才能发出。

霍华德按时地在1997年3月28日到4月2日访问了中国。他参观了上海和北京，同包括江泽民主席、李鹏总理和朱镕基副总理（他在一年后的1998年3月成为总理）在内的中国领导人举行了会谈。会谈内容主要涉及经济和贸易问题，包括中国加入世界贸易组织问题，对此，霍华德重申了澳政府的支持立场；然而，霍华德也借此机会提到了人权议题，包括被囚禁的华裔澳籍商人詹姆斯·彭的案子，并且获得了中国方面的同意，建立人权讨论的双边正式机制。此外，霍华德建议加强高层防务交流，促成了两国防长的互访以及澳大利亚皇家海军战舰和中国人民解放军海军战舰互访对方港口。

保持势头

霍华德的访华，改变了澳中关系的气氛，并为双边交流提供了新动力。紧随其后，中国最高法院院长肖扬访澳，双方宣布建立正式的人权对话机制。这几乎与堪培拉决定不支持在日内瓦联合国人权委员会的年度会议上展开对中国人权纪录的审查动议同时发生，因此，被人权组织视为不负责任的行为，但是，这种对话机制的建立，开创了一个同中国在敏感的人权议题上接触的世界先例，而且，澳大利亚撤回在日内瓦支持对中国的审查动议的例子，随后被欧盟和美国效仿，它们也决定从1998年以后不再支持此类的动议。

堪培拉支持中国加入世贸组织，以及在中国人权议题上的独特立场，使之与美国克林顿政府明显不同，后者试图将支持中国加入世贸组织的努力同中国市场经济状况和人权纪录挂钩。尽管澳大利亚对中国入世的持续支持，可以被解释为是由于两国密切的贸易和经济往来，以及中国入世可以带来的潜在利益，但是，霍华德政府不再支持联合国人权委员会，是与霍华德的整体外交政策特点，即之前所提到的对国家利益的冷静考虑以及务实的双边主义相一致的。在霍华德的考虑中，联合国决议"得不偿失"，对实际的人权状况没有什么作用，而且浪费许多外交资源。（本书作者2011年对霍华德的采访）这种思维同霍华德不干涉包括东南亚在内的其他国家的人权事务的立场相一致。（Wesley，2007：150）他不支持联合国行动的更为讽刺的解释是，霍华德的批评者还提到，他对多边外交的一般性怀疑，以及他的政府尤其自身人权纪录的脆弱性，这包括霍华德政府拒绝关于澳大利亚对待原住民的国际监督和批评，以及拒绝签署某些人权公约，例如《消除对妇女一切形式的歧视公约》。（Goldsworthy，2001：29；Kent，2004、

第六章
霍华德时期（1996~2007）

2007）

在宣布正式的双边人权对话机制建立之后，一个以外交贸易部副部长比尔·法默（Bill Farmer）为首的澳大利亚人权代表团于1997年8月访问中国，中国方面在一年后派遣以外交部副部长杨洁篪为首的代表团于1998年8月回访澳大利亚。选择杨洁篪作为中国代表团团长具有显著意义。杨洁篪以中国领导人的资深翻译的身份开始其外交生涯，精通英语，并熟悉外交业务。他的出现确保这个代表团可以充分利用访澳之机，并有利于未来进一步交流。尽管中国代表团的这次回访是在澳方官员多次催促的情况下才得以成行，杨洁篪对澳大利亚自身的人权纪录的诘难和挑战，为中国以后的访问开创了先例。例如，在2004年10月第八回对话期间，中国代表团特别要求访问位于悉尼的瑞德芬（Redfern），讨论原住民问题。杨洁篪后来成为中国外长，他的继任者们努力确保中国代表团不仅仅是作为监督和批评的对象。

北京同意与澳大利亚开始进行这样的对话，不仅体现了参与国际人权议题对话的新意愿，而且标志着中国新一代领导人和官员策略的转变。尽管中国的决策者在早些年倾向于拖延人权外交，但是后邓小平时代以江泽民为首的领导层展现了国际交往的更大信心，以及对于人权议题讨论的更为积极的态度。中国愿意同澳大利亚进行人权对话，以及江泽民同到访的美国总统比尔·克林顿举行现场记者会，成了两个最显著的新态度的体现。中国在人权问题上所表现出来的新灵活性，有利于克服亚洲金融危机期间澳大利亚国内出现的以波琳·汉森和她的助手为代表的反亚情绪，成为维护澳中关系稳定的积极因素。在1997年和1998年，中国分别签署了澳大利亚和其他西方国家一直游说中国加入的两个联合国公约，即《关于经济、社会、文化权利的国际公约》和《关于公民和政治权利的国际公约》，从而移除了此前阻碍对话进程的两大绊脚石。

反过来，澳大利亚继续展现不同于其主要西方盟友的独特性，特别是出席1997年6月底7月初香港主权移交仪式。尽管美国和英国决定联合抵制香港临时立法会的宣誓仪式，以显示它们不赞同立法会的不民主的产生方式，但是，以外长唐纳为代表的澳大利亚拒绝加入联合抵制行列，并且参与了移交仪式全程。正如霍华德在同本书作者访谈中所确认的那样，这是堪培拉在仔细考量澳大利亚自身利益之后做出的有意识的选择。澳大利亚的姿态，不仅旨在维持对华关系的新势头以纪念两国外交关系建立 25 周年，而且，正如所预料的那样，双方都利用这一契机，将双边交流推向新的高度。这种交流最显著的例子，包括中国副总理朱镕基于 5 月访澳和中国政协主席李瑞环于 12 月访澳，以及澳大利亚副总理蒂姆·费舍尔（Tim Fischer）和外长亚历山大·唐纳于 1997 年下半年访华，在这期间，唐纳赞扬了北京通过维持人民币汇率不贬值，而在应对亚洲金融危机时所做出的努力。

尽管高层交往是引人注目的，但是，大量具体工作是由双方官员和外交人员通过定期磋商机制默默地完成的。例如，为了加强在华澳大利亚公民的领事协助——包括詹姆斯·彭案——澳大利亚外交官一直在同中国同行商谈签署相关领事协定。为了促进贸易和投资，澳大利亚外交贸易部的贸易官员持续同中国对外贸易与经济合作部的同行共同努力，通过年度会议和会议间高层官员的会谈，以建立联合部长级经济委员会框架。为了协助中国加入世贸组织，官员们举行了关于市场准入和相关议题的多轮谈判，涉及领域主要包括中国羊毛进口配额的透明性和可预测性、授予澳大利亚公司的法律和保险许可证及出口活肉牛的隔离安排等。

作为人权对话所产生的技术合作项目的一部分，澳大利亚国际发展援助局（澳大利亚国际开发署的前身）的官员同他们的中国同行展开了旨在强化中国法治的协作。澳大利亚国际开发署还管理着对中国欠发达地区的人道主义援助项目，例如青海扶贫计划，为村民提供贷款以提高他们的生产力，以及旨在帮助改善贵州省的水供应和灌溉系统的综合开发计划，该计划有助于改善两万人的健康和饮食。

除了外交贸易部以及澳大利亚国际开发署之外，隶属于外交贸易部的澳中理事会通过促进在教育、出版、媒体、商业、科学技术及其他领域的交流来持续开展第二轨道外交的努力。它们自 20 世纪 90 年代后期以来，更为突出的活动，包括促进在中国大陆、中国香港和中国台湾的澳大利亚研究中心的升级，以及资助相关澳大利亚历史与文化的研究和教材的出版。这些建立两国间机制化联系的努力，确保了政策连续性，为防止双边关系

第六章
霍华德时期（1996~2007）

受到重大冲击或者出现大幅倒退起了缓冲作用。

从此直到中国国家主席江泽民于1999年9月访问澳大利亚，成为第一位访问澳大利亚的中国国家元首之前，澳中关系发展势头良好。江泽民的访问不仅具有象征意义上的重要性，而且还为官员们解决实际问题提供了新激励。不同于一些评论者所说的那样（如 Malik，2001：115），这次访问远非"实质意义不大"。在访问期间，双方达成了关于在矿业和能源方面展开合作以及应对影响两国的犯罪问题等五项重要协定。经过漫长而乏味的官员谈判，澳中双方签署了《领事协定》，特别是针对澳门的领事协定也最终在这次访问中签署了。1999年上半年，双方最终完成了"出境旅游目的地"谈判，使澳大利亚成为得到官方批准的7个中国游客目的地中的一个，这对两国间人员交流有着深远的影响。借着这次访问所产生的善意，许多长期存在的问题也得到了解决，包括在1999年11月12日释放监禁六年的商人彭建东。好像有一种在新千年开始前只争朝夕的感觉，经历了漫长的谈判，澳大利亚公民收养中国儿童的安排在1999年年底生效，从而为澳中国民间的深入交往铺平了道路。

更多的挫折

但是，这一高峰期未能持久。随着新千年的到来，乌云开始聚集在双边关系的地平线上。台湾的紧张局势和中美分歧再一次波及堪培拉与北京的关系。2000年3月，倾向"独立"的候选人陈水扁（四年前他对布里斯班的访问成为当时澳中关系的一个干扰因素）赢得了台湾"大选"，从而造成两岸关系进一步震荡。现在澳大利亚就台湾问题将要采取什么立场呢？

由于吸取了四年前的教训，无论是霍华德还是唐纳，起初都保持谨慎，不发表任何会扰乱微妙状况的声明。但是不久霍华德在澳大利亚第九广播网（Australia's Nine Network）接受史蒂夫·李伯曼（Steve Liebmann）采访时（2000年5月5日）做了一个让北京焦虑的评论。当被问及澳大利亚是否准备由于华盛顿同北京就台湾防务问题上剑拔弩张的关系而维持高技术的防务力量时，霍华德回应说："就台湾而言，澳大利亚确实具有高技术的防务力量。"但是，他很快又补充道："我不认为我们应该讨论关于台湾冲突的可能性。我认为作为美国的紧密盟友以及同北京有着建设性关系的国家，我们应该做的是告诉他们双方，要保持极大的克制，这符合每个人的利益。"北京没有直接对这些评论提出异议，因为这些评论的立场是模糊的，容易被当成现场采访高潮时的随意言论，但是，事情的发展让中国感到焦虑。

2000年7月，美国防长威廉·科恩（William Cohen）访问澳大利亚，双方达成了一项给予堪培拉武器出口和军事技术转让优惠待遇的协定，从而引发中国官方报纸《人民日报》的尖锐评论。通过将科恩的访问与堪培拉对美国国家导弹防御系统（NMD）的支持联系在一起，《人民日报》的社论指出："世界上没有免费的午餐……这笔交易的达成，使澳大利亚获得美国在其军事现代化方面的帮助。"中国官方通讯社新华社也发出了类似的评论，并将国家导弹防御系统和它的双胞胎产物战区导弹防御系统（TMD）一道，视为"美国为实现全球霸权目标而设计的两大重要的措施"，同时将澳大利亚描绘为"热衷于在亚太地区充当美国新冷战战略的代理人角色"。由于怀疑这是美国领导的遏制中国战略的一部分，北京的外交官向公众发出了自己的声音。中国驻澳大利亚大使周文重——一位曾经像杨洁篪一样作为资深翻译、精通英语的人士进入外交系统的人——在澳大利亚广播公司（ABC）的访谈中指出，"澳大利亚参与国家导弹防御系统，违背了其自身的国家安全和根本利益"，"澳大利亚应该寻求自己的国家利益，而不是盲目服从盟友的要求"（转引自 Hou，2005a：123-125 所引《人民日报》2000年7月22日和8月1日的评论文章）。

这种紧张局势并不局限于言语的交锋。2001年3月，一架美国EP-3间谍飞机同一架中国军用飞机在中国南海上空相撞，导致一名中国飞行员死亡，并迫使美国飞机在中国海南岛降落。这一事件，连同后续的美国宣布对台军售，给已经由于美国在1999年干涉科索沃、轰炸中国驻贝尔格莱德大使馆导致中国民众中高涨的反美民族主义情绪，起了火上浇油的作用。在这样一个前所未有的紧张时刻，三艘澳大利亚海军舰艇在2001年4月17日被发现穿越敏感的台湾海峡，并被一艘中国舰船发现。尽管澳大利亚方面坚称舰艇只不过是进行无害通行而已，中国仍就此次事件提出抗议。但

第六章

霍华德时期（1996~2007）

是，在随后接受多元文化电视台（SBS）国际日期变更线（Dateline）节目采访时（2001年5月2日），霍华德说，他不愿意"看到中国对台湾的任何侵犯行为"，从而进一步激怒了北京。如果说他在一年前的评论是模糊的，那么最新的措辞——使用"侵犯"来描述北京对台湾问题的态度——使得中国方面的人士毫无疑问地知道他究竟同情谁。当2011年被本书作者问及这一插曲时，霍华德在细节上表态模糊，但是，鉴于当时的紧张局势，他承认他当时的措辞是"不幸的"。

如果霍华德只需考虑北京的态度，那么，他应该不会做出那样的评论。但是在2001年上半年，高涨的油价、选民对实行增值税（GST）的敌意、上升的通胀率及低迷的经济状况，导致执政的联盟党的民调支持率很低，使得政府害怕在拟于年底举行的下一届大选中败北。霍华德作为一位善于迎合国内选民的老练政客，本能告诉他，在国内的电视上发表针对中国在台湾问题上好战行为的强硬评论将取悦选民。当他在2011年同本书作者交谈时，霍华德否认关于台湾问题的评论与这样的本能有关，但是顺便提一句，他并未拒绝这样的暗示，也就是说类似的本能反应，导致他的政府很快在发生于同年8月的坦帕（Tampa）事件（当霍华德政府拒绝挪威籍货船坦帕号的入港申请时，引发了澳大利亚政坛的争议，并导致同挪威的外交争端，当时，该船载有公海获救渔船上的438名阿富汗人）中采取强硬的立场。

北京似乎识破了霍华德的用意，对其所发表言论做出了谨慎适度的反应。然而，这一系列事件已经对双边官方交流造成了不利影响。例如，外交贸易部的官员表示，对于"在2000~2001年间来自中国高层访问的减少感到担忧"（见DFAT, *Annual Report 2000 - 2001*）。如果霍华德在那一年离职——无论是因选举失利还是将权力移交给备受猜测的财长彼得·科斯特勒（Peter Costello）——那么霍华德政府同中国的关系将会以低潮结尾，使人联想起他1996第一次执政时的关系最低点。但是，霍华德没有辜负"政坛不倒翁"的声誉，他和联盟党不仅赢得了2001年11月的联邦选举，还赢得了接下来的2004年10月的选举，从而获得了充足的时间和机会来修复两国关系。

新的转折

在霍华德2001年11月的选举胜利之前,发生了"9·11"袭击事件,从而改变了全球议程,并同时对中美和澳中关系产生了影响。当双子塔被袭击时,霍华德正在美国进行国事访问,这一事件深深地影响了他;接下来的针对澳大利亚人的巴厘岛爆炸,进一步坚定了他支持美国领导的"反恐战争"的决心。正如先前提到的,堪培拉同美国一道,首先向阿富汗,然后向伊拉克派出部队,使得双方的联盟关系更加紧密。"9·11"也使得华盛顿和北京搁置了它们之间的分歧,以应对全球恐怖主义。之前的敌对让位于世界最强大的国家同世界人口最多国家之间更加频繁的对话与合作。

华盛顿和北京之间紧张关系的缓和给澳大利亚提供了一个机会,使其可以在与美国维系紧密纽带的同时,更加有力地发展同中国的关系,霍华德对此心知肚明。(2011年同本书作者的访谈)霍华德旋即采取措施,争取主动。两大主要因素对他有利。一是,尽管同北京在2000~2001年间关系动荡,但是双边贸易依旧繁荣,贸易总量比霍华德执政第一年(1996年)的不足80亿美元增加了一倍——在2001年超过了160亿美元。二是,霍华德开始他的第三任期不久,澳大利亚和中国迎来了两国建交30周年,双方——尤其是有着重大利害关系的官员和商人们——热衷于充分利用繁荣的贸易抛开分歧。

事实证明,伴随着霍华德以总理身份第三次访华,2002年标志着两国关系向好的方向转变。他这次访问的时间选择——5月——因同达赖喇嘛在霍华德就任总理以来的第二次访澳时间重叠而备受关注。由于霍华德在达赖喇嘛到达时正好在国外,因此,这一巧合帮助他躲开了另一个可能的尴尬和外交波折。霍华德显然已经从与中国打交道中得到了教训。

由于刚刚成为世贸组织的成员,中国很乐意欢迎一个长期以来支持中国入世的国家的领导人。作为善意的表示,中国邀请霍华德在这个国家的统治阶级内部圣地的一个重要机构(也就是中共中央党校)向学员发表讲

第六章
霍华德时期（1996~2007）

话——这是第一位外国领导人获得这种殊荣。双方同意恢复关于地区安全和裁军议题的双边对话，但是这次访问更加实质性的关注点在于贸易。霍华德成功征得朱镕基总理同意，就建立贸易和经济关系框架事宜进行谈判，这是霍华德后来提议澳中自由贸易协定的先兆。

霍华德在访问期间所做的另一个显著的努力是，游说中国领导人支持澳大利亚对华提供液化天然气（LNG）。到2002年时，澳大利亚已经借助部长级访问和外交代表团做了多年的努力，以使中国相信澳大利亚作为中国长期能源需求的卓越和可靠的供应者具有比较优势。澳大利亚在北京的大使馆和它设于上海、广州及中国其他地方的领事馆已经努力尝试，以提高中国官员和商人对于澳大利亚液化天然气项目的意识。他们采取所谓的"整体政府"（whole of government）战略，即通过促成堪培拉官僚体系的相关部门与澳大利亚工商界之间的紧密合作，来寻求获得中国——尤其是迅速发展的广东省——的供应合同。

例如，开始时，一家澳大利亚财团努力尝试这样做，但是未能获得在广东建造液化天然气冶炼厂的合同，后来有了来自堪培拉的强大外交支持，这家财团终于成功入围。当霍华德会见朱镕基总理时，他尽可能地努力表达这样的观点，即与其他竞争国如印度尼西亚、沙特阿拉伯相比，澳大利亚是更可靠的液化天然气供应方。霍华德没有失望，很快，在他访问之后的2002年8月，中国宣布澳大利亚赢得了竞标。在这份价值250亿澳元的交易中，澳大利亚西北大陆架公司（North West Shelf）将从2006年开始的25年时间内，向广东省每年供应320万吨的液化气。作为澳大利亚的最大单笔出口订单，成功竞标使澳大利亚媒体感到非常兴奋，并且开了未来几年一系列类似的大笔能源供应交易的先河。

再创新高

在2003年10月，霍华德政府对外关系中最引人注目的事件就是，中国国家主席胡锦涛和美国总统乔治·W.布什在同一周，在澳大利亚议会联合会议上分别发表演讲。这不是巧合，而是精心安排的。霍华德想要证明，堪培拉能够同时跟北京和华盛顿保持良好关系，这也是霍华德在他的回忆录（Howard，2010）及其与本书作者的访谈中引以为豪的重点之一。邀请布什在议会演讲的决定并不令人惊讶，这有助于增强澳新美同盟关系以及霍华德同布什紧密的个人关系。但对于胡锦涛主席的访问安排，这样做是前所未有的，此举受到中方的高度赞赏。尽管这样的安排可能会引起澳大利亚国内批评者的不满，但是胡锦涛的演说甚至比布什的进行得更顺利，因为布什的演讲受到了绿党参议员的刁难。（相关细节，请参看决议及Kendall，2007）

同样重要的是，胡锦涛主席的访问发生在他就职仅7个月后，表示了中国领导人对中澳关系重视度的提升。这不仅体现在两国之间急剧上升的商品贸易额，也体现在两国之间增长的大型双边项目和对经济发展非常重要的体制框架建设方面。例如，这种联系在胡锦涛访问期间签署的协议就可以得到明确反映，这些协议包括《经贸合作框架》（霍华德在2002年首次提出）、《澳中天然气技术基金协议》、新的大规模的液化天然气供应项目等。为了更好地利用胡锦涛访问的势头，霍华德提出了和中国缔结自由贸易协定（FTA）的设想，从而进一步确保两大经济体在体制上的联系，就像不久前和美国签署的自由贸易协定那样。

倡导与中国进行自由贸易协定谈判并不是讨好中国的利他行动。由于两大经济体不同的规模和属性，澳大利亚比中国更能从自由贸易协定中获利。例如，根据经济学家依据重力理论，使用随机模拟和多方程计量经济学的模型计算，澳大利亚的获利将是中国的7倍。（Tran，2007）而对于中国来说，这也是一个有益的学习过程。因为澳大利亚将是首个与中国签订自由贸易协定的西方国家——除了新西兰外，后者规模太小，其意义远不及澳大利亚。而且，随着自贸协定谈判的展开，澳大利亚承认中国的市场经济地位将使中国获益，有利于消除经常困扰中国出口商的反倾销因素。

在自贸协定谈判开始前，两国的官员和经济学家们花费了大量时间进行了大量可行性研究和调查。例如，胡锦涛访问后不久，澳大利亚外交贸易部和中华人民共和国商务部在2003年11月建立了中国自贸协定研究特别工作组，以便加强与联邦政府机构、州及领地政府、工商团体的磋商。作

第六章
霍华德时期（1996~2007）

为可行性研究的一部分，工作组公开接受大众的提案，然后，将各方面的信息，通过与中国官员的定期会议讨论以后，再提交可行性研究联合工作组进行进一步评估。经过18个月的准备，澳中两国第一轮自由贸易协定谈判于2005年5月在悉尼开始。

夹在两个大国之间

胡锦涛访澳之所以具有重大象征意义，是因为在这次访问期间，他和布什总统几乎同时在澳大利亚议会发表演说，这种不同寻常的安排不仅显示了霍华德政府摆平澳美和澳中关系的良苦用心，而且表明堪培拉并非唯美国马首是瞻，没有事事处处都与华盛顿的盟友保持步调一致。这种保持独特性的做法此后不止一次地发生，其中包括堪培拉谢绝华盛顿的邀请，未参加秘密论坛，和美国、日本、英国、加拿大和新西兰等国一道讨论协调如何应对中国日益增长的财富和影响力；还包括2005年澳大利亚拒绝同美日联合反对欧盟的提案——该提案旨在结束针对中国的武器禁运。这些事例被大多数的评论者引用（例如 Deng and Wang, 2010; Zhang, 2007; Hou, 2007a），以此说明霍华德政府不断增强的独立性。这种独立性促使该政府利用"9·11"事件后中美关系缓和之机，在中美之间寻求进一步的平衡。事实上，如前几章提到的例子说明，在"9·11"前——当时中美关系更紧张——霍华德政府就已经开始着手调整对华政策。"9·11"后形势发生了变化，通过加入美国领导的对阿富汗和伊拉克的战争，澳大利亚为加强澳新美同盟付出了巨大代价，现在霍华德政府有资格和能力公开实行有别于其"强大的"盟友的政策。

这种澳大利亚与美国公开的不同立场，在2005年7月霍华德访美时，与乔治·布什在白宫草坪上出席记者招待会上就显示出来。同布什的观点相比较，霍华德对中国的评价更为积极、温和。他清晰地表达了对澳新美同盟的看法，"我们同美国紧密的防务同盟，不是针对中国的"，从而，有效地表述了自己的观点，对澳新美同盟的范畴进行了重新定义。他继而指出了澳大利亚和美国与中国关系的不同点，并说"澳中经济关系不同于中美经济关系"（Howard，2005）。① 霍华德后来向本书作者证实，这些评论并非随意而发，而是澳大利亚为了突出与最亲密的盟友之间的差别，经过细致的研判后得出的结论。于是，这些声明不仅使那些指责霍华德过分仰仗美国人的批评者噤声，还有助于使北京的领导人相信，霍华德政府在与中国建立切实可行的关系上的态度是认真的。

此举有助于进一步推动北京与堪培拉的高层交往，其频率和强度在霍华德余下的任期中继续得到加强。这些交往中最值得关注的包括温家宝总理在 2006 年 4 月对澳大利亚的访问，其中，尤以在伯利格里芬湖岸上，霍华德与温家宝总理的"慢跑外交"最为突出。尽管这些交流从未达到霍克时代的热烈程度——那时双方曾经谈论建立一种"特别关系"，但还是有助于加强务实的商业互信。例如，这种互信表现在 2006 年签署《核合作与转移协议》，使得澳大利亚能够为日益增多的中国核电站提供铀，尽管这种做法有违反核组织的意愿，并让为寻找这种资源而失败的印度感到失望——很大程度上源于后者未能签署《核不扩散条约》。另一个建立互信的例子是，两国军队之间强化了交流，中国海军和澳大利亚海军（包括新西兰海军）在上海沿岸展开搜索和救援联合军事演习。这与建交前两国军队在朝鲜和越南战争中的对抗形成了鲜明对比。

后续的波折和经济上的成功

在霍华德时代后期，澳中双边关系总体保持平稳的基调，只是偶尔伴随着一些不和谐音符，例如，法轮功分子的活动、达赖喇嘛第三次访问和陈用林的叛逃。1999 年，在中国被作为邪教而遭禁止的法轮功运动在澳大利亚仍然很活跃，包括在中国大使馆和领事馆前进行静坐和抗议活动。中国外交官们，包括外交部部长唐家璇再三要求澳政府驱逐这些法轮功分子，

---

① 华盛顿和堪培拉之间存在不同立场的另一个著名例子是，2004 年 8 月 17 日，外交部部长亚历山大·唐纳在北京回答记者提问时指出，如果美国在台湾问题上与中国发生冲突，不会自动启用《澳新美同盟条约》。尽管霍华德随后澄清，并重申了澳大利亚对澳新美同盟的义务，但是，唐纳的话触及了同盟的底线，并清晰表达了堪培拉不愿卷入华盛顿和北京之间任何可能的冲突的态度。

第六章
霍华德时期（1996~2007）

但堪培拉能做的只有不允许他们使用乐器和旗帜。北京政府不得不接受这样的现实，即通过外交渠道向一个民主国家的政府施加影响，效果是非常有限的。

在霍华德执政时期，达赖喇嘛第三次访问澳大利亚，这和他之前出访导致了不一样的结果。达赖在2002年5月第二次访问时，霍华德恰好在中国。但是，对于2007年6月达赖的第三次访问，总理再躲开的话，就有点不合适。开始时，霍华德对于要不要会见这个有争议的来访者而犹豫不决，而来自中国的警告使他感到毫无退路，于是决定无论如何都要会见达赖。霍华德考虑的细节在他的回忆录中有记载，因此，仅仅有必要在这里提及，中国对这次会晤的反应，远没有1996年霍华德作为总理第一次会晤达赖时激烈。

中国驻悉尼总领事馆一等秘书陈用林叛逃的事件发生在2005年6月，对中澳双边关系产生了严重的负面影响。他不仅寻求政治庇护，还宣称中国在澳大利亚有广大的间谍系统，拥有1000名间谍人员，监视法轮功活动者，并收集其他领域的情报。中国否认了这些说法并要求澳政府交出陈用林。这让霍华德政府陷入两难境地。由于此事件引起了澳大利亚媒体的广泛关注，在这种情况下，堪培拉如果同意中国的请求，将引起公众的强烈反对。自由贸易协定谈判正在进行之中，堪培拉不希望因批准陈用林的政治庇护而冒犯北京，最后还是选择了妥协的实用主义解决方法，即澳大利亚移民部决定给陈用林永久居留资格，而不是他要求的政治避难。尽管中方对此决定提出抗议，但是不得不接受现实，因为，是自己的人首先导致两国政府陷入尴尬局面，过多计较意义不大。

尽管有偶发事件的干扰，双边关系在霍华德时代后期还是发展尚好，双方高层互访不断。这些交流，在胡锦涛主席2007年9月——接近霍华德执政晚期——史无前例的第二次访问中达到了高潮。尽管胡锦涛访问的主要目的是出席在悉尼召开的亚太经合组织经济领导人峰会，然而，胡锦涛的到来使得一些双边协议得以签署，其中包括《关于气候变化和能源的联合声明》，以及伍德赛德能源（Woodside Energy）公司和中石化之间总额达450亿澳元的合同，从而为澳大利亚在未来15~20年再向中国提供液化天然气铺平了道路。（Schulz，2007）胡锦涛的第二次访问标志着霍华德政府与北京关系的发展取得圆满成功，他因而宣称，对华关系是他对外政策最大的成功之一。

如此巨大成功的取得，很大程度上是由于邓小平时代及其后中国经济的迅猛发展——市场力量为这种发展提供了动力。在霍华德政府执政的11年中，中国经济的快速增长使中国经济总量排名由1996年的世界第7位，上升到2007年的世界第3位，年平均增长率达到10%。这反过来促使中国对澳大利亚能源、资源和农产品需求的不断增长。双边贸易额从1996年的80亿澳元发展到2007年的500多亿澳元，增长了5倍多，中国由澳大利亚第5大贸易伙伴上升为最大的贸易伙伴，超过了美国和日本。尽管在霍华德时代后期，日本仍是澳大利亚最大的出口国，仅仅两年以后，其地位就被取代了。

澳中之间贸易增长的速度是出乎任何人预料的。例如，建立外交关系以后，双边贸易额达到50亿澳元花了20年时间，但是现在，这个数字可在两年内被超越（见表6-1）。双边政治关系的波动很难影响贸易额，后者主要受到市场供求关系的经济周期影响——就像1989年政治关系的波动对经济的冲击微乎其微一样。

表6-1 澳大利亚对华贸易，1995~2010年

单位：百万澳元

财政年度	出口	进口	双边贸易	（进出口）差额
1995/1996	3781	4010	7791	-229
1996/1997	3584	4203	7787	-619
1997/1998	3872	5304	9176	-1432
1998/1999	3948	6106	10054	-2158
1999/2000	4959	7520	12479	-2561
2000/2001	6846	9881	16727	-3035
2001/2002	7781	11278	19095	-3497
2002/2003	9300	13727	23027	-4427
2003/2004	10104	15126	25230	-5022
2004/2005	12296	16871	29167	-4575
2005/2006	18621	22541	41162	-3920
2006/2007	23705	26598	50303	-2893
2007/2008	27722	30278	58000	-2556
2008/2009	37086	36707	73793	379
2009/2010	47991	37252	85243	10739

资料来源：本书作者依据澳大利亚外交贸易部1993~2010年间各年度报告的数据制作而成。

第六章
霍华德时期（1996～2007）

贸易构成也发生了转变。澳大利亚传统的重要出口商品小麦早就已经被矿物资源——如铁矿石、煤、铝和镍等——取代。铁矿石的出口量最大，中国超过日本成为其最大消费国。2007年，仅铁矿石对华出口量就达90亿澳元，而且还在持续增长。在农产品方面，羊毛和大麦是大宗出口商品，这两种类型产品的最大进口国都是中国。中国出口到澳大利亚的产品结构也发生了变化，由传统劳动密集型产品——如纺织品、衣物和鞋类等——转变为电脑、玩具、游戏、运动和通信设备等电子和制造业产品。同样值得一提的是旅游业和教育交流。2005年，中国是亚洲最大的旅游客源地，将近30万名中国游客到澳大利亚观光游玩。在澳大利亚的外国留学生中，最多的是来自中国的学生，中国学生人数在2005年超过了8万人。（Fu, 2006）如前所述，澳大利亚成为中国"出境旅游目的地"，导致了中国游客入境人数的增加，人民之间交流的增加反过来有助于提升中国人对澳大利亚的了解，促使人们争相赴澳旅游和留学。

这些发展，印证了澳中两大经济体的高度互补，正如中国前驻澳大使傅莹将其比作"齿轮啮合"——她曾经是中国领导人的高级翻译。根据傅莹的描述：

> 中澳在经济上高度互补。澳大利亚经济结构类似哑铃，即"两头强，中间弱"。换句话说，澳大利亚拥有发达的上游资源产业和下游高科技产业，而在加工和制造业方面相对规模较小。相比较而言，中国以加工制造业、丰富的劳动力资源和相应的国际竞争力而著名。这种互补关系就像啮合的齿轮一样，为双边经贸关系的发展提供了不竭的动力。（Fu, 2006）

这些评论部分解释了，为什么此时的双向贸易（见表6-1）中，尽管这时澳大利亚出口有巨大的增长，中国仍然处于顺差地位。利用低劳动力成本的优势，中国拥有制造业的价格上的竞争力，与澳大利亚低附加值的矿物和能源出口相比，具有比较优势，至少在霍华德时代的大部分时间里是这样。然而，随后的几年情况很快变得对澳大利亚有利，因为中国人对矿产资源需求的大量增加，提升了澳大利亚出口商品的价格。

表 6-2 国外投资审查员会（FIRB）批准的中国在澳大利亚的投资，1993~2010 年

单位：百万澳元

财政年度	批准数量（个）	农林渔业	金融保险	制造业	探矿及开发	房地产	资源加工	服务业	旅游业	总计
1993/1994	927			1	42	426		16	36	521
1994/1995	267			6	52	137		31		226
1995/1996	102	10		3	5	176		5	12	211
1996/1997										
1997/1998										
1998/1999	259	35		5	450	212		10		712
2000/2001										
2001/2002	237			47	20	234			10	311
2002/2003										
2003/2004	170			2	971	121			5	1096
2004/2005	206	2			39	181		36	6	264
2005/2006	437			223	6758	279				7260
2006/2007	874	15		700	1203	712		10	1	2626
2007/2008	1761		420		5311	1491	137	101	20	7480
2008/2009	57		43	82	26254		162	54	5	26600
2009/2010	1766			198	12186	2421	760	717		16282

注：1996/1997 年度、1997/1998 年度、2000/2001 年度和 2002/2003 年度的数据没有在国外投资审查委员会的年度报告中呈现，很可能因为这些年中国投资非常有限，重要性不高。

资料来源：依据 1993~2010 年各年度《澳大利亚国外投资审查委员会年度报告》的数据制作而成。

同样的，相对于繁荣的双边贸易而言，双向投资显得滞后。例如，2005年年末，澳大利亚在中国的投资项目达 7401 项，合同投资额为 147.45 亿美元，但是，实际到位只有 44.86 亿美元。中国在澳大利亚的投资更是不值一提，只有 272 个项目，实现投资额仅 5 亿美元。（Fu，2006）造成这种现象的原因是多方面的，包括中国市场存在的困难和复杂性，以及澳大利亚市场准入门槛高等。例如，对澳大利亚投资者来说，中国缺乏市场透明度和法律保护，对知识产权保护力度不够。就中国投资者——特别是中小型企业——而言，除了面临澳大利亚市场的高门槛外，还要受到高昂的劳动力

价格和工会的影响。但是，下一章将会讨论，在随后的几年时间里，情况迅速发生转变，特别是随着中国海外投资的迅猛增长，出现了一些新的困扰双边关系的因素。

结 论

霍华德政府在11年零8个月又22天的任期中，在处理与中国的关系过程中，经历了严峻的考验。从1996年在跌跌撞撞中开始，到20世纪末双方关系的缓和及回暖，从新千年开始时的困境到2003年胡锦涛访问，从2005年陈用林事件的尴尬到2007年霍华德时代结束时的政治经济关系新高潮，这一切就像坐过山车一样。正所谓好事多磨。在此过程中，霍华德以他自己对澳大利亚国家利益——特别是经贸利益——的定义为导向，一直在设法适应双边关系不断变化的现实。作为一个几经沉浮的老练政治家，霍华德不仅学会了处理复杂的外交问题，而且充分利用他的实用主义和妥协性格，终于成就了在他总理任期开始时被认为不可能的事业。

一位学者使用"霍华德悖论"来描述霍华德政府与中国及其他亚洲国家的关系的大起大落的神奇经历（Wesley，2007）。回顾过去，历史的偶然性在很大程度上造成了这一悖论。在他执政时期发生的一系列始料未及的事件，被他善加利用，其中包括亚洲金融危机和"9·11"事件。这些事件的发生，有助于他将弱势转化为机会。仅就与中国的关系而言，就在霍华德任内，中国经济的腾飞，有助于澳中双边贸易的繁荣和政治关系的加强。霍华德的长期执政使他有条件去击败许多先前的批评者，并给予他大量时间去修复对澳大利亚具有重要意义的国家关系，特别是与中国的关系。当然，这与辛勤工作也是分不开的。例如，他竭尽所能访问中国，次数创纪录，他也以在职总理访问中国次数最多而骄傲。

尽管先前有人怀疑，霍华德可能会将澳大利亚与中国及其他亚洲国家的关系搞僵，但是，他通过不断学习和调整打消了这种怀疑。他和他的政府继承了前任工党政府打下的基业，并在此基础上添砖加瓦，尽管侧重点不尽相同，但在对华总体政策中，还是基本保持了两党一致。他和阁僚们的努力得到了训练有素的公务员的协助。正是这些公务员，克服了双边关系中的波动，在确保政策连续性方面发挥着稳定器的作用。事后总结发现，从本质上说，霍华德的中国政策，与惠特拉姆时期以来的总体趋势相比，没有发生多大偏离，仍然保持了从霍克时期开始显现出来的总体特征，即在制定对华政策时，越来越多地考虑贸易因素。

  正是基于这些考虑，即使在与美国加强安全联系时堪培拉也不忘贸易利益，面临中国经济腾飞的机遇，更应该如此。基于利益的考虑，霍华德政府一直支持中国加入 WTO；不赞成联合国谴责北京人权纪录的决议；拒绝加入美日反对欧盟取消对中国的武器禁运等，还有其他一些独立自主的举动，都表明堪培拉有有别于其强大盟友的立场。在霍华德时代后期，这些独立性表现得更为明显，比如他以及其外长发表公众演说，重新定义澳大利亚在澳新美同盟关系中的角色。同时，我们必须看到，霍华德早已为人所知的亲美立场，他与布什总统紧密的私人关系，及其政府对美国领导的反恐战争的强烈支持，已经为他赢得了足够的资本，使其在发展对华关系过程中有相当余地寻求澳大利亚独特的利益。这正是大家得出"霍华德悖论"的判断时低估的方面。

第七章　陆克文时期（2007～2010）

陆克文第一任期虽然只有两年半的时间，但他是世界上第一位，也是至今为止唯一的一位会说普通话的西方国家总理。陆克文政府的对华政策受到了广泛关注。在关注陆克文的中国政策之前，本章像前面几章一样，首先介绍澳大利亚在此期间整体对外政策的大背景。

全球金融危机

陆克文取代霍华德执政以后，最重大的国际事件是，21世纪最初十年的后半期发生的全球性金融危机。这次危机的导火线是美国的次贷危机——随着雷曼兄弟集团金融巨头的崩溃，金融危机从美国向欧洲和世界其他地区迅速蔓延，引发了自1929年大萧条后最严重的经济萧条。（Crotty，2009）

许多国家采用了大规模的经济刺激手段来应对经济危机的影响，澳大利亚也不例外。确实，应对全球金融危机花费了陆克文大量精力，扰乱了他正常的施政计划。例如，他上任伊始就宣布了对抗通货膨胀的五点计划，由财政部维恩·斯旺（Wayne Swan）制定的第一个年度财政预算计划实现盈余210亿澳元。（Murdoch，2008）随着全球金融危机的深化，2008年下半年，陆克文政府决定为保障银行存款，宣布高达104亿澳元的开支项目，接着是2009年2月更大幅度的420亿澳元的一揽子刺激计划，包括给予大部分纳税人900澳元的一次性现金补贴。结果，不但没有产生盈余，反而导致第二个预算年份出现576亿澳元的政府财政赤字。（Hannam，2009）得益于这些刺激措施的实施，以及中国市场对澳大利亚资源持续增长的需求，澳大利亚经济避免了大多数发达国家出现的技术性衰退现象。

陆克文的议程

陆克文于2007年年末开始执政时，全球金融危机对澳大利亚的影响还没有立即显现。在2007年11月的联邦选举中，澳大利亚工党（ALP）在陆克文的领导下，击败了霍华德领导的自由—国家党联盟，众议院有23个席位易主，这是澳大利亚自1949年开始按两党形式评估选举结果以来，联邦选举中出现的第三大议席转手现象。澳大利亚工党高调获胜——被媒体描述为"陆克文排山倒海般的胜利"——赋予陆克文和他的团队强大的使命，以改变漫长的霍华德时代所造成的现状。

确实，陆克文抓住时机提出了一系列内政外交的新政策，新政包括政府为"偷走的一代"事件向土著人道歉、废除霍华德政府的工业关系法——所谓的"工作选择"、从伊拉克撤出澳大利亚作战人员，以及签署关于气候变化的《京都议定书》。陆克文政府也承诺在教育、医疗和基础设施方面实行重大改革，为迎接数字革命建设全国宽带网。以一种更具远见和进取的姿态，陆克文提议召开2020峰会，并邀请他的长期助手及受人尊敬的墨尔本大学校长格林·戴维斯（Glyn Davis）负责挑选和召集1000名各界代表，集中讨论影响2020年甚至以后澳大利亚社会发展的十个重要政策革新议题。（依据2007年10月至2008年2月的各种媒体报道）

这些倡议引起了公众的极大兴趣和热情，陆克文的支持率此时上升到80%这一前所未有的高度。这种乐观情绪迅速蔓延，以至于一些过去对政治领导人持怀疑和批评立场的国家级顶尖学者，也通过编辑专集来对这位新总理建言献策，他们亲切而友好地称之为"亲爱的陆克文先生"（Manne，2007）。尤其是在对外政策方面——陆克文是由外交家转而担任总理的，因而被寄予厚望。

确实，陆克文在国际舞台上为澳大利亚的积极角色做了充分准备，很早就描绘出澳大利亚与地区和全球关系的蓝图。根据陆克文在就职前后发

第七章
陆克文时期（2007~2010）

表的政策演说，他的对外政策围绕三根支柱展开：参与联合国事务、加强与美国的关系和深化与亚洲的接触。"参与联合国事务"是工党的传统，可以追溯到赫伯特·伊瓦特时期，他提出，像澳大利亚这样的中等强国，应该利用多边组织来使其声音在国际舞台上被其他国家听见。根据这一思路，并与霍华德时期过分强调双边关系的做法相异，陆克文努力寻求澳大利亚在联合国安理会上的非常任理事国席位，并指出"仅仅建立在双边关系之上的外交政策是脆弱的"（Rudd，2008b：5）。提高澳大利亚国际地位的渴望也为陆克文的"大澳大利亚"主张提供了部分理论依据，他进而提出将政府的移民指标提高到每年 30 万人，并史无前例地任命人口部部长，以检讨澳大利亚的人口目标。陆克文对多边制度的重视，是与他努力促成 G20 机制的建立分不开的，它的成员包括澳大利亚，作为世界上最重要的财经论坛，澳希望以其取代将澳大利亚排除在外的 G8 机制。全球金融危机的爆发当然给陆克文实现这一目标提供了机会，但这主要应归功于他在国际上不屈不挠的争取。他成功地说服奥巴马政府更加重视 G20 而不是 G8 的努力，被评论者们视为陆克文政府对外政策的杰作，然而，大多数其他想法被描述为失望和失败的。（Carr and Roberts，2010；Trood，2010）

在多边关系的旗帜下，陆克文政府同样提出了无核化和反捕鲸的倡议，并致力于推动有关应对气候变化和种族屠杀、提高民主和人权的国际秩序的建立。用陆克文的话说，他设想"澳大利亚在全球应对气候变化中起带头作用……重建国际社会秩序的规则……通过国际法制止种族屠杀行为"（Rudd，2006）。对于无核化，陆克文帮助建立了国际核不扩散和裁军委员会，为控制武器扩散提供政策建议，最终目标是实现完全的核裁军。据此，堪培拉取消了之前承诺的向印度销售铀矿石的协议，印度则对此表示愤怒。

对于反捕鲸问题，陆克文政府诉诸国际法院给日本施压，让其停止捕鲸活动，并使其接受完全停止类似活动的建议。但是，这些行动并没有取得预期的效果。考虑到日本是澳大利亚的战略与贸易伙伴关系，陆克文政府是冒着和其关系僵化的风险进行反捕鲸努力的，但仍未能动摇日本的立场，2010 年在国际捕鲸委员会下的相关谈判也落空了。陆克文决定加强人权、消除种族屠杀，他的政府希望在国际法院寻求起诉伊朗总统马哈茂德·艾哈迈迪－内贾德，并同时反对亚洲国家的死刑，但是最终均未能成功。（Carr and Robert，2010）同样的，陆克文为了应对气候变化，试图在国内实施碳排放交易制度，促使在哥本哈根气候会议上达成一项国际协议，这些均未能在其任期内完成。

"加强与美国的关系"是堪培拉战后长期坚持的一项既定外交政策，即保持与华盛顿的同盟关系。陆克文工党政府兑现了在选举前保证的撤回在伊拉克的军队的承诺，同时，他的政府加强了对奥巴马政府在阿富汗战争中的支持，因此，履行了澳新美同盟中澳大利亚的责任，并保持了与美国的紧密关系——这正是霍华德时代的特点。最重要的是，陆克文本人具有的外交经验和国际知识，确保他能够对华盛顿政府的主要官员施加巨大影响，这一点对于澳大利亚这样一个中小国家的领导人来说是难能可贵的。除了成功说服奥巴马总统支持G20外，陆克文也成功地使美国国务卿希拉里·克林顿成为他的倾听者，她公开承认陆克文对亚洲和中国的精通，特别"有助于美国与中国建立全面的合作关系，因为中国正在崛起为一个全球性大国"。克林顿国务卿还暗示，华盛顿决定加入东亚峰会，"在很大程度上，是陆克文这20多个月以来一直鼓动的结果"（Rudd，2010）。

"与亚洲接触"是工党推行的、把澳大利亚与它的近邻国家网罗在一起的战略的自然延伸，这种邻国不仅是地理意义上的，还包括同亚太地区国家不断增长的经济联系和相互依赖。出于对多边外交的热衷——有别于霍华德时期的双边外交——陆克文倡导建立亚太共同体（APC），主张将这一地区的所有国家和地区都包容进来，就"经济、政治、未来挑战等方面的问题展开全面合作与对话"；"培养全面而真诚的共同体意识和合作习惯"（Rudd，2008a）。为此，他花费大量精力去推动亚太共同体构想，因为它包含他的外交政策的三根支柱，特别是同时开展与美国和中国的交往。他派出堪培拉最有经验的外交使节理查德·沃尔考得（Richard Woolcott）前往地区主要国家游说，寻求支持，就像霍克和基廷政府之前在亚太经合组织的创建过程中所做的那样（沃尔考得恰巧也参加了那个使团），但是，陆克文的亚太共同体理想最终失败了——就像陆克文时期的其他短命的动议一样。（Carr and Robert，2010）但是，并不是一无所获：陆克文让堪培拉最重

第七章
陆克文时期（2007~2010）

要的政治伙伴美国和最重要的经济伙伴中国同时参与东亚峰会的努力，终于在2010年成为现实，陆克文的努力开始结果了，尽管当时陆克文刚刚黯然下台。

尽管如此，陆克文对多边主义的专注，以及他试图用国际主义者和道德主义者的立场处理与亚洲国家的关系，在堪培拉与地区国家开展的双边交往过程中却遭受了挫折。一位澳大利亚的评论者将陆克文的亚洲国家双边关系的记录比喻成一场"跳水比赛"——堪培拉和地区主要首都的关系一个接一个地垂直下降。用这个评论者自己的话说："和印度的关系？难以为继；中国呢？紧张、敌对；印尼呢？紧张；斐济呢？苏瓦驱逐了我们的大使。"（Flitton，2010）

对于一个具有外交官经历的总理所领导的政府来说，其对外关系出现这种情况是令人无法想象的，特别是在陆克文第一任期开始的时候。即便人们多少可以理解澳大利亚为什么与印度、印度尼西亚及斐济关系的不平稳，也没人相信陆克文会使澳中关系变得如此"紧张和敌对"。本来，作为世界上第一个，也是唯一一个能说一口流利普通话的西方总理，同时还拥有丰富的汉学知识以及与中国人打交道的经验，陆克文曾使澳中两国人民对他寄予厚望，期待他将两国关系推向前所未有的高度，但随着陆克文时代的过去，越来越多的人变得失望和迷惑。

是不是哪些地方出了问题？如果是，又是怎样出的问题，原因又是什么？为了解开这个谜团，我们必须回顾陆克文，作为澳大利亚第26任总理，具体是如何处理与中国的关系的。

陆克文的中国恩怨

与霍华德政府对华关系开局不利相比，陆克文在其任期开始时，与北京的关系却很高调。在澳大利亚国内，"Kevin 07"原本是陆克文领导的工党在2007年联邦大选时打出的口号，他因此声名大噪。当时选民已经不再对霍华德政府抱有任何幻想，陆克文的出现给人焕然一新的感觉。与霍华德相比，尽管陆克文不具有职业政治家的经历，但他是一名汉学家，从外交官成长为政治领袖,这种背景不同寻常。他受过良好教育的口音、年轻的面孔、学者的风度和谈吐(虽然还带有些学究气,但很优雅),这些都与之前霍华德政府陈旧的形象构成了鲜明对比。他学会说中文这种被认为是世界上最难学的语言之一这一事实为他的形象加了不少分,同时,人们对他处理澳中关系抱有很高的期待,澳中关系越来越被认为是澳大利亚繁荣的关键所在。

陆克文热

如果说陆克文选举的成功与澳大利亚国内的赞誉和高度期待有关,那么,他作为第一位会说中文的西方国家领导人的这种优势,也同样受到中国的热捧。随着陆克文在澳大利亚政坛上脱颖而出——先是作为"影子外长",然后作为反对党领导人——他的中文名"陆克文"也被越来越多的中国人熟知,特别是那些在中国改革开放后越来越具有国际意识的中国人。中国近年来大众传媒的普及——特别是大众刊物和互联网,它们一直都在寻找有趣的话题——也帮助将陆克文的事迹传播到了中国。(Chen,2008)在2007年9月,胡锦涛主席第二次访问澳大利亚时,陆克文作为反对党领袖做了欢迎胡锦涛主席的演讲,并直接用中文与其交谈,吸引了众人的目光,这也让当时的总理霍华德有些"嫉妒"——相比之下,他只能通过翻译表达自己的意思。当陆克文这场精彩的表演通过中国的媒体传播至中国国内时,数以万计的中国民众开始将这个会说中文的"总理竞选者"作为自己人。当澳大利亚大选进行得如火如荼时,许多感兴趣的中国观众和读者都希望他能够当选,就像粉丝希望他们喜欢的运动员能赢得比赛一样。

当陆克文最终领导工党获得大选胜利时,"陆克文热"更加在中国传播开来。大部分中国报纸,不论大小、官方或民间的,都报道了陆克文的胜利,而且许多报道在描述时并不像普通描述西方领导人获胜一样,仿佛陆克文的胜利不仅代表他本人和所在的政党,而且是中华民族的胜利一样。例如,一份主要报纸将陆克文的胜利描述成"陆克文现象",认为这种现象反映了中国国际地位和影响力的上升。《解放日报》评论道:

第七章
陆克文时期（2007~2010）

应该说，澳大利亚诞生这样一位"中国通"总理，客观上有利于促进中澳关系。对中国情况的了解，可以避免双边交往中的误读或误判；更为重要的是，他的双重文化背景，为两国人民增添了不少亲近感。事实上，此次澳大利亚大选，中国媒体给予了前所未有的关注。陆克文成功当选，不仅使澳大利亚工党支持者欢呼雀跃，也使他成了中国媒体竞相报道的"宠儿"。"陆克文现象"的出现，从一个侧面也折射了中国国际影响力的不断上升。从"中国制造"到"孔子学院"，再到"中国通"西方领导人，世界范围内的"中国热"正向经济、文化、政治等各个领域广泛延伸。（Cheng, 2007）

同时，中文小报也将陆克文的生平事迹描述成一个神话般的故事，强调了这个来自澳大利亚昆士兰州偏远地区的"白皮肤和蓝眼睛"的男孩如何对中文与中国文化迸发出无穷热情，又是怎样在学习语言的道路上克服困难，一步步坚持下来，最终又怎样到达了西方主要国家的政治权力顶峰。同时，中文版的陆克文传记也很快上架，并成了畅销书。（Chen, 2008）不久以后，陆克文接受了中国国家电视台的采访，他对中国观众发出了农历鼠年的新年问候，还谈了自己对澳中双边关系的看法，并回答了他担任澳大利亚总理以后多久才会对中国进行正式访问的问题。[①]

访问中国

陆克文没有让中国"粉丝"们等太久，他将中国作为上任后首次出访的目的地之一。当陆克文2008年4月踏上北京土地的那一刻，就像大多数人所想的那样，他一定感到非常自豪和有成就感。但是，对陆克文来说，此行并不是来寻求自我满足的。由于觉察到了公众对他此行的热情关注，陆克文压力很大，他必须满足公众对他此行的众多高度预期：澳大利亚工商界期待他能从中国市场带回更多的贸易和投资机会；人权组织希望他能拥护他们的主张；而东道主中国则希望他对中国比其他西方领导人表现出

[①] 有关这次采访的视频，可登录以下网址：http://www.youtube.com/watch?v=M716Hxh33E&feature=related, accessed 11 November, 2011.

更多的理解和支持，包括年内即将举行的北京奥运会。总之，陆克文的中国粉丝们希望近距离目睹他的风采，期待他作为第一个会说中文的西方国家领导人会有出色表现。

陆克文选择在北京大学发表演讲作为他此行的中心内容。北大是中国高等教育的顶尖机构，这场演讲的标题为"与中国青年谈未来"（Rudd，2008c），陆克文的整场演讲都使用中文，演讲现场座无虚席，满堂听众包括北大的教职员工和学生——北大师生曾经置身于中国现当代历次进步运动的前沿。

中文程度

在我们关注陆克文的北大演讲之前，有必要提一下其中文的流利程度。陆克文的中文水平多次被媒体津津乐道，但媒体的报道只停留在表面，大部分媒体一般倾向于用"中文流利"或"会说中文"来描述陆克文的中文水平，但没有加以比较和鉴别。与其他学中文的大多数西方人相比，陆克文对这种语言的掌握程度——特别是口头汉语——属于上乘。陆克文的普通话发音准确，吐字清晰，带有北京腔。澳大利亚国立大学的老师给他打下了良好的语言基本功，通过随后在台湾的学习和20世纪80年代派驻北京工作期间的磨炼，他的中文水平得到了极大提高。心情放松、处于最佳状态时，陆克文说起普通话来就像是一个北京当地人，这让许多中国南方的朋友惊喜之余羡慕不已，因为这些朋友说普通话大多带有地方口音。

但陆克文的普通话听起来远不如他说英语那样优雅。普通话的四个音调的变化常常使西方的学习者们望而却步，有时陆克文自己也会受到四声的困扰，这就像中国的英语学习者在遇到多音节单词时不知道如何重读一样。在当今英语国家为数不多的高端中文学习者中，陆克文也遇到了强大的对手，马克·罗斯维尔（Mark Rowswell）是一个在中国很出名的加拿大人，艺名叫"大山"，多次在中央电视台与相声大师同台演出，他的中文说得十分流利，就像一个地道的北京人。可能大山是目前唯一一个能将中文音调完全说准确的西方名人。另外一位是佩里·林科（Perry Link）——研究中国文学的著名美国教授，经常就中国问题接受采访，说得一口纯正的

第七章
陆克文时期（2007～2010）

中文。

即便在澳大利亚本土，陆克文也绝不是他这个时代中文说得最好的人。一下闪进脑海中的最杰出的人就是学识渊博的汉学家白杰明（Geremie Barmé），他丰富的中国历史和文化知识、语言技能已经获得了来自世界各地中国问题学者和中文学习者——其中也包括陆克文本人——的敬佩。白杰明对中文的把握不仅体现在口语流利上，而且体现在用中文写作上，包括文言文和白话文。他的中文专著令许多中国读者对他肃然起敬，他们很惊讶，外国学者居然能写出这么优雅的中文。

在澳大利亚外交部门陆克文的同辈人中，有一些曾经在"中国处"工作过，其中为数不多的几位也都以汉学技能和知识见长。这其中包括任格瑞，他的中国文化和历史知识在堪培拉的"中国通"（China hand）圈子中很有名，还有郭森若（Sam Gerovich），他的中文说得像地道的北京人一样好，还有默里·麦克林（Murray McLean），他对上海很了解，并在当地结交广泛，让许多人望尘莫及。

根据本书作者的观察以及同上述人士的直接交流，包括与陆克文本人这些年来的交往，单单就汉学造诣而言，刚才提及的人士大多有比陆克文出彩的地方，但就一个人所拥有的全部经历及技能来说，陆克文不仅比他人毫不逊色，而且是最令人称道的一位。毕竟，没有其他任何一位中文学习者能够在西方国家政界达到如此顶尖的高度。

北大演讲

陆克文的北大演讲以一个自嘲式的玩笑开头，他提到了中国人，特别是北京人常用的"俏皮话"，以取笑学习中文遇到困难的外国人，"天不怕，地不怕，只怕老外学说中国话"，陆克文以地道的语调、恰当的重读，引起了现场观众的热烈掌声和大笑。之后陆克文谈到了北大在中国现代历史上所扮演的角色，包括著名的"五四运动"，并提到了著名的中国知识分子，如蔡元培、陈独秀、胡适、李大钊，还有鲁迅。他特别提到，鲁迅当年为北大所设计的校徽，一直沿用至今，从而将历史与现实巧妙地联系起来。陆克文之后提到了他早年与中国的交流及经验，讲述了他努力学习中文的经历，并幽默地取笑自己"难看"的中文书法，这再一次引起了台下观众的笑声。

演讲的后半段重点阐述了澳中关系、中国的飞速发展及其在世界上扮演的角色、和谐发展和应对气候变化等严肃话题（Rudd，2008c）。同上文提到的国际主义主张相呼应，陆克文强调了国际秩序的重要性，并鼓励中国成为一个"负责任的利益攸关者"，积极推动加强国际秩序建设。他也指出了"和谐"概念与"负责任的利益攸关者"之间的有机联系，"和谐"一词早前已经由胡锦涛领导的中国政府提出来。陆克文在演讲中考证了"和谐"这一概念中蕴含的"天人合一"的古代中国哲学思想，并将北京政府建设"和谐社会"的努力与清代思想家康有为的理想结合起来，这显示了他对中国历史的了解。

在热点问题上，陆克文提到了中国政府对发生在西藏地区的暴力犯罪事件的处理，以及奥运会圣火传递在伦敦、巴黎和其他几个城市受到阻挠的问题，陆克文清晰地表明，澳大利亚绝不会参与其他国家抵制北京奥运会开幕式的行动。他说："奥运会对中国参与世界事务非常重要。"然而，陆克文也指出，"在西藏地区还存在着严重的人权问题"，这也是"澳大利亚民众所关切"的。（Rudd，2008c）

考虑到提出人权问题和西藏问题可能会冒犯东道主，陆克文很快地从中国的传统理念"诤友"中找到了依据。他在演讲中将"诤友"一词解释为"一个超越直接和短期利益的，建立在宽广和坚定基础之上的，着眼于持久、深刻和真诚友谊的伙伴"，一个"敢于说出不同意见、直言规劝的、能够就有争议的问题进行有原则的对话的"真正朋友。"诤友"这个词来源于古代经典文献，听起来文绉绉的，不过对许多年轻听众来说不免有些古怪、陌生。但陆克文的演讲将这一词语加以推广，以至西方媒体在进行报道时，将其当成了其演讲的中心思想。（Coorey，2008）直到最近几年——即便在他从总理一职卸任以后很长一段时间，陆克文仍然经常用这个词来形容澳大利亚与中国的关系。

总的来说，这场演讲不仅反映了陆克文基本的外交政策理念，也包含了与澳中关系直接相关的若干问题。有关中国经济快速发展的讨论，与澳

第七章
陆克文时期（2007~2010）

大利亚商界具有直接的利害关系，而谈论西藏人权问题也是人权组织和亲西藏的游说分子所期待的。陆克文表示澳方不会参与抵制北京奥运会的承诺，将得到东道主的赞赏。总之，他这场用复杂中文进行的演讲满足了其中国粉丝的好奇心。从在场的笑声和掌声来看，那些期待看到陆克文精彩表演的人确实对演讲印象深刻，并不仅仅因为陆克文对中国古典词语和历史名人的引经据典。的确，在许多西方领导人的中国演讲中，陆克文的演讲之所以与众不同，不仅因为他是直接用中文进行演讲，而且还因为他对中国知识与文化的深刻理解。这同时应该归功于他的顾问们，包括白杰明——一位举世闻名、极具天赋的澳大利亚国立大学汉学家。正是得益于这位汉学家的指导，陆克文在演讲中，能够熟练举出"诤友"一词，以及像康有为、鲁迅那样的历史名人的例子。①

然而，这次演讲并未令所有人感到开心，因为他们各自的利益关切点不同。一方面，东道主中国对陆克文提出的不抵制北京奥运会的承诺表示赞赏，中国官方媒体也对此进行了报道，而相反的，对于他提到的西藏人权问题，中国媒体没有提及。另一方面，人权活动者们对陆克文也并不十分满意，因为他们认为陆克文对中国人权问题的批评力度不够，并且，他还承诺澳大利亚将会参与北京奥运会。在这些批评中，最突出的就是著名的异议人士魏京生。魏京生是陆克文在20世纪80年代就读于澳大利亚国立大学获得一等荣誉学位时所撰写论文的主题人物。20世纪70年代末期，魏京生是中国"西单民主墙"运动的积极分子，提出民主是"第五波现代化"，后被判入狱。他对陆克文的演讲不以为然，认为陆克文的"诤友"概念是"令人迷惑并古怪的"，并极力攻击他参与北京奥运会的决定。（Grattan，2008）

有趣的是，澳大利亚反对党支持陆克文对中国人权问题的批评，但同时质疑将这些问题进行公开化谈论并不明智。凭借着其多年与中国打交道

---

① 有趣的是，白杰明本人发表在澳大利亚主流报纸《悉尼先驱晨报》评论版的一篇赞美的文章（12 April，2008）中，透露了陆克文演讲的一些细节。陆克文希望在演讲中避免使用外交辞令，使用"诤友"概念，能够起到改写与中国接触的规则的作用。白杰明的文章可以当成对陆克文在北京大学演讲的注释。

的经验，陆克文无疑知道北京方面对于类似人权等敏感问题更倾向于私下讨论，但他选择了公开的方式——一方面可能是由于当时西藏暴力犯罪事件正被热烈讨论，另一方面可能是因为人权组织所施加的压力，还有一部分原因可能是他想测试一下，自己作为一个充满了友好和善意的第一位会说中文的西方国家领导人，到底能在多大程度上突破底线。中国方面随即通过外交部发言人姜瑜清晰地表达了自己的立场：姜瑜重申了中国政府的立场，即西藏是中国领土神圣不可分割的一部分，不允许任何外国干涉。（Toy and Grattan，2008）

访问及后续发展

陆克文还在他与中国总理温家宝的谈话中提到了这些问题——温家宝总理毫不犹豫地回击了国际社会对中国人权问题的批评。除西藏及人权问题外，两个半小时的会谈主要集中在双边往来方面。双方同意将气候变化方面的合作提升至部级合作水平，并每年举行一次协商，同时，加强在清洁煤炭科技方面的合作，为此，澳大利亚将投入2000万澳元设立一个联合协调小组。（Toy and Grattan，2008）双方还同意重启几个月前暂停的自由贸易协定谈判。结合有关亚太共同体的设想，陆克文利用这个机会，劝说中国总理支持他希望将朝鲜问题六方会谈扩大为地区安全组织的建议，并让澳大利亚参与。除了北京，陆克文的行程表上还包括了三亚和博鳌，在这里，他以政治领导人身份出席博鳌亚洲论坛，时任中国国家主席胡锦涛以及候任台湾地区副领导人萧万长也有出席。

陆克文将中国选为其上台后海外访问的第一站，不仅表示了新政府的外交偏好以及他个人对澳中关系的重视，还帮助拉近了两国距离，即便还存在人权问题上的不合。一些分析家（如 Carr and Roberts，2010）在评论陆克文时期的中澳关系时指出，他的这趟出访及在北大的演讲是两国关系恶化的开端。这种结论没有错，但太过简单化。虽然中国方面确实对陆克文在西藏问题上公开批评中国感到不满，但是，中国领导人已经听过许多西方领导人类似的批评，有的甚至比陆克文说的还要刺耳，如若没有后续事件导致关系恶化，那么中方很容易从这次小插曲中走出来。

第七章
陆克文时期（2007～2010）

事实上，在陆克文离开中国几个月后，中国各大媒体继续刊登许多赞扬他语言天赋和文化知识的文章。比如，在陆克文访问中国两个月后，一位著名的国际问题研究学者就在中国时事媒体《北京周报》上发表文章，称赞中澳关系目前达到了"历史最好水平"，并指出陆克文政府对多边主义的重视，以及摆脱前任联盟党政府通过加强澳大利亚与日本、美国及印度的安全对话，组建"四边联盟"的政策。（Shen，2008）与此同时，在由中国顶尖智库之一的研究者发表的另一篇文章中，作者总结了陆克文此行的影响：

> 此次访问只持续了四天，但他"支持中国"的形象已经散播至他出行的各个地方，并被中国民众所珍视……贸易上的摩擦和人权问题上的分歧并不能阻挡中国人对这位"汉学家"的痴迷。随着中澳在贸易及经济关系、气候方面合作的关系不断发展，我们将会不禁对陆克文的天赋及外交资质发出惊叹。（Guo，2008）

这篇文章同时也提到，与澳洲的媒体相比，中国公众及媒体对这位"亲华"的总理更有好感，因为陆克文的首次全球出访并未包括日本，这一点也使得中国人更加喜欢他。而且，陆克文第一届政府内阁中还包括了第一位华裔部长（黄英贤），这同样"在某种程度上缩短了中澳两国之间的'心理距离'"（Guo，2008）。

陆克文与中国的"蜜月期"持续了数月。4个月后的2008年8月8日（中国人认为的吉祥的日子，包含许多幸运数字8），在一些西方领导人缺席的情况下，他依然出席了北京奥运会的开幕式。澳大利亚总督及其昆士兰州同乡昆廷·布赖斯（Quentin Bryce）则参加了闭幕式。

"北京的走狗"？

时至今日，国际金融危机持续，越来越大地影响着澳大利亚经济，吸引着陆克文政府的注意力——尽管其并没有因此忽视与中国的关系。事实上，陆克文和澳大利亚商界都将目光放在了正蓬勃发展的中国市场上，他们希望依靠繁荣的中国市场来降低金融危机给澳大利亚带来的影响。与目前经济状况低迷的西方经济体形成鲜明对比的是，中国经济持续增长，这也带动了其对能源和资源的更大需求——而这正是澳大利亚所能够提供的。为了应对全球经济危机，作为经济刺激计划的一部分，中国投入巨额资金，此举也有助于舒缓全球经济的衰退。由于中国不断增长的需求，它成功地吸收了澳大利亚总出口的近1/4。2008年年末澳大利亚经济在仅出现一个季度的负增长后又呈反弹态势，也因此成为西方国家中唯一一个避免了经济衰退的国家（经济衰退，在技术上我们定义为出现两个季度的连续负增长）。与一般发达经济体所采取的调低官方利率的措施不同，澳大利亚储备银行从2009年下半年开始提高利率，之后澳大利亚股票市场市值也开始慢慢恢复到金融危机前的水平。

基于他对加强多边制度的国际主义者的立场，以及他宣称的与亚洲接触，特别是加强与中国的联系的目标相一致，陆克文支持中国在国际组织中发挥更大的作用，包括增加中国在国际货币基金组织的发言权，他利用对华盛顿和其他国家首都出访的机会为此进行游说，帮助中国成为一个"负责任的大国"。对陆克文来说，这些举动是其领导下的新政府贯彻服务于澳大利亚国家利益的整个对外政策的一部分。但是，对于那些不赞同他的外交政策的选民们来说，他在国际舞台上的所作所为——特别是在与中国的关系方面——走得太远了。

这为澳大利亚国内反对派攻击陆克文政府提供了弹药，此时反对党领袖是能言善辩的马尔康·特恩布尔（Malcolm Turnbull），他充分利用选民的这种情绪给陆克文施压。反对派认为，陆克文花了太多时间出国"旅行"，因此给他冠上"陆克文747"的帽子，取代之前的"陆克文07"的外号，这一外号是陆克文2007年竞选时取的。特恩布尔批评陆克文跟中国走得太近，称他"到处游走，为中国辩护，而不是为澳大利亚的利益奔走"（Brissdenden，2009）。这种事态也受到了海外媒体——包括中国媒体——的报道和关注，中国媒体对事件添油加醋，改编成具有本国"特色"的故事。比如，在英语类报刊《中国邮报》上，特恩布尔的话"为中国辩护"就变成了"中华人民共和国的代言大使"，这与原话还算接近；但在中文媒体中，这句话则变成了极具贬义色彩和煽动性的说法——"北京的走狗"。

第七章
陆克文时期（2007~2010）

(Taylor, 2009) 这样的报道增加了一些负面事例，这些故事原本是出现在澳大利亚媒体上的，后来又被中国媒体"拾获"。这其中就包括对陆克文政府的国防部部长吉尔·菲兹吉本（Joel Fitzgibbon）的批评性评论，以及有关中国对澳大利亚投资的争论。

2009年3月，费尔法克斯报系披露了一个隐蔽的未经授权的调查结果，这项调查是关于国防部官员对国防部部长吉尔·菲兹吉本与一位名为刘海燕（Helen Liu）的华裔女商人过于密切的交情的指控，其中蕴含安全危险。菲兹吉本对这项指控十分愤怒，他指出调查完全是部门内部对他本人部门改革政策不满的官员所为。但随着媒体的披露，更多细节浮出水面，包括菲兹吉本还在反对党的时候，曾几次去过北京和上海，并且接受过刘海燕的资金赞助，而这几次旅行未曾公布过。而刘海燕被确信与中国军方关系密切。各方担心菲兹吉本与刘海燕的来往将会损害澳大利亚的国防利益。

反对党领导人马尔康·特恩布尔要求总理解雇菲兹吉本，但陆克文最初拒绝了。随着对事件进一步追踪的展开，压力不断增加，外界也开始怀疑陆克文本人是否也接受过中方赞助的免费旅行，后来发现，刘海燕也与前总理约翰·霍华德会过面，并且，多位反对党政客可能曾经接受过一些人的资助进行免费旅行。（Brissenden, 2009）2009年6月，菲兹吉本提出辞职。结合媒体报道，出现源自中国的网络攻击，以及数年前在霍华德政府时期发生的陈用林叛逃事件爆出的有关中国间谍网的传言，菲兹吉本事件对澳大利亚公众看待与中国关系产生了负面影响，这在当时罗伊研究所进行的公众调查结果中有明显的反映。

投资控制

毫不奇怪的是，在这种背景下，中国在澳大利亚投资的迅速增长成了一个热点话题。金融危机之后，许多西方公司陷入了资金紧缩的困境，但中国经济的迅速发展使其海外投资在21世纪的头十年迅速增加。例如，在2008年，中国直接对外投资净额达到了559.1亿美元，比2007年增加了

111%。大多数投资集中在石油、天然气、矿石和金属产业方面，而矿产资源丰富的澳大利亚自然成为这种类型的投资的重要目的地。这些投资举动背后隐藏着的一个重要动机，就是确保对关键商品价格的控制。（Shi, 2009）一份中方材料显示，陆克文在任期间，中国对澳大利亚的投资，从2007年年末到2011年年初，累计达到了400亿澳元——这个数字是霍华德政府时期的4倍。（Fu, 2011）但是，根据澳大利亚官方资料，同期中国对澳投资总额高达600亿澳元，三年时间内，共有220项来自中方的投资申请获得了澳大利亚国外投资审查委员会的批准。（Dorling, 2011）

不管确切的数据是多少，这些通过审查的总量远远低于中国企业希望在澳大利亚投资的数量。这与几年前的情况形成了鲜明对比——几年前，澳大利亚的外交官和官员们必须努力开展促进投资的活动。比如，2006年11月在北京召开的澳大利亚矿业投资研讨会，旨在吸引对澳大利亚市场的投资，包括矿产领域的投资。通过这种比较，我们发现，在急速改变的中国，事情的发展是难以预料的。

鉴于能源及资源项目的巨大规模，投资者大部分属于中国国有企业，其中包括中国铝业和五矿集团，但是，它们发现，在对澳大利亚投资时遭受了不公平的限制。比如，中国铝业集团在收购全球第二大矿业公司——力拓公司18%的股权时，经历了一场惨烈的战斗。2009年，经过不断努力，中国铝业提出了收购方案，希望通过招标增加对力拓公司的持股份额。陆克文政府必须对这一投标做出决定，此时，政府必须同时应对来自公众舆论和反对党就菲兹吉本事件和中国投资问题所施加的巨大压力。

除了反对党领袖马尔康·特恩布尔给陆克文贴上"中国的说客"标签外，影子财长乔·霍基（Joe Hockey）通过在国家电视台发表演说，给政府进一步施加压力，他宣称："我们听说国防部长从中国商人那里接受了免费旅行，同时我们还知道，澳大利亚政府一周就向中国借款近5亿澳元。我们还了解到，中国正在对包括力拓集团在内的一系列澳大利亚的矿业感兴趣，这是怎么回事？"（Brissenden, 2009）在争论的另一方，中国公众，包括中国政府及商界，则希望会说普通话的陆克文总

第七章
陆克文时期（2007~2010）

理更加理解和包容中国希望保障其经济建设和现代化所需能源供给的愿望。因此，这对陆克文政府来说是一大难题，受到了来自两方的压力，左右为难，饱受夹板气。

最终，中国铝业竞标失败，力拓集团违背了已经达成的交易，中方感到十分失望。加上之前堪培拉否决了中国五矿集团收购澳大利亚 Oz Minerals 的方案——财长韦恩·斯万以国家安全为由拒绝了这项交易，使得澳大利亚政府面临的压力陡增。因为，作为 Oz Minerals 最具吸引力的资产之一——Prominent Hill 铜金矿，刚好位于南澳大利亚伍默拉的军事敏感地带。这个矿区离伍默拉火箭发射区只有150公里，美国和英国的国防部门在测试无人机和防空导弹时非常依赖这一地点。（Brissenden，2009）在初次竞标失败之后，五矿集团又提出了一个将 Prominent Hill 铜金矿排除在外的替代方案。这个方案最终获得批准，但是，在此之前，中国有色金属矿业公司对莱纳斯公司（Lynas Corporation）稀土控制权的投标以及武钢集团与西部平原资源公司（Western Plains Resources）就建立一个双方各控股50%的联合公司的谈判均告失败。

中国在澳大利亚投资接连受挫的消息频频出现在中国各大媒体上，于是出现了诸如"澳大利亚限制中国投资"和"中澳关系怎么了"的大标题。当经济新闻报道了更多此类投资计划受挫的细节后（如 Zhang，2009），那些密切关注事态发展的出版物开始对造成这些失败的深层次原因进行分析。比如，有一篇文章提到了几个原因，包括澳大利亚国内冷战思维的持续存在，陆克文政府面临的国内政治压力，以及由于社会意识形态、政治价值观和社会制度的不同而产生的澳民众对中国的不信任等。有些文章还提到，由于西方国家宣扬"中国威胁论"，导致澳大利亚担心中国的崛起，害怕中国铝业集团收购力拓股权将会使中国控制钢铁价格，并进一步控制澳大利亚的核心资源。（Li，2009）

尽管中国媒体的相关报道起初并未把矛头指向陆克文本人，但是媒体对中澳关系"蜜月期"的报道就此明显地结束了。陆克文和他的部长们，包括外交部部长史蒂芬·史密斯和贸易部部长西蒙·克里恩（Simon Crean）试着缓解中方的担忧，他们在每一场与中国同行举行的会议上都强调澳大利亚的投资政策是非歧视性的，并且非常欢迎中国的投资，但中方仍有疑虑。这种疑虑之后被证实——虽然是在陆克文下台之后——维基解密网站向媒体公布了美国大使馆的电报。

2011年3月《时代报》（The Age）发表文章《工党秘密控制中国投资》披露，澳大利亚外资投资审查局（FIRB）董事局官员帕特里克·柯尔摩（Patrick Colmer）在2009年年底与美国大使馆工作人员进行了秘密会谈，承认堪培拉正通过实施"对中国在澳大利亚能源领域不断增长的影响加以严格控制"的方法来限制中国的投资。（Dorling，2011）柯尔摩证实，联邦政府倾向于在新建项目上将外资股限制在50%以下，而对于主要的矿业公司则被限制在15%左右。根据这份美国大使馆的电报，柯尔摩曾经承认，"澳大利亚外资投资审核局在2009年之中，每周收到一件以上的来自中国的投资申请"，而当年8月财长韦恩·斯万批准的新方案，"主要是出于对中国投资不断增长的顾虑"，特别是来自中国国有企业对澳大利亚战略资源领域的投资。（Dorling，2011）

这项披露与必和必拓公司总裁马里厄斯·克罗普斯（Marius Kloppers）的私人谈话相一致，他曾提到墨尔本的美国总领事在一份泄露的外交电报中说，澳大利亚联邦政府对北京将控制澳资源感到"真正的害怕"，并且不想让澳大利亚"变成中国最南部省份的一个露天矿"。根据克罗普斯的谈话，政府"在沙漠里画一条线，以使中国国有企业不得收购像力拓、必和必拓及伍德赛德这样的大型矿业公司"（Dorling，2011）。不久之后，《时代报》上的文章被翻译成中文刊登在中国媒体上。（Xiang，2011）

如果我们不谈澳大利亚对中国国有企业的限制，陆克文时期全球金融危机的爆发又为另一种类型的中国投资涌入澳大利亚提供了机会，虽然这仅仅是暂时现象。作为应对全球金融危机计划的一部分，陆克文政府暂时放松了对一些临时签证持有人购买房地产的限制。这对中国大量持有163类签证的商人来说，无疑提供了一个购买已建成和新开发的不动产的机会。由于从快速发展的中国市场获益，这些资金充裕的购买者们经常以高出当地人很多的出价购买，导致金融危机时期澳大利亚房地产价格上涨，而此

第七章
陆克文时期（2007~2010）

时美国和其他发达国家正在经历房地产价格的严重下滑。在墨尔本郊区和其他城市的周末拍卖会上，只见中国模样的竞标者展开激烈的相互攀比，而当地人站在一旁看热闹。

陆克文的白皮书

如果中国怀疑陆克文政府限制他们的投资动议，他们不必等待维基解密来证实他们的怀疑。2009年5月，陆克文发布了新一期的国防白皮书，这份白皮书由即将卸任的国防部部长吉尔·菲兹吉本作序，它在充分评估中国崛起的前提下，制定了澳大利亚的战略目标。尽管使用外交辞令，但这份白皮书透露出对中国不断上升的实力的担忧。例如，白皮书指出，"如果不加以详细的解释，中国军事现代化的步伐、规模及组织结构，都可能引起邻国的高度关注"。它进而指出，"中国军事现代化计划，可能已经超出了应对台湾问题所需要的能力"。因而，白皮书提出，澳大利亚将通过增加国防投入，包括将潜艇数量翻番，以及购买100架喷气式战斗飞机，进一步加强自我防卫和自力更生的能力。（Garnaut and Pearlman，2009）

这份白皮书引发了中国的愤怒，中国认为这份文件是"中国威胁论"的翻版，有理由质疑西方国家遏制中国崛起的意图。中国的分析家认为，这是澳大利亚第一次公开将中国的军力发展当成地区不安全因素。（Liu，2009）中国军事战略家、海军少将杨毅（音）攻击这份白皮书是"疯狂"和"危险的"，它可能引起该地区的军备竞赛。[①]（Garnaut and Pearlman，2009）尽管这份白皮书要求更大程度地寻求自力更生的倾向意味着更少地依赖美国对澳大利亚的安全保证，尽管陆克文对此作了保证，这份白皮书的意图仍然被北京视为不友好。有趣的是，反对派领袖特恩布尔曾指责陆克文与北京过从甚密，如今，却批评陆克文政府"表现出来的强硬姿态，使得澳大利亚面临一场与军事侵略性的中国引发不可避免冲突"的危

[①] 中国对《白皮书》的不满，以及澳大利亚对中国投资的限制，表明澳大利亚公众对中国崛起的日益不安，反映在陆克文执政时期罗伊研究所做的几份民意调查报告中。（例如，Hanson，2010）

险——这种言辞，不禁让人回忆起，前总理霍华德不相信台海危机是不可以避免的观点。同时，一些独立的时事评论员却得出了这样一个悖论，即白皮书所设想的宏大的国防支出超出了澳大利亚自身的财政能力，澳大利亚只有依赖中国的继续崛起，才能够获得额外收益，而有了这些收益，才能用它来进一步对抗中国的继续崛起。(Bryant, 2009)

冲突加剧

随着事态的发展，陆克文政府与北京的关系更加紧张了。那些曾经广泛出现在中国媒体上的陆克文亲华标签，早已从中国的新闻报道中消失了。然而，在它们修复被损害的关系之前，又出现了更多的加深两国裂痕的刺激因素。2009年7月，力拓集团在上海的一位管理人员胡士泰——一个出生于中国的澳大利亚公民——与其他三位同事因涉嫌行贿和窃取国家机密被逮捕。这件事吸引了许多媒体的关注，并成为这两个国家的头条新闻。澳大利亚人普遍认为，胡士泰被捕是中国人对力拓撤回与中国铝业公司早期交易的报复，民众强烈要求政府站在被捕公民的立场上进行干预。澳大利亚外交贸易部接连三次召见中国代理大使讨论这个问题。

尽管陆克文避免亲自干预这个案子，但他的公开声明暗示，中国处理这个案子的方式可能产生经济后果。中国外交部发言人秦刚做出回应，将陆克文的言论当成"噪音"和"对中国内政的干预"。他指出，中国"坚决反对任何人试图有意煽动这个事件"，并指出这样做"也不符合澳大利亚的国家利益"(Garnaut and Coorey, 2009)。这个强烈的反驳表明北京在对陆克文的态度上已经发生了重大改变。正如澳大利亚唯一的全国性报纸《澳大利亚人报》的文章所指出的那样，胡士泰案"就像一支箭射入了澳大利亚最重要贸易关系的心脏。它使两国礼貌且互利的政治经济关系出现了公开的裂痕"(Hewett, 2009)。

正当胡士泰案悬而未决之时，一个更严重的事件爆发了，给双方关系带来了不利的后果。7月5日，中国西北部新疆维吾尔自治区首府乌鲁木齐爆发骚乱，导致大量人员伤亡。中国政府对这个被称为"七五"骚乱的暴力抗议活动表示愤怒，谴责热比娅·卡德尔领导的世维会策划和组织了这

第七章
陆克文时期（2007~2010）

场骚乱。正当中国政府忙于处理新疆骚乱的后果时，北京获悉，热比娅——骚乱的策划者，将要赴澳大利亚出席墨尔本国际电影节，因为该电影节将要放映一部由杰夫·丹尼尔斯（Jeff Daniels）导演的反映她生平的纪录片《爱的十个条件》。

双方围绕这件事展开了一系列外交活动。中国官员试图说服澳大利亚联邦政府官员拒绝发给热比娅入境签证。在同情热比娅事业的澳大利亚公众的压力下，陆克文并未同意。驻墨尔本的中国总领事馆官员也要求墨尔本国际电影节取消放映那部电影以及撤回电影节对热比娅的邀请。电影节组织方以艺术自由和表达自由为由拒绝了这个要求。中国公众为此深感不安。多位被邀请的中国电影导演退出电影节以示抗议。墨尔本电影节网站遭黑客袭击，网页上电影节的信息被中国的国旗和反热比娅的口号取代。（Toy，2009）为了显示其不悦，北京取消了副外长何亚非8月5日参加在凯恩斯举行的太平洋岛国论坛会议的计划。（Liu，2009）

一位研究中澳关系的重要学者在一篇文章中阐述了中国对胡士泰案和热比娅问题的看法。根据这篇文章，作为澳大利亚铁矿的最大的进口商，"中国在铁矿石定价问题上应该拥有一定的话语权"。但是，即使在世界市场有利于中国的时候，中国在长期合同议价问题上仍然屡屡受挫。因此，中国政府决定通过杜绝在铁矿（价格）谈判环节的不法行为找到问题的根源，所以，逮捕了胡士泰。这篇文章指出，中国政府注意到这个问题可能给中澳关系造成一定的影响，并小心地将这个案子的调查局限于胡士泰个人层面，而没有将问题升级到公司层面或者更高层面。然而，令人不安的是，澳大利亚政府发出强硬声明，将这个问题政治化，澳大利亚的这个举动被视为"过度反应"，并有"干涉中国司法独立"的嫌疑。（Guo，2009）至于热比娅问题，该文章评论道：

> 民族和谐关系和国家的团结是中国政府和人民最关心的核心问题。中国政府认为热比娅是恐怖分子和主张"疆独"的分离主义者的领袖。证据表明，她煽动、策划和指导了发生在新疆乌鲁木齐的"七五"打砸抢烧严重暴力犯罪事件。在事件受害人尸骨未寒之际，澳大利亚迫

不及待地放映关于热比娅的纪录片,并允许她访澳,这严重伤害了中国人民的感情和侵犯了中国的核心利益。① 这有违常识和情理。在这些情况下,在做出严正的外交抗议后,中国导演退出电影节是自然而然而且极其合理的。(Guo,2009)

澳大利亚评论界认为,这一系列事件,包括中铝并购力拓失败、胡士泰案和热比娅签证问题,使澳中关系遭遇了一个十年的低谷,直接导致北京禁止高级官员访澳,并支持发动一场"针对澳大利亚的舆论战"。(Sheridan and Sainsbury,2009)

来自中国方面的高级访问的中断,与早期的高层往来频繁的局面形成了鲜明对比,那时,陆克文为了避免被反对党贴上"满洲候选人"的标签,而有意低调处理他同中方高层人士的交往。例如2008年年底2009年年初,两位中国主要的领导人相继访澳,虽然中国媒体做了相应报道,陆克文政府却对澳大利亚公众进行了隐瞒。另一个例子是,2009年年初,陆克文遇到了令人尴尬的一件事,他为了避嫌,在接受BBC电视台采访时不想让人看到他与老相识中国驻英大使傅莹坐在一起的画面;而之前陆克文喜欢在公开场合用普通话与中国高官交谈。(Grattan,2009)

但如今的情况大不一样了。即使他想让公众看到他与中国领导人交流,也找不到愿意同他交流的中方领导人。事实上,如今中国人对陆克文感到懊恼,停止支持他提出的多边计划,不与澳大利亚就此合作,包括亚太共同体倡议,以及哥本哈根气候会议上的一项协议。这令陆克文非常沮丧,因为这些是他曾经提出的奋斗目标,甚至有媒体报道说陆克文一度为此破口大骂。(Harvey,2010)

---

① 在中国官方正式层面,经常表达的一句话是"伤害中国人民的感情"。就基层民众而言,尤其是最近这些年,人民的情绪日趋复杂化。一个有趣的现象就是,在双边关系恶化的2009年,一项由澳大利亚罗伊研究所在中国所做的民意调查显示,大部分受访者仍然对澳大利亚表示好感。例如,超过80%的受访者认为澳大利亚是一个旅游的好去处,50%多的受访者认为,澳大利亚具有良好的价值观和政治制度。(Hanson and Shearer,2009:2)这一点与中国人对美国(和世界其他国家)的情绪类似。官方层面对美国的不满,可能同时伴随着个人层面对美国制度的艳羡。比如说,那些手持反美标语的人,同时又非常渴望获得来自美国常春藤高校的奖学金。

第七章
陆克文时期（2007～2010）

两头受气

相比早期对亲华的陆克文的"着迷"，中国媒体如今采用了强烈批评的语调来评论陆克文政府对中国的态度。其中，有一篇文章指出，澳大利亚政府"态度高傲"，以"国际社会和世界舆论的代表"自居，在胡士泰案问题上"干涉中国司法权"并"公开威胁中国"，"不顾中国对热比娅问题的关注"。文章提到，紧急召回驻华大使是陆克文政府对北京不悦情绪的傲慢表现。（Shi，2009）当时许多媒体报道了澳大利亚紧急召回大使，并认为这一举动是陆克文政府对北京处理热比娅问题上的愤怒情绪所采取的针锋相对做法。陆克文决定在那时召回澳大利亚驻华大使芮捷锐（Geoff Raby），也许有其他不为人知的原因。

其实，相当一段时间以来，陆克文处理对华关系的方式，以及他的总体行事风格，已经成为堪培拉官僚体系内部争论的焦点之一。一些评论人士认为，陆克文的领导风格显示出很强的控制欲，在决策上，特别是外交和国防政策上独揽大权。一位评论员认为：

> （陆克文）总理创造了一种模式，这种模式赋予他在外交政策上的绝对决定权，与很多国家的关系都需要他直接加以关注，因为陆克文就是一名前外交官，一位曾经派驻北京、能说普通话的中国通——（现在）他被他的个人经历所捆绑，难以自拔。（Flitton，2010）

其他一些人也做了类似评论，强调陆克文"复杂的个性，他的注意力和优先事项经常变动，他雄心勃勃的国际计划、他不按常规出牌的决策风格，以及他创立的中心化的政策结构，加之外交贸易部及其他相关部门资源的减少，导致公务员的士气下降"。如陆克文的管理方式和他的控制欲，不仅导致了2009年国防白皮书的推迟发表，并对"中国崛起做出了与其他政府机构（包括澳大利亚杰出的情报评估机构）差异极大的战略性评估"（Trood，2010，Carr and Robert，2010）。正如一位与堪培拉关系密切的评论人士指出的，"陆克文政策制定的方式，引发了他政府成员的强烈不满，内外部人士普遍认为，这腐蚀了澳大利亚政府内阁系统已确立的政策制定流程"（Trood，2010）。

在造成堪培拉官僚体制不协调的这种背景下，个人和政策上的分歧也导致了陆克文与一些从事与中国关系工作的重要官员，包括从霍华德时期就担任驻华大使之芮捷锐之间的裂缝。陆克文与芮捷锐曾经是同事，20世纪80年代他们在澳大利亚驻华大使馆不同部门工作，一个在政治处，另一个在经济处。他们有着不同的（知识）背景。其中，陆克文接受的是中国语言文化的培训，芮捷锐是学经济的。很少人了解他们之间的矛盾，直到陆克文结束总理职务的几个月后，媒体报道了芮捷锐发表的一篇演讲，公开了他们之间的分歧。（Garnaut，2011）

在完成大使任期之前，芮捷锐在北京对澳大利亚公司董事研究所（Australian Institute of Company Directors）发表演讲，谈到什么是"中国通"。（Raby，2011）他说，"对于我们这些仍在努力学习中文的人来说，一个好消息是，能说中文对于成为中国通来说，既不是必要条件，也不是充分条件"。他补充道，"人们能通过到中国去，会见各方面人士，以及建立关系来深入细致地了解现代中国"。这正是芮捷锐本人的中国经验。然而，芮捷锐紧接着说，"会说中文不等于了解中国。能够发现很多这样的例子，普通话水平高的人并不了解中国的运作方式。这些人把自己关在书斋里，通过阅读《论语》来学习中文"。最后这句含沙射影的话被媒体抓住大做文章，有关文章提醒读者，"陆克文在澳大利亚国立大学师从汉学家李克曼（Pierre Ryckmans）学习中文，李克曼曾经翻译儒学经典《论语》"（Garnaut，2011）。

关于他们之间真实关系的细节，陆克文和芮捷锐都三缄其口。但是，如果他们之间的不和正如媒体报道的那样，那么这种分歧也完全可能是陆克文召回芮捷锐的原因之一，而2009年澳中关系紧张也很可能加深了他们之间的分歧。尽管与陆克文关系不佳，芮捷锐仍继续担任大使，直至陆克文辞去总理职务后的一段时间。

随着澳中关系的恶化，2009年下半年和2010年年初，陆克文发现自己受到两方面的压力。在澳大利亚，公众对能说中文的陆克文曾寄予厚望，希望他把澳中关系提升到一个新高度，如今这种厚望却转变为强烈的失望。

第七章
陆克文时期（2007~2010）

反对派也从指责陆克文是"满洲候选人"转向批评他处理与中国关系的无能，这有力地表明陆克文在自己擅长的游戏中被击败了——不同于霍华德政府，后者成功将澳中关系从紧张转变为友好。本来应该可以作为陆克文外交最大财富的，如今转变为最大的败笔。在中国，公众对这位中国通的着迷，演变为愤怒和失望。前面提到陆克文政府"傲慢"态度的那篇文章就是例证。

平静下来，修补关系

当大多数中国媒体强烈批评陆克文政府时，有一篇文章却异乎寻常地呼吁"用冷静的头脑分析中澳关系"，认为中国需要澳大利亚多于澳大利亚需要中国。这篇文章指出，"陆克文在任期的第一年两次访华，确保了奥运圣火在澳大利亚的安全传递。因此，密切了中澳关系"。相比之下，加拿大总理史蒂芬·哈珀（Stephen Harper）在他"超过三年的任期内都没有访问过中国一次"（He，2009）。这篇文章对反华阴谋论不以为然，一反主流观点，认为不存在澳大利亚与西方联手反华的问题：

> 正如英国反对党骂布莱尔是"布什的哈巴狗"并非针对美国一样，澳大利亚自由党领袖特恩布尔斥陆克文为"北京的走狗"，针对的也不是中国。这些都是民主政体下竞争政治的产物，只能说明反对党找到了攻击执政党的一些借口而已。同样，执政党斥反对党"故意"煽动"反华情绪"之说，也站不住脚，这只是反对党抨击执政党"媚中"时，执政党作为反制手段给反对党贴的标签而已。只要中国配合，而不是与澳大利亚对着干，闹到澳反对党嘲讽本国总理不会处理与中国关系的程度，这场"闹剧"就会慢慢收场。陆克文这时可以这么说，你们瞧，我已经这样向中国表示了，效果也只有这样，我们还是维持好对华关系吧。……今天的澳大利亚已经崛起为举足轻重的资源大国，随着外大陆架不断向外延伸，澳大利亚的资源领土相当于澳陆地面积的数十倍。对于急于推动GDP增长的中国来说，中国有求于澳大利亚的程度，可能已经大于澳大利亚有求于中国市场的程度。旧有的力量

平衡已被打破,中国切不可意气用事,要老谋深算一点。(He, 2009)

尽管普通公众或许有一些情绪化的表现,但中国的领导人无疑保持着冷静的头脑,显示出成熟和合作意愿。2009年10月,中国派出副总理李克强访澳,这有助于恢复早前中断了的两国高层交流。这个势头在2010年6月,即陆克文担任总理的最后一段日子里,得到进一步加强——时任中国国家副主席习近平对澳大利亚进行了访问。陆克文也显示了他修复澳中关系的决心,顶住多方面的压力,决定不会见2009年12月访澳的达赖喇嘛。如果他屈服于公众压力,会见达赖,双方关系将遭遇另一个退步,不利于友好关系的恢复。

虽然澳中友好关系得到恢复,但是,在2010年6月他突然失去总理职位之前,陆克文没有机会再次访华,他的副手朱莉亚·吉拉德(Julia Gillard)成功挑战了他的领导地位,接替他担任澳大利亚工党政府总理。但陆克文设法为从事中国研究的人留下了一份厚礼——他宣布成立中华全球研究院,总部设在他的母校澳大利亚国立大学,并拨款5300万澳元来资助这个项目(其中,3500万澳元是作为创办基金,1800万澳元用于建造一栋新大楼)。他在澳大利亚国立大学第70期乔治·厄内斯特·莫理循(George Earnest Morrison)讲座上发表演说,指出他的政府想让这个研究中心成为全方位展开对当代中国研究的全球最优秀的研究机构,成为"国内和国际学者聚集的枢纽"。他强调中华全球研究院的目标是,基于"诤友"原则,"培养出一种新汉学的新传统"。"诤友"是陆克文两年前在北京大学演讲中提到并使之著名的概念。(Callick, 2010) 这个研究中心在杰出汉学家白杰明带领下,由多位知名的中国问题研究学者组成。该中心堪称陆克文留下的最永恒的遗产,将对现在和将来澳大利亚的中国研究产生深远影响。

受保护的贸易

即使在两国紧张关系的高潮,两国政府都努力维护双边关系的底线,不允许政治争论阻碍贸易和商业交易。2009年8月——热比娅问题爆发的

第七章
陆克文时期（2007~2010）

那个月——两国政治关系陷入陆克文上任以来的最低谷，两国仍确定了单笔最大的商业交易，即中石化和埃克森 - 美孚（Exxon Mobil）公司签订了价值500亿澳元的合同，规定澳大利亚将从西北部沿海城市高更（Gorgon）向中国繁华地区供应液化天然气。

根据合同，中石油将成为高更天然气最大的买家，在未来20年里每年接受22.5万吨液化天然气。这个交易将超过中石油之前与壳牌（Shell）签订的为期20年的每年供应10万吨液化天然气的合同（Wong and Mile, 2009）。政治上的紧张关系肯定会减弱这个交易的光芒，中国官方媒体对此项目的新闻报道，甚至比过去那些交易金额少得多的相似项目的报道还少。澳大利亚资源部部长马丁·弗格森（Martin Ferguson）来到北京，见证了合同的签订，仅仅会见了中国国家发改委主任张平。（Liu, 2009）

高更液化天然气的交易规模表明了在陆克文时期中国经济的增长和两国总体的经济关系。在陆克文政府的最后一年——2010年，中国成为世界第二大经济体，澳大利亚成为中国经济增长的一个主要受益者。中国自霍华德时期的最后一年——2007年——成为澳大利亚最大的贸易伙伴，而且在2009年，超越日本成为澳大利亚最大的出口市场，吸引了澳大利亚总出口量的1/4。自20世纪80年代以来，澳大利亚长期受抱怨的贸易赤字在陆克文时期转变为盈余（参见表7-1）。这是澳大利亚的部长们和其他官员共同努力的结果。例如2008年一年，贸易部部长西蒙·克里（Simon Crean）四次访华，以促进澳大利亚在中国快速发展的内陆省份的贸易和经济的利益，并表达堪培拉方面对于自由贸易协定谈判的立场。

表7-1 澳大利亚对华贸易，2006~2010年

单位：百万澳元

财 年	出 口	进 口	双边贸易额	（进出口）差额
2006/2007	23705	26598	50303	-2893
2007/2008	27722	30278	58000	-2556
2008/2009	37086	36707	73793	379
2009/2010	47991	37252	85243	10739

资料来源：本书作者根据澳大利亚外交贸易部2006~2010年的年度报告统计整理而成。

到 2010 年中期，双向商品贸易总值超过 800 亿澳元，其中澳大利亚出口达 460 亿澳元。截至目前，铁矿石是澳大利亚最大的出口项目，出口额从 2007 年的接近 90 亿澳元上升到 2010 年的大约 250 亿澳元，增长了接近两倍。其次是煤炭的出口，出口增长得更快，增长 1000%，出口额超过 50 亿澳元。农产品出口仍然是双边贸易的一个重要组成部分。中国成为澳大利亚羊毛的最大出口市场，出口额约 15 亿澳元。从中国进口的货物包括衣物（大约 38 亿澳元）、计算机（35 亿澳元）。其他重要的进口商品的范围从通信设备、婴儿车、玩具到游戏和运动用品。双边服务贸易额也增加到约 70 亿澳元。其中，在澳大利亚教育方面，出口占服务贸易增长相当大的部分，达 40 亿澳元。中国是澳大利亚海外学生的最大来源地。2009 年有 15.5 万名注册的中国学生在澳大利亚求学。而主要的服务贸易进口集中在个人旅游和交通运输方面。（基于外交贸易部出版物，2009～2010 年中国情况部分）

相比双边贸易，双向投资有些滞后，但也取得了长足发展。在陆克文任职后期，澳大利亚在华投资额达 69 亿澳元。澳大利亚在华投资增长缓慢的主要原因包括中国缺乏市场透明度，官方办事的繁文缛节，法律、管制的障碍，缺乏对知识产权的保护等。与此同时，中国在澳大利亚的投资增长较快。在 2007 年 11 月到 2010 年 5 月间，大约 160 个提案获得通过，总值约 600 亿澳元。在澳大利亚批准的外来投资中，中国从 2009 年第六位，上升到 2010 年的第二位。（Smith，2010）如果没有之前讨论过的对中国国有企业投资的限制，中国在澳大利亚的投资额将会更高。

往事不堪回首

回顾陆克文政府两年半的作为，人们不禁会注意到一个有趣的对比，即陆克文时期的澳中关系，与之前霍华德政府时期的澳中关系的比较，除了在任期时间方面有明显的差别外，霍华德政府与北京的关系刚开始很糟糕，但在随后的时间里设法摆脱了最初的窘境，在澳中间建立了健康的关系——尽管其间有一些磕磕绊绊。相比之下，陆克文政府是以良好的意愿

第七章
陆克文时期(2007~2010)

和高开的期望开始的,然后经历了失望和关系破裂,最后经过稍许恢复以相当低沉的调子结束。很少人预想到保守的霍华德政府能将对华政策变成一个成功的故事,也没有多少人会想到能说普通话的陆克文竟然使澳中关系恶化到如此程度。这是为什么?陆克文是否曾经有机会以其他方式处理好对华关系呢?

在分析外交政策的决定因素时,我们可以再次利用本书开始时提供的分析框架——包括体系的、国内的、特殊的因素——来寻找可能的解释。在体系层面上,全球金融危机的爆发无疑对陆克文的中国政策产生了影响。正如之前提到的,全球金融危机的爆发确实在大方向上打乱了陆克文的计划,使他对之前计划好的许多国内和外交政策进行重新排序,以集中精力应对自大萧条以来最严重的金融危机,从而妨碍了他对华政策的彻底实施。

尽管这是一个理由,但它不能解释为什么陆克文会选择那种行动方式来处理对华关系。例如,为什么他选择在北京大学演讲中公开提到西藏人权问题,而不是以一种更私下的方式与中国同行交换意见,或者如同霍华德那样,通过年度人权对话机制解决?为什么他和他的政府限制中国的投资,并允许热比娅进入澳大利亚?从澳大利亚国内政治的角度,这些问题可能会得到更好的解释,至少有一位中国评论员曾尝试这样做。当中国许多人困惑于为什么之前被认为"亲华"的"中国通"陆克文如今持"反华"立场时,一位中国分析人士做了如下解释:

> 尽管陆克文是一位中国通,澳大利亚反对派却抓住这一点大肆宣传陆克文出卖澳大利亚利益的可能性。这导致陆克文在对华政策上的犹豫,有时会在一些关键的问题上对反对派让步,以证明他的清白。以力拓案为例,陆克文刚开始强调要就事论事,而不要将这个事件政治化。但随着事态的发展,澳大利亚反对派加强攻势,媒体大肆宣传等都增加了压力。为了谋求连任和选民的支持,陆克文便设法使他自己与中国保持距离,他的态度发生了根本改变,直到公开对中国发出警告。(Li, 2009)

这篇文章继续指出,"汉学家"不一定是"亲华"分子,历史上的案例往往指向另一个方向——例如理查德·尼克松是一位知名的反共保守主义者,但他掀开了中美关系的新篇章。

国内政治无疑给出了一个更好的解释,但仍然不能充分解释陆克文外交政策包括对华方针的一些细节。例如,将陆克文提出西藏人权问题与国际上包括澳大利亚本土的人权团体施加的压力联系起来,可以通过体系和国内因素加以考察,但无法了解陆克文个人在这些问题上的立场。作为一个政治家,他并不像一个真空的管道,被动地接受任何流经他的东西。所以,我们必须考察决策者及其信仰体系。

事实上,详细研究后会发现,陆克文的政策中始终贯穿着一条红线,从对土著人致歉到反对种族屠杀的立场,从反对捕鲸到高调支持给予缅甸昂山素季自由,以及"茉莉花革命"爆发后呼吁通过联合国决议来反对利比亚卡扎菲政权等可以明显看出,陆克文对人权和道德问题的关注是始终如一的。在某种程度上,这种关注符合埃文斯所定义的澳大利亚作为"国际良好公民"这一澳大利亚工党的传统。与陆克文意见不一致的人或许认为他好大喜功,上述做法只不过是他寻求引起众人注目的把戏。这种观点也许不错,但陆克文完全可以通过关注其他议题达到同样的目的。

陆克文的个人教养和信仰有助于我们更好地了解陆克文偏好人权问题的原因。尽管我们在此不打算全面探究陆克文的早期生活,但是,我们从大量的陆克文传记资料(Macklin, 2007; Stuart, 2007)可以看到,陆克文的基督教信仰和做礼拜的习惯有助于塑造他的世界观,进而促进他关注人权和其他道德问题。其中一位传记作者,在谈到陆克文与中国的关系时指出:

> 当他上任时,北京的善意似乎给他增添了光环。原来的大使馆一等秘书,现在成为澳大利亚总理,陆克文在两国备受期待。然而,期望越高,失望越大。而关于陆克文个人背景和倾向的更详细的知识,或许有助于打消这些不切实际的期望。但这样的背景资料在他上任前是不受人们关注的。(Stuart, 2010: 131)

这位传记作者继续提到这样一个事实,在陆克文上学的时候,澳大利亚还没有承认北京的共产党政府。他第一次海外旅行的目的地是台湾,当

第七章
陆克文时期（2007~2010）

时台湾正在蒋介石领导的"国民政府"的统治之下。陆克文的大学论文是关于中国抗议运动的，并以异见人士魏京生作为他的研究对象。即使后来成为一名外交官，并被派往北京，他的第一个任务是去会见中国的异见人士。正如这位传记作者所指出的，所有这些早期的经历，"为陆克文提供了认识中国的不同寻常的复杂性和双重性。这种理解，是解构陆克文处理与中国这样一个超级大国关系的一个重要部分"（Stuart，2010：132）。

通过这个视角就不难看出，为什么陆克文选择强调西藏人权问题，以及他为什么不是中国大陆民众所设想的"亲华派"。在当代中国大陆政治体制下成长起来的普通民众，很容易设想会讲中文的陆克文肯定是"亲华"的。毕竟在他们看来，若不是出于对中国的热爱以及对中国事务的强烈兴趣，这个"白皮肤蓝眼睛"的西方男孩，何必费那么大气力去学习这一生僻且难以驾驭的语言呢？但事实证明，这些设想与更加复杂的现实相抵触，从而导致了中国大陆民众的巨大失望。

第三条道路或陆克文之路？

在随后的岁月里，陆克文失去总理职务而担任外长时，将他的对华方针进一步解释为"第三条道路"。基于他在北京大学首次提出的"诤友"概念，他的第三条道路寻求超越常规的亲华或反华的二分法路径，将"世界对华接触推进到一个新的阶段，在相互尊重的条件下，在不危及双方基本关系的同时，我们可以讨论存在分歧的方面"（Garnaut，2010）。

以玩世不恭的眼光来看，这未免有些哗众取宠，对于澳大利亚这样实力的国家来说，这无疑是一种充满雄心的幻想。批评陆克文的人或许会补充道，与其不自量地折腾，陆克文政府还不如像霍华德政府后期那样，专注于澳中关系的实用层面。但对于陆克文来说——特别是在他上任后第一年首次提出"诤友"概念的时候——这样做也是可以理解的。面对前所未有的国内民众支持，并具备了与中国领导人直接交谈的罕见的语言能力，陆克文非常有信心地认为，在与中国打交道的时候，他完全可以采取不同的方式。作为澳大利亚第一个会说普通话的领导人，人们期望陆克文能够在处理与中国的关系时，有一些新的创意，而不是采取以往处理中国问题时一般的礼节性交往或是军事遏制战略。

霍华德在其执政早期，强调澳大利亚的价值，采取加强与美国联盟的策略，激怒了澳大利亚的亚洲邻居，特别是中国。随着国际环境的变化，霍华德改变了他的政策，逐渐恢复并加强与周边主要国家的关系。2007年大选的胜利使陆克文有充分的理由相信，他会比霍华德做得更好。

凭借自身的政治经验以及对自己能力的自信，陆克文希望对中国领导人直言不讳，之后再通过微妙及渐进的外交举措，最终获得北京政府对他的支持，正如中国谚语所称的"打一巴掌，揉三揉"，这一策略想必陆克文在研究汉学时有所接触。如果他的总理任期能够再长一点，那么他本可以在第一次访问中国以后，通过更多的个人外交活动，来向中国领导人保证其友善的动机，并培养与中国领导人的密切关系，正如前总理霍华德与中国前国家主席江泽民和前总理朱镕基建立密切关系那样。虽然霍华德在与江泽民及朱镕基打交道时比较幸运，这两个领导人都能够说英语，因而，对霍华德的提议表示相当程度的欢迎；陆克文则具备更加强大的武器，他了解并掌握了中国的语言及相关文化知识，假如有更多时间，借助两国间不断增强的相互依赖，陆克文本可以依靠中国领导人的实用主义而使双方走到谈判桌前，正如霍华德曾经做到的那样。

然而，当陆克文的任期在2010年6月突然中断时，他的所有设想都只能成为假设。担任总理不足一届任期，陆克文就以极其惨烈的方式黯然下台，留下了许多未竟事业。就中国而言，陆克文能够做的只是"打一巴掌"，以此向其选民证明他对北京政府毫不手软；但他几乎没有时间做出"揉三揉"的举动，以使中方回心转意。

劫后余生

陆克文的突然离职使他在澳大利亚饱受批评，人们指责他在冒犯中国时显得不明智，错误地处理与中国的关系。这些批评，使得他后来就中国问题所做的声明都变得无足轻重。在他下台一年后，澳大利亚一位有影响

第七章
陆克文时期（2007~2010）

力的评论家开始为陆克文辩护，此时陆克文已经被人们看作一个弱者。这位评论家指出："澳大利亚的舆论界，仅仅因为中国政府不喜欢陆克文对中国人权问题的评论，就认为陆克文这么做是错误的，这真是荒谬至极。"他还称赞"陆克文有勇气不回避中国与澳大利亚间的巨大分歧"，称赞陆克文"比霍华德更加勇敢和出色"。（Sheridan，2011）这些同情及赏识的评论，虽然为时已晚，却给从权力巅峰跌下而又受到羞辱的陆克文多少带来一丝安慰。

与此同时，陆克文下台之后又发生了一件对他不那么有利的事情。2010年12月，由维基解密网站向媒体提供的美国国务院电报披露，2009年3月，陆克文在与美国国务卿希拉里·克林顿进行为时75分钟的谈话中，鼓励美国对中国采取强硬措施。媒体报道强调，陆克文在据指称的那次谈话中提到，"如果出现意外情况，澳大利亚将与美国一道，'动用军事力量'对抗中国"（Atkins，2010）。这一谈话的曝光使许多人感到不安，这些人只注意到陆克文关于与中国进行建设性接触的公开声明的表面现象。然而，对于那些早已学会对政客的声明采取将信将疑态度的人而言，这一新闻毫不稀奇。

如果将这一新闻置于适合的情境下，陆克文的谈话——如果是真实的话——也是和他总体的外交政策目标相一致的，这就是同时与中国、美国打交道。在相同的谈话中，陆克文向希拉里解释了他设立一个新的亚太安全共同体的目标，并敦促美国参加进来，陆克文指出："成立一个新的机制，是为了避免中国在东亚峰会的主导地位演化成中国版的'门罗主义'，或者说是为了确保不出现一个没有美国参与的亚洲。"（Atkins，2010）

应该注意的是，就在上述陆克文与希拉里举行会谈之际，美国正将精力集中在本国的经济危机上，同时，美国日益趋紧的军事及外交资源都被牵制在伊拉克及阿富汗。澳大利亚国内和亚太地区的一些盟国担忧，美国国内的孤立主义倾向重新复活，导致华盛顿对维持在东亚的存在失去兴趣及意志。媒体所报道的陆克文谈话，似乎是由这些担忧所激发的，因为陆克文期望美国能够加入一个共同论坛，以抗衡中国，在此论坛中，澳大利亚也能够发出自己的声音。报道中所引用的陆克文谈话，听起来当然不如他的公开言论那么彬彬有礼，但是，考虑到他急切地想要对美国新任国务卿表达自己对亚太地区的看法，因此使用各种各样的表达方式来说服对方，这也是不足为奇的，虽然这些说话方式在闭门会谈中是很常见的。

无论这次对话的真相如何，陆克文政府对美国关于中国的看法施加了影响，促使美国下决心加强在亚洲的存在，因此，2011年美国奥巴马政府做出决定，与俄罗斯、中国和其他国家一道参加东亚峰会。正如前面所提到的，2010年11月，美国国务卿希拉里·克林顿在墨尔本参加澳美部长级会谈时就对陆克文发挥的作用表示了感谢。（Kelly，2010）

结　论

尽管陆克文政府与华盛顿保持着密切的互动关系，但是，这种互动似乎并不像霍华德时期那样使北京感到不安，因为在霍华德时期堪培拉同华盛顿交往的密切程度曾被视为衡量澳大利亚外交独立性的标准。造成这种情况的部分原因是，时至今日，北京已经接受了堪培拉与华盛顿是同盟关系的现实，更为重要的原因是，中国和澳大利亚忙于处理它们之间的直接关系。从陆克文政府对中国人权事务的关注，到北京对力拓协议的流产表示失望；从胡士泰案到热比娅事件的争议，两国都忙于处理直接交流中所出现的问题，而美国与其他第三国因素则退居二线。密集的经济交流主导了双边关系日程，使得双方官员忙于应付澳中关系的日常事务。每当经济利益与政治需要相冲突时，双方都会小心翼翼地使经济交流免受政治争吵的影响。

就澳大利亚外交政策的变革与延续性而言，陆克文政府继续维持与美国的密切关系，延续了澳二战后的外交传统，而对华政策则沿袭了霍华德政府及更早一个时期所建立的合作机制，包括自由贸易协定谈判。当然，陆克文的对华政策也因陆克文个人影响而显示出一些新奇的特点，例如关于"诤友"的提法。但是，可能是由于陆克文任期的短暂，陆克文政府的大多数政策创新只是停留在方式和侧重点的层面，而未能触及实质内容。

尽管如此，陆克文政府通过突出二十国集团的作用，以及积极寻求美

第七章
陆克文时期（2007~2010）

国加强对亚洲的承诺，在国际舞台上一展风采。以往讨论澳大利亚外交政策的独立性时，倾向于关注澳在制定外交政策议程时如何尝试去抵制来自大国的压力。陆克文政府则以更加积极的方式表明，像澳大利亚这样的中等强国，可以争取主动，利用自身的外交空间改变周边格局。可能是陆克文比较幸运，其当政期间的国际环境为他的作为打开了一扇机会之窗，但是陆克文的个人首创精神，并加之相应的外交努力，也起了重要作用。

陆克文政府究竟在多大程度上享有外交独立性这一问题有待进一步探讨，但是有一点很清楚，从前面的分析可以看出，要想全面了解澳大利亚的对华政策，必须将体系的、国内的及个人特质的因素结合起来加以考虑。确实，自从两国建立外交关系以来，双方都付出了不懈的努力，到了陆克文执政时期，双边关系的议程排满了由两国直接交往而产生的一系列事项，而第三国因素的重要性则大不如前。因此，有必要根据双边往来本身的具体情况来研究澳中关系，并按照两国直接交往的是非曲直对澳中关系加以判断，这比以往任何时候都显得更加重要。

第八章　回望与前瞻

再谈中心议题

　　综上所述,在二战结束后的大部分时期,不论是在经济领域还是政治领域,澳大利亚对华政策的制定和实施都表现出高度的独立性。从冷战高峰时期,澳大利亚在处理与中华人民共和国贸易问题上所持的现实主义态度,再到后冷战期间,堪培拉对中国人权与众不同的应对方式,均可以发现,澳大利亚政府在实施对华政策方面已经展现出相当程度的主动性及行动自由。自20世纪70年代"惠特拉姆改革"以来,澳大利亚的对华政策就显示出这种自由,特别是20世纪80年代,澳大利亚通过利用其作为中小国家的灵活性,开始发起一系列成功的外交政策倡议,充分体现出这种自由。澳大利亚发起的倡议包括组建凯恩斯集团、对柬埔寨问题的政治解决、APEC进程,以及"中国行动计划"和自由贸易区谈判等一系列旨在加强双边关系的努力。尽管澳大利亚和其他相当规模的国家一样无法避免外部压力的影响,同时,澳大利亚的对外政策与其他更为强大的盟国(特别是美国)的对外政策之间有时会显示出明显的相似性,但是,对澳大利亚来说,这种相似性更多的是源于利益的一致,而不是对大国外交政策的盲从。

　　通过以上所做的历史回顾可以看出,在特定时期,来自体系的、国内的及个人特性的因素,都在政策制定过程中发挥着很重要的作用。由于这些独立的变量之间彼此的相关性,随着时间及事件改变而不断转换,因此,很难就澳大利亚对华政策过程中这些因素各自所起的作用分别加以概括。

然而，有一点是很清楚的，即除非考虑以上所有三个变量，否则不能充分解释政策结果。因此，本书开头部分提出这样一个假设，即像澳大利亚这样的中小型国家的对外政策不过是模仿或追随"强大朋友"的对外政策，因此没有必要进行深入具体的分析，现在看来这一假设是不成立的。

尽管如此，由于目前所分析的只局限于澳大利亚对外政策的一个方面，因此，上述结论并不全面。所以，我们有必要对澳大利亚外交政策的其他方面做更加深入的调查研究。然而，目前的结论也是不容忽视的，尤其因为中国与澳大利亚在国家规模上是不对称的。如果澳大利亚对中国这样的大国表现出独立性，那就不难想见，澳在与南太平洋邻居这样更为弱小的国家打交道时，则完全可能享有更大的行动自由。当然，没有经过实践检验的假设不能代替细致的分析，因为，前者容易导致成见，而后者可以显露现实的复杂性。即使本书的研究对澳大利亚独立性问题未能给出一个确定无疑的答案，但至少展示了澳大利亚外交政策一个重要方面（即对华政策）的复杂性，从而避免了人云亦云的公式化结论。作为抛砖引玉，本书作者希望今后有更多的中国学者以及其他地方的学者，对澳大利亚外交政策的更多方面做深入而不懈的探索。

对贸易与政治关系的研究发现

通过历史考察我们发现，过去 60 多年来，作为澳中关系主体的贸易与政治之间存在着复杂的互动关系。一方面，良好的政治关系往往有助于促进双边贸易的发展，而经济联系的加强也有利于两国之间政治联系的巩固。另一方面，贸易的水平与政治关系的状态并不总是直接对应的。例如，20 世纪 70 年代早期以前，虽然澳中之间还没有建立外交关系，但两国贸易仍持续增长，尽管增长的水平有限。与此相反，20 世纪 80 年代早期，两国的政治关系比较密切，但是澳大利亚对中国的出口出现了显著下降。这是因为贸易量的波动经常源于两国国内经济政策的变动，而不一定取决于两国间政治关系的变迁。两国一旦建立起贸易关系，双边贸易（在更小范围内，包括相互投资）就倾向于按照自身的动力发展，而不一定受短期政治波动的影响。当然在更长的周期内，或者两国关系出现危机时，情况则不同；

若贸易被故意用作政治武器，则更要另当别论。

澳大利亚的对华政策一直受到经济和政治考量的共同驱动。当贸易与政治发生冲突的时候，澳大利亚政府经常在政治上采取权宜手段以保护本国的贸易利益。自20世纪80年代中期以来，随着经济理性思潮在堪培拉的不断上升，澳大利亚政府就不断强调这种实用主义。结果，在后来各个时期的政策制定过程中，经济考量的地位变得越来越突出。

在我们考察过的第一个阶段（1949～1972年），由于冷战的巨大影响，政治因素——特别是对全球安全及地区安全的关注——主导了澳大利亚的外交思维。其结果是，在由意识形态划分的两极世界当中，澳大利亚的对外政策深深陷入与超级大国保护者的结盟关系中。这样的意识形态竞争部分体现在澳大利亚国内不同党派对中国问题的不同看法上。

第二个阶段（1972～1983年）处于全球权力调整所引起的体系变动之中，这种变动反过来促使惠特拉姆政府加速寻求外交实践的独立性。这些情况使敌意让位于友谊及合作，最终导致澳大利亚对华政策出现转折。然而，超级大国间的对抗仍然影响着澳大利亚的对华态度，东西方之间持续不断的战略竞争成为国际政治的主旋律。

在第三阶段（1983～1989年），特别是霍克政府后期，冷战的逐渐结束和全球经济相互依赖的不断增强，赋予了澳大利亚政府开展经济外交的更多的自由。体系及国内环境的不断变动也同样促使澳大利亚政府调整战略，将外交工作集中于亚太地区（特别是东亚）。正是在这种背景下，堪培拉以前所未有的活力来促进与中国的贸易，对中国重要性的认识更多的是基于中国市场的巨大潜力，而不是作为全球力量均衡中的战略筹码。澳中双边经济关系，从商品及服务的相互交换扩展到其他形式的经济联系，包括相互投资和发展合作。但是，经济因素的权重不断上升并不代表中国在安全领域已被认为不再重要了。实际上，中国的战略重要性已经被认作既定事实，澳大利亚采用温和的态度来看待中国的战略重要性。与此同时，被埃文斯定义为"良好国际公民"的政治因素，例如对中国人权纪录的关注，开始困扰澳中关系。这些关注在澳中两国自1972年建交以来一直存在，但是在1989年政治风波之后，这些关注开始占据显著地位，双边关系由此进

第八章
回望与前瞻

入第四阶段。

第四阶段（1989~1996年）始于霍克政府后期，延伸至整个基廷政府时期，澳大利亚政府被迫重新考虑其对华政策，并且人权问题成为双边关系的重要议题。然而，对华政策的再评估并没有导致澳大利亚政策的根本改变，而且人权问题也没有被强调到足以伤害澳大利亚经济利益的程度。实际上，澳政府做出了一系列精心安排，使经济利益免受人权问题干扰。就澳大利亚政府而言，这意味着在提升国家经济利益与获得政治目标之间做出微妙的平衡。而澳政府在强大公众压力下能成功地做到这一点，恰恰证明历届政府——特别是霍克政府——所建立的双边关系框架发挥了实质作用，显示了生命力，尽管1989年政治风波以后霍克曾受到尖锐批评。

澳大利亚成功推行平衡政策，在遭受1989年政治风波的冲击四年之后，随着基廷总理于1993年6月对中国的访问而得以集中体现。基廷在中国的行程显示，在澳大利亚的对华政策当中，突出贸易的总趋势基本得以保持。唯一的差别在于以下事实：前几届政府有的是以没有根据的恐惧心态来处理澳中双边关系，正如1972年前那样；有的是以过分乐观的情绪来处理双边关系，正如1989年前那样。基廷政府的政策是基于对澳中关系的价值做更为冷静的分析，在处理政治及经济利益关系方面表现出更大的平衡性。

继任的霍华德政府（1996~2007年）也进一步采用这种头脑冷静的方式，该政府强调实用双边主义，一味追求所谓澳大利亚国家利益，而这种利益经常被狭义地加以功利主义的界定。对于霍华德而言，在多边论坛上批评中国的人权状况只是毫无用处的故作姿态，是不划算的，不如更好地将精力集中于保证获得有利可图的商机，并在开发中国不断繁荣的市场时极力追逐最大的利益，同时也对中国的战略动向保持警惕。为了达成以上目标，霍华德政府在澳中政治关系破裂及不断受挫之后，快速地修补与中国领导层关系的裂痕，并且利用"9·11"事件以后中美关系的恢复，不断扩大澳大利亚外交的活动空间，借以促使澳大利亚这个资源丰富的国家实现经济利益最大化。一系列大规模的天然气协议的达成，以及开展与中、美两国的自由贸易协定谈判，都是这方面的例证。

当陆克文政府（2007~2010年）接过赛棒之时，这位会说普通话的总理通过利用两国民众对其政府的良好意愿，努力实现澳中关系的创新。他所提出的"诤友"概念强调表达与中国领导层的分歧，其政府白皮书则关注中国的战略崛起，这一切——至少在当时——凸显了两国关系中的政治问题，似乎有可能扭转澳大利亚对华政策当中贸易重要性的趋势。然而，由陆克文创新措施所引发的政治争论为时不长，正如他的任期一样。

通过进一步考察发现，尽管媒体倾向于突出报道政治问题，但这只是双边交流的一部分，陆克文政府议程表中的大多数事项依然是以贸易为主的。事实上，许多引人注目的政治问题，例如力拓案及胡士泰案，正是由于陆克文政府时期澳中两国密集的经济交往引起的。媒体较少报道，陆克文作为总理及其后担任外长期间，在和中国官员打交道的时候，不断努力来促进澳大利亚的贸易利益，并且鼓励澳大利亚公司在中国做生意时，要更老练些，不仅看到中国繁荣的沿海地带，同时也要将眼光放在中国的内陆省份，要实现贸易及投资的多元化，而不是仅限于矿业及农业。这一系列努力有助于提高两国经济交往的密集性。但具有讽刺意味的是，经济交往的密切也使许多政治问题接踵而至，困扰着任期短暂的陆克文政府。

回顾整个历史过程我们发现，澳中两国建交以来为双边机制塑造出一个不断强化的体制，这些双边机制不断超越两国政治领域及经济领域的界限。在过去的40年中，历届澳大利亚政府都致力于机制建设，中国政府也为机制建设付出了努力。在双边交往的结构中，贸易与政治之间的关系不断得到整合，从而象征着澳中关系新成熟期的开始。新中国成立60多年来，澳中关系经历了风风雨雨，现在终于走向成熟。

未来的变化及延续性

关于澳大利亚对外政策的变化与延续性问题，如前所述，自从40多年前惠特拉姆当政时期实现与新中国建交以来，澳大利亚的对华政策就表现出相当程度的延续性。惠特拉姆之后，尽管继任的历届政府在政治信念上有所不同，但是都继续保持着与中国构建强大建设性关系的势头。当然，澳大利亚的对华政策也发生过变化，最显著的莫过于1989年政治风波之后所发生的变化，但是，这些变化，只是临时的修正，而不是政策方向的根本转变。加强与中国的关系仍然是大势所趋。

尽管不同政府在处理对华关系问题上存在风格与偏好的差异，但是，两党政府均高度重视推进这种关系的发展。澳大利亚对华政策独立性的不断增强，以及在实施这些政策过程中贸易因素重要性的不断凸显，已经超越了两党政治及不同政府的分野。除非受到国际体系及双边关系的重大冲击，可以合理地推断，根据历史趋势及两党政治发展规律，将来无论哪个党派掌权，澳大利亚将会继续保持对华政策的延续性。

在本书截稿时，茱莉亚·吉拉德已经取代陆克文成为澳大利亚总理，吉拉德政府继续维持对华政策的延续性。这种延续性也因陆克文留任外长得以加强，陆克文在卸任总理后留任新政府的外长长达20个月，直到被鲍勃·卡尔取代。吉拉德上台之初就承认她对外交缺乏经验和兴趣，正在努力学习之中——而这种情况也出现在她之前的几届总理身上，其中，包括约翰·霍华德。吉拉德于2011年4月对中国进行了访问，就像她之前的几届政府那样，访问议题呈现出多样性。在与中国领导人会见时，她谈及了政治和经济等一系列问题。吉拉德虽提及人权方面的案例，例如胡士泰案及吴植辉案，但是在强调加强两国贸易关系的大背景之下提到这些案例的。为了保持政府间政策的延续性，她号召加速与中国进行双边自由贸易协定谈判，而这个倡议最早是由霍华德政府提出来的。

吉拉德政府重视亚洲——包括中国——的最近表现就是，2011年9月，责成前财政部秘书长肯·亨利（Ken Herry）开展全面的政策审议，以便为未来几十年内澳大利亚如何开展与亚洲地区的关系设计蓝图。相关报告正在撰写过程中，人们拭目以待。

与此同时，作为发展与中国关系的具体行动，吉拉德于2012年3月宣布，她的政府计划在四川（中国人口最多的省份之一）的省会——成都设立一个新的总领事馆。有关建馆的筹备工作从陆克文担任总理及外长时期就已经着手进行，吉拉德加以明确宣布，这一举措不仅突出了堪培拉的政策延续性，而且展示澳大利亚政府希望通过加强在中国广大内陆地区的外交存在而不断致力于双边关系的发展。此举作为两国建交40周年纪念活动的一部分，为两国的纪念活动增添了动力。

前瞻：历史的未来，未来的历史

正如未来的种子深埋于过去，历史经验同样可以为未来行动提供指南。澳大利亚1972年之前对中华人民共和国的敌视政策，是基于共产主义"中国威胁"的假设之上。虽然后来的事态发展纠正了这些假设，但是，随着中国的经济发展以及综合国力的提高，澳大利亚对中国未来扩张可能性的恐惧可能再一次出现。关于澳大利亚在面临中国崛起的情况下如何在美国与中国之间进行角色定位的问题，在澳大利亚国内已经出现了公开的争论。这场争论是由澳大利亚国立大学教授休·怀特（Hugh White）的季刊论文（2010）及专栏作家格雷格·谢里登（Greg Sheridan）的评论文章（2010）引发的，这是澳大利亚国内存在焦虑情绪的表现。澳大利亚对未来中国发展的关注点主要包括中国在南海领海争端中的角色、中国对朝鲜核武器的模糊态度、台湾海峡两岸不时爆发的紧张局势等。

然而，我们必须阻止这些担忧成为自我实现的预言。正如许多评论员指出的，很重要的一点是，必须承认，中国对外行为的偏好部分取决于国际社会对中国所采取的态度。因此，将中国纳入建设性对话——正如澳大利亚政府通过亚太经合组织、东盟地区论坛、东亚峰会及其他多边及双边组织所做的那样——比对抗及施压政策更为可取。

在澳中两国外交关系建立的初期，积极和热情是非常必要的，但是，当两国关系深入发展而未来可能变得更加复杂的时候，就必须付出更多的耐心和努力。这不仅是由于中国市场的艰难及复杂性，同时也是因为中国前所未有地从计划经济结构转变为市场经济结构所产生的后果和影响，需要很长时间才会显现——特别是在政治领域。

然而，无论发生什么变化，双边关系也不可能倒退到20世纪70年代前的状态。两国间有太多的利害关系，促使双方极力避免这种情况的出现。与此同时，许多积极因素将发挥作用，从而有助于维护双边关系的稳定。40多年来的制度建设所取得的成果以及相互学习极大地促进了两国间的相互认识及理解。在受过教育的普通中国人眼中，澳大利亚的形象，已经从盛产绵羊、袋鼠和运动员的大陆岛转变为拥有丰富农产品和矿产资源的高度发达的、现代资本主义国家。对于普通的澳大利亚人而言，中国也不再是一个遥远的亚洲神秘国度，不是一个专注于自我利益的共产主义庞然大物，而是越来越被视为一个人口众多、与外部世界保持着多样的联系的国家，拥有民族及地区多样性的巨大市场。尽管学习过程并不顺利，相互之间的认知也不对称，但毫无疑问，哪怕仅仅与20年前相比，两国现在对彼此都有了更多的了解。

然而，这并不意味着双边关系未来将一帆风顺。潜在的热点，例如，与台湾和人权（特别是关于西藏的）相关的问题将至少在短期内继续存在，甚至会对其他方面的良好关系投下阴影。还有其他问题，例如核政策、移民控制、投资及贸易安排，可能会不时出现，这些问题在很大程度上取决于中国和澳大利亚公众的预期。

自1972年澳中两国抛开过去的敌意建立友好关系以来，两国关系经历了一段漫长的历程。自从那时起，两国关系经历了曲折和变化，但是，每当克服一个障碍，双边关系的纽带就得到强化。值得注意的是，双边关系的动力不仅源于政府努力缔造的制度，同时也来自两国民间交往的不断增加，而且，这种非政府交流形成了不同于政府间关系的自身的动力。

鉴于过去60多年来政府之间的框架对于澳中关系发展发挥着至关重要的作用，本研究采取了一种现实主义理论基础之上升华而来的分析框架，即着眼于国家行为。然而，自从中国1992年实行社会主义市场经济，特别是最近十年以来，澳中两国非政府间的联系及往来得以飞速发展，速度之快令人始料不及。确实，中国及澳大利亚两国的政府官员因无法掌控日益活跃的私营部门交往，私底下感到失落。（基于20世纪90年代以来本书作者对官员所进行的采访及与他们进行的非正式交流）

就澳大利亚对华政策而言，多少带有几分讽刺意味的是，澳大利亚政客及官员们当初曾不遗余力地施压，要求中国实施自由化及市场化，而如今，在他们帮助下魔瓶已经被打开，"妖怪"已经跑出魔瓶，不受控制，他们却被一种无助感困扰。这也许给澳中关系的实践者和研究者发出了一个信号，即，是进行范式转变的时候了。

附录 受访者名单

（按字母表排序）

我非常感激以下人士为我提供的珍贵看法和信息，没有他们的帮助，本书将无法如愿完成。按照惯例，除了一些正式的访谈外，其他大部分信息来源没有列出受访者。同时，我也从与很多中国公职人员的交谈中获益匪浅，但是，为了避免复杂化，在下面的这份名单中没有提及他们的名字。

亨利·阿尔宾斯基（Albinski Herry）（宾夕法尼亚州立大学）访谈，1995年6月28~29日（布里斯班）

托尼·安德顿（Anderton Tony）（澳大利亚贸易委员会），电话访谈，1994年11月9日（堪培拉）

白杰明（Geremie Barme）（澳大利亚国立大学），非正式交流，1994年11月8日（堪培拉）；其他场合的交流

维奇·宝安（Vick Bourne）（澳大利亚民主党参议员），交谈，1994年11月9日（堪培拉）；其他场合的交流

安妮·布朗（Anne Brown）（格里菲斯大学），自从1993年年底的多次交流（布里斯班）

凯文·巴克纳尔（Kevin Bucknall）（格里菲斯大学），交谈，1993年年底（布里斯班）

汤姆·伯恩斯（Tom Burns）（澳大利亚工党退役军官），多次讨论（北京；布里斯班）

迈克尔·卡尼（Michael Carney）（澳大利亚外交贸易部），访谈，1994

附录
受访者名单

年11月2日（堪培拉）

艾莉丝·卡特（Alice Cawte）（澳大利亚外交贸易部），自从1992年的多次交流（北京；堪培拉）

大卫·康诺利（David Connolly）（澳大利亚自由党议员），职业关系接触，1991年7月14~26日（中国）

寇俊升（John Courtney）（澳大利亚驻华大使馆），自从1992年的多次交流（北京）

彼得·道丁（Peter Dowding）（西澳大利亚州前州长），职业关系接触，1992年（北京）

邓安佑（Hugh Dunn）（澳大利亚前驻华大使），多次交谈（中国；澳大利亚）

马克·埃尔文（Mark Elvin）（澳大利亚国立大学），非正式交谈，1994年11月（堪培拉）

蒂姆·费舍（Tim Fisher）（澳大利亚国家党领袖），职业关系接触，1990年9月（北京）

费思芬（Stephen FitzGerald）（澳大利亚前驻华大使），访谈，1994年11月18日（悉尼），其他场合的交流

马尔科姆·弗雷泽（Malcolm Fraser）（澳大利亚前总理），电话访谈，1994年12月16日（布里斯班）

弗兰克·弗罗斯特（Frank Frost）（澳大利亚联邦议会图书馆），访谈，1994年11月2日（堪培拉）

郜若素（Ross Garnaut）（澳大利亚前驻华大使），访谈，1994年11月1日（堪培拉）

凯文·贾拉特（Kevin Garratt）（澳大利亚移民局），讨论，1994年11月9日（堪培拉）；其他场合的交流

郭森若（Sam Gerovich）（澳大利亚驻华大使馆），自从1992年的多次交流（北京）

韦恩·戈斯（Wayne Goss）（昆士兰州州长），职业接触，1989年5月（中国；澳大利亚）

何睿斯（Stuart Harris）（澳大利亚外交贸易部前副部长），访谈，1994年11月4日（堪培拉）

鲍勃·霍克（Bob Hawke）（澳大利亚前总理），访谈，1994年11月17日（悉尼）

迈克尔·黑泽尔（Michael Heazle）（格里菲斯大学学者），自从2011年3月以后的多次交流

何科林（Colin Heseltine）（澳大利亚驻华大使馆），自从1989年的多次交流（北京）

约翰·修森（John Hewson）（澳大利亚自由党领袖），职业原因接触，1990年9月（北京）

罗伯特·希尔（Robert Hill）（澳大利亚影子内阁外长），职业原因接触，1990年9月（北京）

约翰·霍华德（John Howard）（澳大利亚前总理），访谈，2011年9月1日

黄思贤（Stephen Huang）（澳大利亚驻华大使馆），自从1992年的多次交流（北京）

韦恩·哈德森（Wayne Hudson）（格里菲斯大学），非正式交谈，1994年（布里斯班）

彼得·约翰斯顿（Peter Johnston）（澳大利亚国际发展援助局），访谈，1994年11月7日（堪培拉）

彼得·贾德（Peter Judd）（澳大利亚移民局），采访，1994年11月3日（堪培拉）

安·肯特（Ann Kent）（澳大利亚国立大学），多次非正式交谈（北京；堪培拉）

加里·克林特沃斯（Gary Klintworth）（澳大利亚国防部），电话访谈，1994年11月3日（堪培拉）

廖良浩（Leong Liew）（格里菲斯大学），自从1993年的多次交谈及其他交流（布里斯班）

迈克尔·莱托勒（Michael Lightowler）（澳大利亚前驻华大使），自从

1991 年的多次交流（中国；澳大利亚）

迈克尔·麦凯勒（Michael Mackellar）（澳大利亚自由党议员），交谈，1991 年 7 月及其他场合（中国）

马克林（Colin Mackerras）（格里菲斯大学），关于论文主题的非正式评论（布里斯班）

大卫·麦克格拉斯（David McGrath）（澳大利亚外交贸易部），访谈，1994 年 11 月 8 日（堪培拉）

默里·麦克林（Murray McLean）（澳大利亚外交贸易部），访谈，1994 年 11 月 1 日（堪培拉）；其他交流

托尼·米尔恩（Tony Milner）（澳大利亚国立大学），自从 1992 年的多次非正式交谈（中国；澳大利亚）

安吉尔·奥尼尔（Andrew O'Neil）（格里菲斯大学），自从 2011 年 2 月的多次交流

芮捷锐（Geoff Raby）（澳大利亚驻华大使馆），自从 1998 年的职业接触

任格瑞（Richard Rigby）（澳大利亚驻华大使馆），自从 1990 年 9 月的多次交流（中国）

彼得·罗（Peter Rowe）（澳大利亚外交贸易部），访谈，1994 年 11 月 1 日（堪培拉）

陆克文（Kevin Rudd）（各种职位时期），自从 1989 年的多次交谈（中国；堪培拉）

伊恩·罗素（Ian Russel）（澳大利亚外交贸易部），职业接触，1992 年 11 月 8~20 日（中国）

沙德韦（Daivd Sadleir）（澳大利亚前驻华大使），多次职业接触（北京）

保罗·桑达（Paul Sanda）（昆士兰州政府），自 1993 年年底以来的多次交流（布里斯班）

克里斯·沙赫特（Chris Schacht）（澳大利亚工党参议员），自 1991 年 7 月以来官方和非正式交流（中国；澳大利亚）

乔恩·谢泼德（Jon Sheppard）（澳大利亚外交贸易部），职业接触，1992年11月8~20日（中国）

克里斯·西多蒂（Chris Sidoti）（人权专员），自1991年7月以来的交流（中国；澳大利亚）

里克·史密斯（Ric Smith）（澳大利亚前驻华大使），在布里斯班会议上的交流，2011年8月19日

拉克兰·斯特拉恩（Lachlan Strahan）（澳大利亚外交贸易部），交谈，1994年11月8日（堪培拉）

爱丽丝·泰（Alice Tay）（悉尼大学），自1991年以来的多次交流（中国；澳大利亚）

巴登·蒂格（Baden Teague）（澳大利亚自由党参议员），自1990年9月以来的多次交谈（中国；澳大利亚）

迪里拜尔·斯韦茨（Dilber Thwaites）（澳大利亚外交贸易部），职业接触，1992年11月8~12日（中国）

桑晔（Sang Ye）（作家），自1994年以来的多次交谈和非正式交流（布里斯班）

苏·柴温斯基（Sue Trevaskes）（格里菲斯大学），自1994年以来交谈、交流及一些必要的评论和鼓励（布里斯班）

罗素·特鲁德（Russel Trood）（格里菲斯大学），自1994年以来的非正式交流（布里斯班）

埃里克·沃尔什（Eric Walsh）（澳大利亚工党退役军官），职业接触，1991年（北京）

伊恩·威尔逊（Ian Wilson）（澳大利亚国立大学），访谈，1991年11月7日（堪培拉）

理查德·沃尔科特（Richard Woolcott）（前澳大利亚外交贸易部副部长），访谈，1994年11月10日（堪培拉）

加里·伍达德（Gary Woodard）（澳大利亚前驻华大使），采访以及其他交流，1994年11月14日

米克·杨（Mick Young）（澳大利亚工党退役军官），职业接触，1991

年(北京)

张子坚(Zhang Zijian)(昆士兰州政府),自1994年以来的非正式交流(布里斯班)

另外,我也有幸遇到过高夫·惠特拉姆先生(前总理)、保尔·基廷先生(前总理)以及加雷斯·埃文斯先生(前工党政府外长),尽管没有机会对他们进行正式的访谈。我同时也要感谢安德鲁·皮科克先生(Andrew Peacock,前联盟党政府外长)乐意接受我的采访,虽然最终因故取消。

参考文献

ABS, *see* Australian Bureau of Statistics.

AFAR [Australian Foreign Affairs Record] various years. Canberra: Department of Foreign Affairs.

AIDAB 1991. *Effectiveness Review of Australian Development Cooperation with China.* Canberra: AGPS.

AIDAB 1993. *Commercial Benefits from Development Cooperation with China.* Canberra: AGPS.

AIDAB 1994. *Australia–China Development Cooperation: The Contribution of Official Development Assistance to Australia's Relations with China.* Submission to the Inquiry by the Senate Standing Committee on Foreign Affairs, Defence and Trade on Australia's Relations with the People's Republic of China. Canberra: Commonwealth Government.

AIDAB 1996. *Year Book Australia, 1996*, Canberra. Available at: www.abs.gov.au/austats/abs@.nsf/featurearticlesbytitle/8f09342... [accessed: 28 January 2011].

Albinski, H.S. 1965a. *Australian Policies and Attitudes Toward China.* Princeton, NJ: Princeton University Press.

Albinski, H.S. 1965b. Australia and the Chinese strategic embargo. *Australian Outlook*, 19(2), 117–28.

Albinski, H.S. 1977. *Australian External Policy Under Labor: Content, Process and the National Debate.* Brisbane: University of Queensland Press.

Albinski, H.S. 1995. Taiwan and Hong Kong in Australian external policy perspective. Paper presented at Sino-Australian Relations: The Record 1985–1995 conference, CSAAR, Griffith University, Brisbane, 28–29 June.

Albinski, H.S. 1996. Responding to Asia-Pacific human rights issues: Implications for Australian–American relations. *Australian Journal of International Affairs*, 50(1), 43–52.

Allison, G.T. 1971. *Essence of Decision: Explaining the Cuban Missile Crisis.* Boston: Little, Brown & Company.

Andrews, E.M. 1985. *Australia and China: The Ambiguous Relationship.* Melbourne: Melbourne University Press.

Arndt, H.W. 1972. *Australia and Asia: Economic Essays*, ANU Press, Canberra.

Asia Research Centre, Murdoch University 1992. *Southern China in Transition: The New Regionalism and Australia.* Canberra: East Asia Analytical Unit, DFAT.

Atkins, D. 2010. WikiLeaks exposes the side of former prime minister Kevin Rudd he'd prefer others not to see. *Courier-Mail* (Brisbane), 11 December 2010. Available at: www.couriermail.com.au/news/opinion/wikileaks-exposes-theside-of-former-prime-minister-kevin-rudd-hed-prefer-others-not-to-see/story-e6frerdf-1225969153443 [accessed: 7 March 2011].

Atkins, S.E. 2011. *The 9/11 Encyclopedia*, 2nd edn. ABC-CLIO. Available at: http://books.google.com/books?id=PDDIgWRN_HQC&pg=PP1#v=onepage&q&f=false [accessed: 5 November 2011].

Australia–China Business Cooperation Committee 1978. *Report on the 1978 Trade Mission to the People's Republic of China Nov. 18–Dec. 5*, mimeograph. Canberra: ACBCC.

'Australia–China Trade Poised for Further Growth' 1992. *Insight*, 14 December, 10.

Australian Bureau of Statistics (ABS) Various years. *Year Book Australia*. Canberra: ABS.

Australian Government Human Rights Delegation 1991. *Report of the Australian Human Rights Delegation to China 14–26 July 1991*. Canberra: AGPS.

Australian Government Human Rights Delegation 1993. *Report of the Second Australian Human Rights Delegation to China 8–20 November 1992*. Canberra: AGPS.

Banks, M. 1985. The inter-paradigm debate, in *International Relations: A Handbook of Current Theory*, edited by M. Light and A.J.R. Groom. London: Frances Pinter, 7–26.

Barme, G. 2008. Rudd rewrites the rules of engagement. *Sydney Morning Herald*, 12 April. Available at: www.smh.com.au/news/opinion/rudd-rewrites-the-rules-of-engagement/2008/04/11/1207856825767.html [accessed 22 November 2011].

Barratt, P. 1992. Winning Asian markets in the eighties: A model for the nineties. *Australian Quarterly*, 64(4), 379–411.

Barston, R.P. (ed.) 1973. *The Other Powers: Studies in the Foreign Policies of Small States*. London: Allen & Unwin.

Beasley, K. 1988. Thinking defence: Key concepts in Australian defence planning. *Australian Outlook*, 42(2), 71–6.

Beddie, B.D. (ed.) 1975. *Advance Australia Where?* Oxford: Oxford University Press.

Bell, C. 1965. Australia and China: Power balance and policy, in *Policies Toward China: Views from Six Continents*, edited by A.M. Halpern. New York: McGraw-Hill, 165–201.

Bell, C. 1988. *Dependent Ally: A Study in Australian Foreign Policy*. Melbourne: Oxford University Press.

Bellchambers, G. 1985. A review of the China Action Plan, in *Sino-Australian Relations: The Record 1972–1985*, edited by H.A. Dunn and E.S.K. Fung. Brisbane: CSAAR, Griffith University, 135–41.

Bennet, B. 1993. China must accept world trade rules. *Insight*, 10 May, 6.

Bergin, A. 1988. The new Australian policy on recognition of states only. *Australian Outlook*, 42(3), 150–54.

Blainey, G. 1984. Our relations with China: A backward and forward glance. *AJCA*, 11, 99–104.

Blake, D.H. and Walters, R.S. 1976. *The Politics of Global Economic Relations*. Englewood Cliffs, NJ: Prentice Hall.

Blewett, N. 1999. *A Cabinet Diary: A Personal Record of the First Keating Government*. Adelaide: Wakefield Press.

Boulding, K.E. 1961. *The Image: Knowledge in Life and Society*. Ann Arbor, MI: University of Michigan Press.

Boyce, P.J. and Angel, J.R. (eds) 1992. *Diplomacy in the Marketplace: Australia in World Affairs 1981–90*. Melbourne: Longman Cheshire.

Brissenden, M. 2009. Opposition criticises Rudd's China connection. *7.30 Report*, ABC TV, 30 March. Available at: www.abc.net.au/7.30/content/2009/s2530336.htm [accessed 21 June 2010].

Broinowski, A. 2007. *Allied and Addicted*. Melbourne: Scribe.

Broinowski, A. (ed.) 1983. *Independence and Alliance: Australia in World Affairs 1976–80*. Sydney: Allen & Unwin.

Brown, C. 1994. Critical theory and postmodernism in international relations, in *Contemporary International Relations: A Guide to Theory*, edited by A.J.R. Groom and M. Light. London: Pinter, 56–68.

Bryant, N. 2009. Fortress Australia. *BBC TV*, 2 May. Available at: www.bbc.co.uk/blogs/thereporters/nickbryant/2009/05/fortress_australia.html [accessed 18 July 2011].

Bucknall, K.B. 1979. Japan–China trade and the implications for Australia, in *Australia and Japan: Issues in the Economic Relationship*, edited by J. Crawford and S. Okita. Canberra and Tokyo: Australia–Japan Economic Relations Research Project, 47–74.

Bucknall, K.B. 1983a. *Australia–China Trade*. Brisbane: CSAAR, Griffith University.

Bucknall, K.B. 1983b. Prospects of trade between Australia and China. Submission to the Senate Standing Committee on Trade and Commerce, mimeo.

Bucknall, K.B. and Fung, E.S.K. 1980. Notes on Australia–China trade. *World Review*, 29(1), 87–95.

Bull, H. 1977. *The Anarchical Society: A Study of Order in World Politics*. New York: Columbia University Press.

Burton, J.W. 1972. *World Society*. London: Cambridge University Press.

Burton, J.W. 1984. *Global Conflict: The Domestic Sources of International Crisis*, Brighton: Wheatsheaf.

Callick, R. 2010. Rudd announces new ANU China centre. *The Australian*, 23 April. Available at: www.theaustralian.com.au/higher-education/rudd-announces-new-anu-china-centre/story-e6frgcjx-1225857602421 [accessed: 18 July 2011].

Callick, R. 2011. We are no threat, China seeks to assure. *The Australian*, 12 February. Available at: www.theaustralian.com.au/news/features/we-are-nothreat-china-seeks-to-assure/story-e6frg6z6-1226004668389 [accessed: 7 March 2011].

Camilleri, J.A. 1975. *Southeast Asia in China's Foreign Policy*. Occasional Paper No. 29. Singapore: Institute of Southeast Asian Studies.

Camilleri, J.A. 1979. *An Introduction to Australian Foreign Policy*, 4th edn. Brisbane: Jacaranda.

Carr, A. and Roberts, C. 2010. Foreign policy, in *The Rudd Government: Australian Commonwealth Administration 2007–2010*, edited by C. Aulich and M. Evans. ANU e-Press, Canberra. Available at: http://epress.anu.edu.au/apps/bookworm/view/The+Rudd+Government%3A+Australian+Commonwealth+Administration+%092007+-+2010/5091/ch13.xhtml [accessed 20 March 2011].

Carr, E.H. 1964. *The Twenty Years' Crisis: 1919–1939*. New York: Harper & Row.

Chan, S. (ed.) 2001. *The Zen of International Relations*. Houndmills: Macmillan.

Charting Change in China's Grain Trade 1992. *Insight*, 28 December, 4.

Cheeseman, G. 1993. *The Search for Self-Reliance: Australian Defence Since Vietnam*. Melbourne: Longman Cheshire.

Chen, Te-An 2008. Lu Ke Wen De Zhong Guo Wen Hua Qing Yuan (Kevin Rudd's attachment to Chinese culture, *Ren Min Wang people.com.cn*. 15 April. Available at: http://world.people.com.cn/GB/14549/7122842.html [accessed 7 March 2011].

Cheng, Luo 2007. Lu Ke Wen Xian Xiang Zhe She Zhong Guo Guo Ji Ying Xiang Li Bu Duan Shang Sheng (Kevin Rudd phenomenon embodying rising influence of China). *Liberation Daily*, 26 November. Available at: www.gx.xinhuanet.com/dm/2007-11/26/content_11776135.htm [accessed 8 March 2011].

Clark, G. 1967. *In Fear of China*. Melbourne: Lansdowne Press.

Clarke, J. et al. 1976. *Australian Political Milestones*. Melbourne: Thomas Nelson.

Commonwealth Parliamentary Debates (CPD) *Hansard*, various dates.

Coorey, P. 2008. How *zhengyou* Kevin is keeping everyone happy. *Sydney Morning Herald*, 11 April. Available at: www.smh.com.au/news/world/how-zhengyou-kevin-is-keeping-everyone-happy/2008/04/10/1207420587841.html [accessed 17 November 2011].

Coplin, W.D. 1974. *Introduction to International Politics: A Theoretical Overview*, 2nd edn. Chicago: Rand McNally.

Cotton, J. and Ravenhill, J. (eds) 2001. *The National Interest in a Global Era: Australia in World Affairs 1996–2000*. Melbourne: Oxford University Press.

Cotton, J. and Ravenhill, J. (eds) 2007. *Trading on Alliance Security: Australia in World Affairs 2001–2005*. Melbourne: Oxford University Press.

Cotton, J. and Ravenhill, J. (eds) 2011. *Middle Power Dreaming: Australia in World Affairs 2006–2010*. Melbourne: Oxford University Press.

Country (China) Economic Brief CEB various issues. Canberra: Department of Foreign Affairs and Trade.

Crawford, J.G. 1968. *Australian Trade Policy 1942–1966: A Documentary History*. Canberra: ANU Press.

Crotty, J. 2009. Structural causes of the global financial crisis: A critical assessment of the 'new financial architecture'. *Cambridge Journal of Economics*, 33(4), 563–80. Available at: http://cje.oxfordjournals.org/content/33/4/563.short [accessed 15 November 2011].

David, A. and Wheelwright, T. 1989. *The Third Wave: Australia and Asian Capitalism*. Sydney: Left Book Club.

Der Derian, J. and Shapiro, M.J. (eds) 1989. *International/Intertextual Relations: Postmodern Readings of World Politics*, Lexington, KY: Lexington Books.

Department of Defence (DOD) 1997. *Australia's Strategic Policy: Department of Defence 1997 Strategic Review*. Canberra: Commonwealth of Australia.

Department of Defence (DOD) 2000. *Defence 2000: Our Future Defence Force*. Canberra: Commonwealth of Australia.

Department of Defence (DOD) 2003. *Australia's National Security: A Defence Update 2003*. Canberra: Commonwealth of Australia.

Department of Defence (DOD) 2005. *Australia's National Security: A Defence Update 2005*. Canberra: Commonwealth of Australia.

Department of Foreign Affairs and Trade (DFAT) 1990. *Australia*. Canberra: AGPS.

Department of Foreign Affairs and Trade (DFAT) 1993. Australian trade and investment development (Draft).

Department of Foreign Affairs and Trade (DFAT) 1997. *In the National Interest: Australia's Foreign and Trade – Policy White Paper*. Canberra: Commonwealth of Australia.

Department of Foreign Affairs and Trade (DFAT) 2003. *Advancing the National Interest: Australia's Foreign and Trade – Policy White Paper*. Canberra: Commonwealth of Australia.

Department of Foreign Affairs and Trade (DFAT) 2005. *Australia–China Free Trade Agreement: Joint Feasibility Study*. Report prepared by Department of Foreign Affairs and Trade, Australia and Ministry of Commerce, China, March.

Department of Foreign Affairs and Trade (DFAT) various years. *Annual Reports*. Canberra: AGPS.

Deutsch, K.W. 1963. *The Nerves of Government*. New York: Free Press.

DFAT, *see* Department of Foreign Affairs and Trade.

Dibb, P. (ed.) 1983. *Australia's External Relations in the 1980s: The Interaction of Economic, Political and Strategic Factors*. Canberra: Croom Helm.

Ding, Nianliang 2010. Ao Da Li Ya Zai Huo Hua De Shi Qi Yuan He Zou Jin Zhong Guo (Why Australia moved closer to China during the Howard administration). *Da Jia Everone*, 20, 81–2.

Ding, Nianliang and Wang, Mingxin 2010. Huo Hua De Zheng Fu Shi Qi Ao Da Li Ya Zai Zhong Mei Zhi Jian De Ping Heng Ce Lue (Rope-walking between

China and the US: A strategy adopted by Australia's Howard administration). *Tai Ping Yang Xue Bao Pacific Journal*, 18(2), 50–54.

Dobell, G. 2010. China: Lessons from the Rudd era. Available at: www.lowyinterpreter.org/post/2010/09/03/China-Lessons [accessed 7 March 2011].

DOD, *see* Department of Defence.

Dorling, P. 2011. Labor's secret curb on China. *The Age*, 3 March. Available at: www.theage.com.au/national/labors-secret-curb-on-china-20110302-1bex9.html [accessed 16 October 2011].

Dougherty, J.E. and Pfaltzgraff, R.L. 1981. *Contending Theories of International Relations: A Comprehensive Survey*, 2nd edn. New York: Harper & Row.

Dumbaugh, K. 2008. *China's Foreign Policy: What Does It Mean for U.S. Global Interests?* CRS Report for Congress. Available at: www.fas.org/sgp/crs/row/RL34588.pdf [accessed 18 June 2011].

Dunleavy, P. 1990. Reinterpreting the Westland affair: Theories of the state and core executive decision making. *Public Administration*, 68, 29–60.

Dunn, H.A. and Fung, E.S.K. (eds) 1985. *Sino-Australian Relations: The Record 1972–1985*. Brisbane: CSAAR, Griffith University.

Dupont, A. 1991. *Australia's Security Interests in Northeast Asia*. Canberra: ANU Press.

Dyer, H.C. and Mangasarian, L. (eds) 1989. *The Study of International Relations: The State of the Art*. New York: St Martin's Press.

Dyster, B. and Meredith, D. 1990. *Australia in the International Economy in the Twentieth Century*. Melbourne: Cambridge University Press.

East, M.A., Salmore, S. and Hermann, C. (eds) 1978. *Why Nations Act: Theoretical Perspectives for Comparative Foreign Policy Studies*. Beverley Hills, CA: Sage.

East Asia Analytical Unit 1992. *Australia and North-East Asia in the 1990s: Accelerating Change*. Canberra: AGPS.

Ellingsen, P. 1990. Human Rights in China. *Sydney Morning Herald*, 22 Sept 1990, 7.

Emmanuel, A. 1972. *Unequal Exchange: A Study in the Imperialism of Trade*. New York: Monthly Review Press.

Emy, H., Hughes, O. and Mathews, R. 1993. *Whitlam Re-visited: Policy Development, Policies and Outcomes*. Sydney: Pluto Press.

Evans, G. 1989a. Asia-Pacific: An Australian view. *AFAR*, June, 280.

Evans, G. 1989b. Australian foreign policy: Priorities in a changing world. *Australian Outlook*, 43(2), 1–15.

Evans, G. 1990. Australian policy towards Taiwan. *AFAR*, November, 814–15.

Evans, G. 1991. Australia and China: Looking back and forward. *AFAR*, April, 136.

Evans, G. and Grant, B. 1991. *Australia's Foreign Relations in the World of the 1990s*. Melbourne: Melbourne University Press.

Fairbank, J.K. 1979. *The United States and China*, 4th edn. Cambridge, MA: Harvard University Press.

Fincher, J. and Cheng-lieh, P. (eds) 1986. *In Business with China: Planning and Managing Sino-Australian Economic Cooperation.* Canberra: ANU Press.

Findlay, C. and Song, L. 1995. The China–Australia commodity trade: 1985–94, paper presented at Sino-Australian Relations: The Record 1985–1995 conference, CSAAR, Griffith University, Brisbane, 28–29 June.

Findlay, C. and Xin, L. 1985. *China's Iron and Steel Industry Policy: Implications for Australia.* Pacific Economic Papers No. 127. Canberra: AJRC, Australian National University.

Findlay, C., Phillips, P. and Tyers, R. 1985. *China's Merchandise Trade: Composition and Export Growth in the 1980s.* ASEAN-Australia Economic Papers No. 19. Canberra and Kuala Lumpur: ASEAN–Australia Joint Research Project.

FitzGerald, S. 1972. *Talking with China: The Australian Labor Party Visit and Peking's Foreign Policy.* Canberra: ANU Press.

FitzGerald, S. 1978. *China and the World.* Canberra: ANU Press.

FitzGerald, S. 1990. Australia's China. *AJCA*, 24, 315–35.

FitzGerald, S. and Hewitt, P. (eds) 1980. *China in the Seventies: Australian Perspectives.* Canberra: ANU Press.

Flitton, D. 2010. PM's stranglehold on foreign policy makes it hard to be heard. *The Age*, 15 February. Available at: www.theage.com.au/opinion/politics/pms-stranglehold-on-foreign-policy-makes-it-hard-to-be-heard-20100214-nzdm.html [accessed 16 October 2011].

Frank, A.G. 1975. *On Capitalist Underdevelopment.* Oxford: Oxford University Press.

Fraser, M. and Simons, M. 2010. *Malcolm Fraser: The Political Memoirs.* Melbourne: Meigunyah Press.

Freudenberg, G. 1977. *A Certain Grandeur: Gough Whitlam in Politics.* Melbourne: Sun Books.

Fu, Y. 2006. Ambassador Fu Ying's written reply to interview by Xinhua News Agency in relation to Premier Wen Jiabao's visit to Australia, 28 March. Available at: http://au.china-embassy.org/eng/sgjs/topics123/t242640.htm [accessed 5 May 2011].

Fu, Y. 2010. Zhong Guo Zai Ao Da Li Ya Tou Zi Xian Mi Ju 'Zhong Guo Wei Xie Lun' Sheng Wen (Puzzle surrounding Chinese investment in Australia, 'China threat hypothesis' gaining ground), *Zhong Guo Wang china.com.cn*, 1 June. Available at: www.tianjingangguan.com/htm/235/111729.htm [accessed 13 March 2011].

Fung, E.S.K. 1980. *Australia's Policy Towards the People's Republic of China: 1966–1969.* Brisbane: CSAAR, Griffith University.

Fung, E.S.K. 1982. *The Politics of Trade in Australia's China Policy: 1966–1971.* Brisbane: CSAAR, Griffith University.

Fung, E.S.K. 1986. Australia's relations with China in the 1980s. *Australian Journal of Politics and History*, 32(2), 186–200.

Fung, E.S.K. 1992. Australia and China, in *Diplomacy in the Marketplace: Australia in World Affairs 1981–90*, edited by P.J. Boyce and J.R. Angel. Melbourne: Longman Cheshire, 277–99.

Fung, E.S.K. and Mackerras, C. 1985. *From Fear to Friendship: Australia's Policies Towards the People's Republic of China 1966–1982*. Brisbane: University of Queensland Press.

Gallagher, P.W. 1988. Setting the agenda for trade negotiations: Australia and the Cairns Group. *Australian Outlook*, 42(1), 3–8.

Galtung, J. 1971. A structural theory of imperialism. *Journal of Peace Research*, 8(1), 81–117.

Garnaut, J. 2010. Australia looks for a way. *Sydney Morning Herald*, 2 November. Available at: www.smh.com.au/business/australia-looks-for-a-way-20101102-17bdp.html [accessed 20 October 2011].

Garnaut, J. 2011. Departing ambassador flays Rudd. *The Age*, 19 May. Available at: www.theage.com.au/national/departing-ambassador-flays-rudd-20110518-1et6o.html [accessed 16 May 2011].

Garnaut, J. and Coorey, P. 2009. Butt out: China's hard line to Rudd. *Sydney Morning Herald*, 16 July.

Garnaut, J. and Pearlman, J. 2009. Rudd accused of fueling new arms race. *Sydney Morning Herald*, 4 May. Available at: www.smh.com.au/national/rudd-accused-of-fuelling-new-arms-race-20090503-arg9.html [accessed 16 July 2011].

Garnaut, R. 1989. *Australia and the Northeast Asian Ascendancy*. Canberra: AGPS.

Garnaut, R. and Guonan, M. 1992. *Grain in China*. Report for the East Asia Analytical Unit, DFAT. Canberra: AGPS.

Garnett, J.C. 1992. States, state-centric perspectives and interdependence theory, in *Dilemmas of World Politics: International Issues in a Changing World*, edited by J. Baylis and N.J. Rengger. Oxford: Clarendon Press.

Garrison, J.A. 2005. *Making China Policy: From Nixon to G.W. Bush*. Boulder, CO: Lynne Rienner.

Gill, S. and Law, D. 1988. *The Global Political Economy: Perspectives, Problems, and Policies*. New York: Harvester/Wheatsheaf.

Gilpin, R. 1987. *The Political Economy of International Relations*. Princeton, NJ: Princeton University Press.

Goldstein, J.S. 1994. *International Relations*. New York: Harper Collins.

Goldstein, J.S. and Keohane, R.O. (eds) 1993. *Ideas and Foreign Policy: Beliefs, Institutions, and Political Change*. Ithaca, NY: Cornell University Press.

Goldsworthy, D. 2001. An overview, in J. Cotton and J. Ravenhill (eds), *The National Interest in a Global Era: Australia in World Affairs 1996–2000*. Melbourne: Oxford University Press, 10–30.

Goodman, D.G. 1995. China's provinces and Australia's states: Sister-states and international mates. Paper presented at Sino-Australian Relations: The Record 1985–1995 conference, CSAAR, Griffith University, Brisbane, 28–29 June.

Goss, W. 1990. The future of Chinese–Australian/Queensland relations. *World Review*, 29(1), 5–19.

Grant, B. 1988. *What Kind of Country? Australia and the Twenty First Century*. Ringwood: Penguin.

Grattan, M. 2008. Chinese activist Wei Jingsheng slams Rudd on China. *The Age*, 9 July. Available at: www.theage.com.au/national/activist-slams-rudd-on-china-20080708-3bw2.html [accessed 16 October 2011].

Grattan, M. 2009. Picture opportunity PM didn't want. *The Age*, 31 March. Available at: www.theage.com.au/national/picture-opportunity-pm-didnt-want-20090330-9h1w.html [accessed 7 March 2011].

Greenwood, G. 1974. *Approaches to Asia: Australian Postwar Policies and Attitudes*. Sydney: McGraw-Hill.

Greenwood, G. and Harper, N. (eds) 1957. *Australia in World Affairs 1950–1955*. Melbourne: F.W. Cheshire.

Greenwood, G. and Harper, N. (eds) 1968. *Australia in World Affairs 1961–1965*. Melbourne: Cheshire.

Greenwood, G. and Harper, N. (eds) 1974. *Australia in World Affairs 1966–1970*. Melbourne: Cheshire.

Groom, A.J.R. and Light, M. (eds) 1994. *Contemporary International Relations: A Guide to Theory*. London: Pinter.

Guo, C. 2008. Lu Kewen Fang Hua De Ruan Ying Xiao Ying (Soft and hard impact of Kevin Rudd's visit to China). *Dazhong Ribao*, 30 June. Available at: www.dzwww.com/xinwen/xinwenzhuanti/071122hqlt/zxbd/200806/t20080630_3749547.htm [accessed 18 April 2011].

Guo, C. 2009. Zhong Ao Guan Xi Si You Jing Wu Xian (Sino-Australian relations: Surprise but no danger). *China Daily*, 5 August. Available at: www.chinadaily.com.cn/hqzx/2009-08/04/content_8521083.htm [accessed 20 May 2011].

Guo, C. 2010. Lu Ke Wen Yu Zhong Ao Guan Xi (Kevin Rudd and Sino-Australian Relations). *China Daily*, 30 June. Available at: www.chinadaily.com.cn/zgrbjx/2010-06/30/content_10036930.htm [accessed 20 May 2011].

Gyngell, A. and Wesley, M. 2007. *Making Australian Foreign Policy*, 2nd edn. Melbourne: Cambridge University Press.

Halperin, M.H. 1974. *Bureaucratic Politics and Foreign Policy*. Washington, DC: Brookings Institution.

Ham, C. and Hill, M. 1984. *The Policy Process in the Modern Capitalist State*. Brighton: Wheatsheaf.

Han, N. et al. (eds) 1988. *Dangdai Zhongguo Waijiao (China Today: Diplomacy)*. Beijing: China Social Sciences Press.

Hannam, P. 2009. Records abound in tough budget. *Sydney Morning Herald*, 12 May. Available at: www.smh.com.au/business/federal-budget/records-abound-in-tough-budget-20090512-b1qb.html?page=-1 [accessed 20 November 2011].

Hansard, see Commonwealth Parliamentary Debates.

Hanson, F. 2010. *Australia and the World: Public Opion and Foreign Policy*. Available at: The Lowy Institue Poll 2010. www.lowyinstitute.org/Publication.asp?pid=1305.

Hanson, F. and Shearer, A. 2009. *China and the World: Public Opinion and Foreign Policy*. Available at: The Lowy Institute Poll 2009. www.lowyinstitute.org/Publication.asp?pid=1193.

Harris, S. 1989. Regional economic cooperation, trading blocs and Australian interests. *Australian Outlook*, 43(2), 16–24.

Harris, S. 1986a. *Review of Australia's Overseas Representation*. Canberra: AGPS.

Harris, S. 1986b. The linking of politics and economics in foreign policy. *Australian Outlook*, 40(1), 5–10.

Harris, S. 1988a. The amalgamation of the Department of Foreign Affairs and Trade. *AFAR*, 59(3), 71–4.

Harris, S. 1988b. *The 1986 Review of Australia's Overseas Representation Revisited*. Canberra: AGPS.

Harris, S. 1995. Australia–China political relations: From fear to friendly relations? *Australian Journal of International Affairs*, 49(2), 237–48.

Harvey, C. 2010. Come-out time for the curse of Kevin. *Sunday Telegraph*, 13 June.

Hawke, R.J.L. 1994. *The Hawke Memoirs*. Sydney: William Heinemann.

Hayashi, H. 2008. China's approaches to the presidential elections in Taiwan. Research paper, Harvard University. Available at: www.wcfia.harvard.edu/fellows/papers/2007-08/paper_Hajime_final.pdf [accessed 16 May 2011].

Hayden, B. 1984. Australia's China policy under Labor. *AJCA*, 11, 83–97.

He, J. 2009. Zhong Ao Guan Xi Leng Guan Cha (Cool-headed observation of Sino-Australian relations). *Nan Feng Chuan Southern Window*, 19, 9–22 September, 88.

Heater, D. and Berridge, G.R. 1993. *Introduction to International Politics*. New York: Harvester/Wheatsheaf.

Heclo, H. 1974. *Modern Social Politics in Britain and Sweden: From Relief to Income Maintenance*. New Haven, NH: Yale University Press.

Henningham, J. (ed.) 1991. *Institutions in Australian Society*. Brisbane: University of Queensland Press.

Hermann, C.F. 1990. Changing course: When governments choose to redirect foreign policy. *International Studies Quarterly*, 34(1), 3–21.

Hermann, C.F. and Peacock, G. 1987. The evolution and future of theoretical research in the comparative study of foreign policy, in *New Directions in the Study of Foreign Policy*, edited by C.F. Hermann, C.F. Kegley Jr and J.N. Rosenau. Boston: Allen & Unwin, 13–32.

Hermann, C.F., Kegley, C.W. Jr and Rosenau, J.N. (eds) 1987. *New Directions in the Study of Foreign Policy*. Boston: Allen & Unwin.

Hewett, J. 2009. Diplomatic state of insecurity. *The Australian*, 11 July. Available at: http://mathaba.net/news/?x=621082?disqus [accessed 21 October 2011].

Hill, C. and Light, M. 1985. Foreign policy analysis, in *International Relations: A Handbook of Current Theory*, edited by M. Light and A.J.R. Groom. London: Frances Pinter, 156–73.

Hoffman, S. 1977. An American social science: International relations. *Daedalus*, 106(3), 41–60.

Holbraad, C. 1984. *Middle Powers in International Politics*. New York: St Martin's Press.

Holsti, K.J. 1983. *International Politics: A Framework for Analysis*, 4th edn. Englewood Cliffs, NJ: Prentice-Hall.

Hou, M. 1999. *Zhong Ao Guan Xi Shi* (*A History of Sino-Australian Relations*). Beijing: Foreign Languages Education and Research Press.

Hou, M. 2005a. The Howard doctrine: An irritant to China. *Journal of East Asian Studies*, 14(1), 113–42.

Hou, M. 2005b. *Zhong Guo Xian Dai Hua Jin Cheng Yu Zhong Ao Guan Xi* (*The Impact of China's Modernisation on Relations with Australia*). Shanghai: Shanghai Translation Press.

Hou, M. 2005c. The Taiwan question and Sino-Australian relations: The context of China's modernisation. *Global Change, Peace and Security*, 17(3), 263–72.

Hou, M. 2007a. *Huo Hua De Zhi Zheng Yi Lai De Ao Mei Tong Meng He Zhong Ao Guan Xi* (Australia–US alliance and Sino-Australian relations during the Howard Administration). *Issues of Historical Studies*, 4, 61–5.

Hou, M. 2007b. The post-Tiananmen human rights issue in China–Australia relations. *Asian Journal of Political Science*, 15(3), 344–62.

Howard, J. 2005. Joint press conference with the President of the United States of America George W. Bush, Washington, DC, 19 July.

Howard, J. 2010. *John Howard: Lazarus Rising*. Sydney: HarperCollins.

Hu, S. (ed.) 1991. *Zhongguo Gongchandang De Qishinian* (*Seventy Years of the Communist Party of China*). Beijing: CPC History Press.

Huang, Y. and Hong, C. 1993. *Cong Gu Li Zhong Zou Xiang Shi Jie: Ao Da Li Ya Wen Hua Jian Lun* (*From Isolation to the World: A Brief Analysis of the Australian Culture*). Beijing: Zhejiang People's Publishing House.

Huck, A. 1984. Australian attitudes to China and the Chinese. *AJCA*, 11, 157–68.

Insight, various issues. Canberra: AGPS.

Jackson, R.G. 1984. *Report of the Committee to Review the Australian Overseas Aid Program*. Canberra: AGPS.

Janis, I.L. 1972. *Victims of Groupthink: A Psychological Study of Foreign Policy Decisions and Fiascos*. Boston: Houghton Mifflin.

Jennet, C. and Stewart, R. (eds) 1990. *Hawke and Australian Public Policy: Consensus and Restructuring*. Melbourne: Macmillan.

Jervis, R. 1976. *Perception and Misperception in International Politics*. Princeton, NJ: Princeton University Press.

Jia, Q. and Hou, Y. 1999. *Zou Xiang Ping Deng Hu Li: Leng Zhan Jie Shu Yi Lai De Zhong Ao Guan Xi* (Towards equality and mutual benefit: Sino-Australian relations since the end of the Cold War). *Studies of International Politics*, 3, 57–64.

Joint Committee on Foreign Affairs, Defence and Trade 1989. *A Review of the Australian International Development Assistance Bureau and Australia's Overseas Aid Program.* Canberra: AGPS.

Joint Committee on Foreign Affairs, Defence and Trade 1992. *A Review of Australia's Efforts to Promote and Protect Human Rights.* Canberra: AGPS.

Kelly, P. 2006. *Howard's Decade: An Australian Foreign Policy Reappraisal.* Lowy Institute Paper, No. 15. Sydney: Lowy Institute for International Policy.

Kelly, P. 2010. Deeper US alliance in response to strident China. *The Australian*, 10 November. Available at: www.theaustralian.com.au/news/opinion/deeper-us-alliance-in-response-to-strident-china/story-e6frg6zo-1225950377275 [accessed 11 November 2010].

Kendall, T. 2007. *Within China's Orbit? China through the Eyes of the Australian Parliament.* Canberra: Parliamentary Library.

Kennedy, D.E. 1968. Australian policy towards China, 1961–1965, in *Australia in World Affairs 1961–1965*, edited by G. Greenwood and N. Harper. Melbourne: Cheshire, 397–415.

Kennedy, P. 1988. *The Rise and Fall of the Great Powers: Economic Change and Military Conflict from 1500 to 2000.* London: Unwin Hyman.

Kent, A. 1989. *Human Rights in the People's Republic of China.* Discussion Paper No. 3 1989–90. Canberra: Legislative Research Service, Department of the Parliamentary Library.

Kent, A. 1993. *Between Freedom and Subsistence: China and Human Rights.* Hong Kong: Oxford University Press.

Kent, A. 2004. Human rights: From sanctions to delegations to dialogue, in *Reorienting Australia-China Relations: 1972 to the Present*, edited by N. Thomas. Aldershot: Ashgate, 147–61.

Kent, A. 2007. Australia and international human rights, in *Trading on Alliance Security: Australia in World Affairs 2001–2005*, edited by J. Cotton and J. Ravenhill. Melbourne: Oxford University Press, 229–50.

Kent, A. n.d. Submission to Senate Inquiry into Asylum and Protection Visas for Consular Officials. Available at: www.aph.gov.au/senate/committee/fadt_ctte/completed_inquiries/2004-07/china/submissions/sub77.pdf [accessed 20 November 2011].

Keohane, R.O. 1984. *After Hegemony: Cooperation and Discord in the World Political Economy.* Princeton, NJ: Princeton University Press.

Keohane, R.O. (ed.) 1986. *Neorealism and Its Critics.* New York: Columbia University Press.

Keohane, R.O. and Nye, J.S. (eds) 1972. *Transnational Relations and World Politics.* Cambridge, MA: Harvard University Press.

Klintworth, G. 1993. *Australia's Taiwan Policy 1942–1992.* Australian Foreign Policy Papers. Canberra: Australian National University.

Knorr, K. and Rosenau, J.N. (eds) 1969. *Contending Approaches to International Politics*. Princeton, NJ: Princeton University Press.

Krasner, S.D. (ed.) 1983. *International Regimes*. Ithaca, NY: Cornell University Press.

Kuhn, T.S. 1970. *The Structure of Scientific Revolutions*. Chicago: University of Chicago Press.

Kurlantzick, J. 2007. *Charm Offensive: How China's Soft Power is Changing the World*. Melbourne: Melbourne University Press.

Lawe-Davies, J. 1981. *The Politics of Protection: Australia–ASEAN Economic Relations 1975–1980*. Brisbane: CSAAR, Griffith University.

Lardy, N.R. 1992. *Foreign Trade and Economic Reform in China 1978–1990*. Cambridge: Cambridge University Press.

Leon, S. 1994. Taiwan: Time to see 'Tremendous opportunities'. *Insight*, 1 August, 12.

Li, S. 2009. Zhong Ao Guan Xi Zen Me Le (What's happening to Sino-Australian relations). *Current Affairs Reports*, 56–7.

Light, M. and Groom, A.J.R. (eds) 1985. *International Relations: A Handbook of Current Theory*. London: Frances Pinter.

Lindblom, C.E. 1977. *Politics and Markets: The World's Political Economic Systems*. New York: Basic Books.

Lindblom, C.E. 1980. *The Policy Making Process*. Englewood Cliffs, NJ: Prentice-Hall.

Little, R. and Smith, M. (eds) 1991. *Perspectives on World Politics*, 2nd edn. London: Routledge.

Liu, B. 2009. 'Bei Mi Mang' De Zhong Ao Guan Xi ('Confused' Sino-Australian relations). *Southern Weekend*, 26 August. Available at: www.infzm.com/content/33612 [accessed 13 March 2011].

Liu, F. 2002. Zhong Ao Guan Xi: Feng Feng Yu Yu San Shi Nian (Sino-Australian relations: Thirty years of vicissitudes). *Online Exclusive*, 22 December. Available at: www.China.com.cn/chinese/2002/dec/250081.htm [accessed 6 May 2011].

Love, D. 2008. *Unfinished Business: Paul Keating's Interrupted Revolution*. Melbourne: Scribe.

Lyn, N.B. and Wildavsky, A. (eds) 1990. *Public Administration: The State of the Discipline*. Chatham, NJ: Chatham House.

Mack, A. 1988. US 'Bases' in Australia: The debate continues. *Australian Outlook*, 42(2), 77–85.

Mack, A. 1987. Defence versus offence: The Dibb Report and its critics. *Australian Outlook*, 41(1), 3–9.

Mackerras, C. 1985. Australia–China political relations under Hawke, in *Sino-Australian Relations: The Record 1972–1985*, edited by H.A. Dunn and E.S.K. Fung. Brisbane: CSAAR, Griffith University, 37–54.

Mackerras, C. 1992. Australia and China, in *Australia in a Changing World: New Foreign Policy Directions*, edited by F.A. Mediansky. Sydney: Macmillan, 208–21.

Mackerras, C. (ed.) 1996. *Australia and China: Partners in Asia*. Melbourne: Pan Macmillan.

Mackerras, C. 2000. Australia–China Relations at the End of the Twentieth Century. *Australian Journal of International Affairs*, 54(2), 185–200.

Mackerras, C. 2004. Australia's relations with China in the context of globalisation. Paper presented at the Ninth International Conference on Australian Studies, Xuzhou, China, November.

Mackerras, C. 2008. Australia–China relations in the twenty-first century: Development and environment. Paper presented at the Tenth International Conference on Australian Studies, Inner Mongolia University, Huhehaote, China.

Mackerras, C., Bucknall, K. and Trood, R. 1989. *The Beijing Tragedy: Implications for China and Australia*. Brisbane: CSAAR, Griffith University.

Mackie, J.A.C. 1976. *Australia in the New World Order: Foreign Policy in the 1970s*. Melbourne: Nelson.

Macklin, R. 2007. *Kevin Rudd: The Biography*. Ringwood: Penguin.

Malik, M. 2001. Australia and China: Divergence and convergence of interests", in *The National Interest in a Global Era: Australia in World Affairs 1996–2000*, edited by J. Cotton and J. Ravenhill. Melbourne: Oxford University Press, 109–29.

Manne, R. (ed.) 2008. *Dear Mr Rudd: Ideas for a Better Australia*. Melbourne: Black Inc.

March, J. and Simon, H. 1958. *Organizations*. New York: Wiley.

Marchant, L.R. 1983. Australia and East Asia: China and Korea, in *Diplomacy in the Marketplace: Australia in World Affairs 1981–90*, edited by P.J. Boyce and J.R. Angel. Melbourne: Longman Cheshire, 207–21.

Matthews, T. and Ravenhill, J. 1988. Bipartisanship in the Australian foreign policy elite. *Australian Outlook*, 42(1), 9–20.

McCarthy, J. (ed.) 1989. *Dependency? Essays in the History of Australian Defence and Foreign Policy*. Defence Studies Publication No. 1. Canberra: UNSW and Australian Defence Force Academy.

McClelland, C.A. 1972. On the fourth wave and future in the study of international systems, in *The Analysis of International Politics*, edited by J. Rosenau, V. Davis and M. East. New York: Free Press, 15–40.

McDougall, D.J. et al. 1987. *Australian Foreign Policy: Empire, Alliance and Region*. New York: Prentice-Hall.

McDowall, R.C. 2009. *Howard's Long March: The Strategic Depiction of China in Howard Government Policy 1996–2006*. Canberra: ANU e-Press. Available at: http://epress.anu.edu.au/howard_march_citation.html [accessed: 16 May 2011].

McEwen, John 1965. Australia's overseas economic relationships. *Current Notes on International Affairs*, 36(8), 514–15.

McKinnon, M. 1993. *Independence and Foreign Policy: New Zealand in the World Since 1935*. Auckland: Auckland University Press.

Mearsheimer, J. 2001. *The Tragedy of Great Power Politics*. New York: W.W. Norton.

Medeiros, E.S. and Fravel, M.T. 2003. China's new diplomacy. *Foreign Affairs*, Nov–Dec. Available at: www.foreignaffairs.com/articles/59362/evan-s-medeiros-and-m-taylor-fravel/chinas-new-diplomacy [accessed 16 November 2011].

Mediansky, F.A. (ed.) 1992. *Australia in a Changing World: New Foreign Policy Directions*. Sydney: Macmillan.

Mediansky, F.A. and Palfreeman, A.C. (eds) 1988. *In Pursuit of National Interests: Australian Foreign Policy in the 1990s*. Sydney: Pergamon Press.

Menzies, R. 1953. In *Commonwealth Parliamentary Debates*, 9 September 1953, 1, 10.

Millar, T.B. 1978. *Australia in Peace and War: External Relations 1788–1977*. Canberra: ANU Press.

Molloy, I. 1993. *International Politics: An Australian Perspective*. ABC Radio Series in collaboration with the University of New England, Armidale.

Moon, B.E. 1987. Political economy approaches to the comparative study of foreign policy, in *New Directions in the Study of Foreign Policy*, edited by C.F. Hermann, C.W. Kegley Jr and J.N. Rosenau. Boston: Allen & Unwin, 33–52.

Morganthau, H.J. 1973. *Politics Among Nations*, 5th edn. New York: Alfred Knopf.

Murdoch, S. 2008. Swan confident stockpile will help fight inflation. *Sydney Morning Herald*, 14 May. Available at: www.smh.com.au/business/swan-confident-stockpile-will-help-fight-inflation-20080513-2dup.html [accessed 22 November 2011].

Niazi, T. 2005. China's march on South Asia. *Asia Media Archives*. Available at: www.asiamedia.ucla.edu/article.asp?parentid=23468 [accessed 26 November 2011].

Northeast Asia Analytical Unit 1992. *Australia and Northeast Asia in the 1990s: Accelerating Change*. Canberra: AGPS.

Olsen, M. 1971. *The Logic of Collective Action: Public Goods and the Theory of Groups*. Cambridge, MA: Harvard University Press.

Palit, A. 2010. India's trade deficits with China and Australia. *East Asia Forum*, 8 September. Available at: www.eastasiaforum.org/2010/09/08/indias-trade-deficits-with-china-and-australia [accessed 26 November 2011].

Pearson, F.S. and Rochester, J.M. 1988. *International Relations: The Global Condition in the Late Twentieth Century*. 2nd edn. New York: Random House.

Pempel, T.J. 1999. *The Politics of the Asian Economic Crisis*. Ithaca, NY: Cornell University Press.

Penrose, S.K. 1994. Recognising the People's Republic of China: A re-appraisal of the attitude of Menzies and Spender during the first Menzies ministry.

Paper delivered at the Menzies Conference, Australian National University, Manuscript.

Pettman, R. 1976. *Small Power Politics and International Relations in South East Asia*. Sydney: Holt, Rinehart & Winston.

Phillips, W.R. 1978. Prior behavior as an explanation of foreign policy, in *Why Nations Act: Theoretical Perspectives for Comparative Foreign Policy Studies*, edited by M.A. East, S. Salmore and C. Hermann. Beverley Hills, CA: Sage, 161–72.

Pollard, R.T. 1970. *China's Foreign Relations 1917–1931*. New York: Arno Press and *New York Times*.

Popper, K.R. 1959. *The Logic of Scientific Discovery*. New York: Harper and Row.

'Post-massacre sanctions against China dropped'. *Sydney Morning Herald*, 27 February, 5.

Pusey, M. 1991. *Economic Rationalism in Canberra: A Nation-Building State Changes Its Mind*. Melbourne: Cambridge University Press.

Raby, G. 2011. What does it mean to be China literate? Speech by Dr Geoff Raby, Australian Ambassador to China, to the Institute of Company Directors Conference, Beijing, 18 May. Available at: www.china.embassy.gov.au/bjng/ambo110518.html [accessed: 28 May 2011].

'Raising our Asian profile'. *TA*, 29 June, 8.

Ramsay, J. 1991. *Our Heritage and Australia's Future: A Selection of Insights and Concerns of Some Prominent Australians*. Melbourne: Schwartz and Wilkinson.

Renouf, A. 1979. *The Frightened Country*. Melbourne: Macmillan.

Renouf, A. 1986. *Malcolm Fraser and Australian Foreign Policy*. Sydney: Australian Professional Publications.

Richardson, J.L. 1994. History strikes back: The state of international relations theory. *Australian Journal of Political Science*, 29(1), 179–87.

Robinson, T. and Shambaugh, D. (eds) 1994. *Chinese Foreign Policy: Theory and Practice*. Oxford: Clarendon Press.

Rosenau, J. 1990. *Turbulence in World Politics: A Theory of Change and Continuity*. Princeton, NJ: Princeton University Press.

Rudd, K. 2006. Faith in politics. *The Monthly*, 17.

Rudd, K. 2008a. It's time to build an Asian Pacific community. Address to the Asia Society, AustralAsia Centre, Sydney.

Rudd, K. 2008b. *National Security Statement*. Canberra: Commonwealth of Australia.

Rudd, K. 2008c. A conversation with China's youth on the future. Speech at Beijing University, 9 April. English transcript online, among other places in *The Australian*. Available at: www.theaustralian.news.com.au/story/0,25197,23511584-5013947,00.html [accessed 20 November 2011].

Russell, I., Van Ness, P. and Chua, B.H. 1992. *Australia's Human Rights Diplomacy*. Australian Foreign Policy Papers. Canberra: Australian National University.

Sabatier, P.A. and Jenkins-Smith, H.C. (eds) 1993. *Policy Change and Learning: An Advocacy Coalition Approach*. Boulder, CO: Westview Press.

Schulz, M. 2007. $45B Gas Deal Struck with China. *Herald Sun*, 6 September. Available at: www.heraldsun.com.au/news/national/b-gas-deal-struck-with-china/story-e6frf7l6-1111114353228 [accessed 16 June 2011].

Scutt, J.A. (ed.) 1985. *Poor Nation of the Pacific: Australia's Future?* Sydney: Allen & Unwin.

Senate Standing Committee on Industry and Trade 1984. *Australia–China Trade: Report from the Senate Standing Committee on Industry and Trade*. Canberra: AGPS.

Shen, S. 2008. Lu Ke Wen Shi Dai De Zhong Ao Guan Xi (Sino-Australian relations in the Rudd era). *Beijing Weekly*, 5 May. Available at: www.cipg.org.cn/ywdt/qkjc/myyw/mbjjb/200805/t20080505_23059.html [accessed July 2011].

Sheridan, G. 2010. Distorted vision of future US–China relations. *The Australian*, 11 September. Available at: www.theaustralian.com.au/news/opinion/distorted-vision-of-future-us-china-relations/story-e6frg6zo-1225917582189 [accessed 27 October 2010].

Sheridan, G. 2011. Kevin Rudd's Grand Vision for China Policy. *The Australian*, 6 June. Available at: www.theaustralian.com.au/national-affairs/kevin-rudds-grand-vision-for-china-policy/story-fn59niix-1226069683962 [accessed 26 June 2011].

Sheridan, G. and Sainsbury, M. 2009. Beijing bites back over Kadeer visa and iron ore prices. *The Australian*, 18 August. Available at: www.theaustralian.com.au/business/breaking-news/beijing-bites-back-over-kadeer-visa-and-iron-ore-prices/story-e6frg90f-1225763061828 [accessed July 2011].

Shi, Z. 2009. Jing Mao Chong Tu Bei Hou De Zhong Ao Guan Xi Tou Shi (Perspectives on Sino-Australian Relations Affected by Trade and Economic Conflict). *Lingdao Kexue Leadership Science*, October, 56–7.

Simon, H.A. 1982. *Models of Bounded Rationality*. Cambridge, MA: MIT Press.

Smith, M., Little, R. and Shackleton, M. (eds) 1981. *Perspectives on World Politics*. London: Croom Helm.

Smith, S. 1989a. Paradigm dominance in international relations: The development of international relations as a social science, in *The Study of International Relations: The State of the Art*, edited by H.C. Dyer and L. Mangasarian. New York: St Martin's Press, 3–27.

Smith, S. 1989b. Foreign policy analysis and international relations, in *The Study of International Relations: The State of the Art*, edited by H.C. Dyer and L. Mangasarian. New York: St Martin's Press, 375–9.

Smith, S. 2010. Speech by Stephen Smith MP, Minister for Foreign Affairs, Canberra, 21 June. Available at: www.foreignminister.gov.au/speeches/2010/100621_australia_china.html [accessed 27 October 2011].

Smith, R. (ed.) 1993. *Politics in Australia*. Sydney: Allen & Unwin.

'Southern China in rapid transition', *Insight*, 14 December, 3.

Spero, J.E. 1990. *The Politics of International Economic Relations*, 4th edn. London: Routlege.

Sprout, H. and Sprout, M. 1979. *The Ecological Perspective in Human Affairs*. London: Greenwood Press.

Steinbruner, J.D. 1976. *The Cybernetic Theory of Decision*. Princeton, NJ: Princeton University Press.

Strahan, L. 1996. *Australia's China: Changing Perceptions from the 1930s to the 1990s*. Cambridge: Cambridge University Press.

Strange, S. (ed.) 1984. *Paths to International Political Economy*. London: Allen & Unwin.

Stuart, N. 2007. *Kevin Rudd: An Unauthorised Political Biography*. Melbourne: Scribe.

Stuart, N. 2010. *Rudd's Way: November 2007–June 2010*. Melbourne: Scribe.

Sun, H. 2002. Mian Xiang 21 Shi Ji de Zhong Ao Guan Xi (Sino-Australian relations towards the 21st century). *Online Exclusive.* 22 December. Available at: www.China.com.cn/chinese/2002/dec/250081.htm [accessed 18 April 2011].

Sznajder, A.P. 2006. China's Shanghai Cooperation Organisation Strategy. *Journal of IPS*, 5, 93–102. Available at: http://irps.ucsd.edu/assets/004/5367.pdf [accessed 6 November 2011].

Taylor, R. 2009. Anti-China tensions on the rise in Australia. *The China Post*, 31 March. Available at: www.chinapost.com.tw/china/national-news/2009/03/31/202327/Anti-China-tensions.htm [accessed 16 June 2011].

Thomas, N. (ed.) 2004. *Re-orienting Australia-China Relations: 1972 to Present*. Aldershot: Ashgate.

Tingle, L. 1993. Keating and Li back in business. *The Australian*, 25 June, 1–2.

Tingle, L. and Jeffery, N. 1993. Premier promises every penny to secure Games for China. *The Australian*, 25 June, 2.

Tooze, R. 1989. International political economy and international relations: From 'enfant terrible' to child prodigy, or just a cuckoo in the nest? in *The Study of International Relations: The State of the Art*, edited by H.C. Dyer and L. Mangasarian. New York: St Martin's Press, 380–83.

Toy, M. 2009. Chinese hack into film festival site. *The Age*, 26 July. Available at: www.theage.com.au/national/chinese-hack-into-film-festival-site-20090725-dwvx.html [accessed 18 July 2011].

Toy, M. and Grattan, M. 2008. Red carpet and a rebuke for Rudd. *The Age*, 11 April. Available at: www.theage.com.au/news/national/butt-out-china-tells-rudd/2008/04/10/1207420591291.html [accessed 27 July 2011].

Tran, V.H. 2007. *Australia–China Free Trade Agreement: Who Gains and Who Loses?* Melbourne: Centre for Strategic Economic Studies, Victoria University. Available at: www.cfses.com/documents/events/Tran_2007_ACFTA_Who_gains_who_loses.pdf [accessed 28 May 2011].

Trood, R. 1989. From cooperation to conflict: Australia and China in 1989, in *The Beijing Tragedy: Implications for China and Australia*, edited by C. Mackerras, K. Bucknall and R. Trood. Brisbane: CSAAR, Griffith University, 57–88.

Trood, R. 1992. Prime ministers and foreign policy, in *Menzies to Keating: The Development of Australian Prime Ministership*, edited by P. Weller. Melbourne: Melbourne University Press, 156–82.

Trood, R. 2010. Kevin Rudd's foreign policy overshoot. *Quadrant*, 11. Available at: www.quadrant.org.au/magazine/issue/2010/11/kevin-rudd-s-foreign-policy-overshoot [accessed 14 April 2011].

Van Ness, P. 1992. Australia's Human Rights Delegation to China, 1991: A case study, in *Australia's Human Rights Diplomacy*, edited by I. Russell, P. Van Ness and B.H. Chua. Australian Foreign Policy Papers. Canberra: Australian National University, 49–85.

Vasquez, J.A. 1983. *The Power of Power Politics: A Critique*. London: Frances Pinter.

Viviani, N. 1990. Foreign economic policy, in *Hawke and Australian Public Policy: Consensus and Restructuring*, edited by C. Jennet and R. Stewart. Melbourne: Macmillan, 391–407.

Viviani, N. 1992. The bureaucratic context, in *Australia in a Changing World: New Foreign Policy Directions*, edited by F.A. Mediansky. Sydney: Macmillan, 43–62.

Viviani, N. 1995. Has development assistance aided development? The Australian case, in *Sustaining Export Development: Ideas from East Asia*, edited by R. Garnaut, E. Grilli and J. Riedel. Hong Kong: Cambridge University Press, 192–221.

Walker, R.B.J. 1988. *One World, Many Worlds: For a Just World Peace*. Boulder, CO: Lynne Rienner.

Walker, R.B.J. 1993. *Inside/outside: International relations as political theory*. Cambridge: Cambridge University Press.

Wallerstein, I. 1984. *The Politics of World Economy*. Cambridge: Cambridge University Press.

Walter, J. 1980. *The Leader: A Political Biography of Gough Whitlam*. Brisbane: University of Queensland Press.

Waltz, K.N. 1979. *Theory of International Politics*. New York: Random House.

Wang, F. 2005. Shi Lun Ao Xin Mei Tong Meng De Li Shi Yan Bian (The historical evolution of ANZUS). *Guo Ji Lun Tan International Forum*, 7(2), 18–23.

Wang, H. 2009. LNG Jiao Yi Shang Bu Zu Ling Zhong Ao Guan Xi Hui Nuan (LNG deal not enough to warm up Sino-Australian relations). *Finance and Economics Online*, 20 August. Available at: www.caijing.com.cn/2009-08-20/110227464.html [accessed May 2010].

Watt, L. 1992. *New Zealand and China Towards 2000*. Wellington: Institute of Policy Studies.

Weller, P. (ed.) 1992. *Menzies to Keating: The Development of Australian Prime Ministership*. Melbourne: Melbourne University Press.

Weller, P. 1989. *Malcolm Fraser: A Study in Prime Ministerial Power in Australia*. Ringwood: Penguin.

Weller, P., Forster, J. and Davis, G. (eds) 1993. *Reforming the Public Service: Lessons from Recent Experience*. Brisbane: CAPSM.

Wesley, M. 2007. *The Howard Paradox: Australian Diplomacy in Asia, 1996–2006*. Sydney: ABC Books.

White, H. 2010. Power shift: Australia's future between Washington and Beijing. *Quarterly Essay*, 39. Melbourne: Black Inc.

Whitlam, G. 1985. *The Whitlam Government 1972–1975*. Ringwood: Viking.

Wilczynski, J. 1966. Sino-Australian trade and defence. *Australian Outlook*, 20(2), 154–67.

Wilson, I.F.H. 1980. China, in *Australia in World Affairs: 1971–75*, edited by W.J. Hudson. Sydney: Allen & Unwin, 271–82.

Wong, F. and Miles, T. 2009. Exxon, China sign $41 billion Australian gas deal. Reuters, 18 April. Available at: www.reuters.com/article/2009/08/18/us-china-gas-idUSTRE57H20A20090818 [accessed 18 July 2011].

Wong, J.Y. (ed.) 1987. *Australia–China Relations 1987: Business and Management*. Canberra and Beijing: Australia–China Business Co-operation Committee and China Enterprise Management Association.

Woolcott, R. 1989. The amalgamation of Foreign Affairs and Trade. *AFAR*, 62(11 and 12), Supplement, 48–53.

Xiang, Y. 2011. Ao Da Li Ya Zheng Fu Mi Mi Xian Zhi Zhong Guo (Australian government secretly setting limits on China). *Global Times*, 14 March. Available at: http://intl.ce.cn/zgysj/201103/07/t20110307_22274196.shtml [accessed 5 March 2011].

Xie, Y. (ed.) 1988. *Zhongguo Waijiao Shi (A Diplomatic History of China: The Period of the People's Republic of China 1949–1979)*. Henan: Henan People's Press.

Yang, M. 2005. Tou Shi Ao Da Li Ya Huo Hua De Zheng Fu Dui Hua Zheng Ce Ji Qi Zou Xiang (Examining the China policy of the Howard government of Australia and its prospects). *International Forum*, 7(2), 34–8.

Yu, M. 1994. Zhong Ao Jingmao Guanxi De Shuangbian Falu Kuangjia (The bilateral legal framework of China–Australia trade and economic cooperation). *Australia–China Business Herald*, January, 7–9.

Zhang, J. 2007. Australia and China: Towards a strategic partnership? in *Trading on Alliance Security: Australia in World Affairs 2001–2005*, edited by J. Cotton and J. Ravenhill. Melbourne: Oxford University Press, 89–111.

Zhang, Y. 2009. Ao Da Li Ya Shi Fou Zai Wei Zhong Guo Tou Zi She Xian (Is Australia placing limits on Chinese investment). *Finance and Economics Online*, 30 September. Available at: www.caijing.com.cn/2009-09-30/110269753.html [accessed 18 May 2011].

译后记

自中华人民共和国成立后,中国与澳大利亚的关系经历了60多年的发展。两国于1972年正式建交,至今已经40余年。其间历经波折,呈现出政治与经济相分离的特征。目前,中国已经成为澳大利亚最大的贸易伙伴,两国之间在经济上形成了密切的相互依赖关系。同时,我们必须清醒地认识到,由于两国存在鲜明的价值观和战略目标差异,建立信任道路漫长。

在对中澳关系历史和现状进行研究的众多著作中,澳大利亚格里菲斯大学王毅博士的新著《1949年以来的澳中关系:60年贸易与政治》堪称一部内容全面、分析透彻的力作。该书主要从国际体系、国内政治和领导人个人因素三个维度对澳大利亚对华政策的制定和调整进行史论兼备的分析。因教学和科研工作需要,我们组织力量进行翻译,希望能够为对中澳关系历史与现状研究感兴趣的读者提供最新的成果。

本书的翻译缘起本人与王毅博士共同出席2012年12月6~7日在中山大学举行的中澳关系的历史经验与发展现状国际学术研讨会以及会上的相识和交流。本人也因此有幸拜读到该书的英文原版,发现该书不但体系完整,而且由于作者曾经长期从事新闻媒体工作,拥有大量第一手访谈资料,这是一般学术著作难以做到的。所以,本人觉得十分有价值,希望将其翻译为中文,并得到了王毅博士的同意。

参加本书初稿翻译的是中山大学亚太研究院2012级"澳大利亚对外关系"选修课的研究生,他们是(排名不分先后):崔云、叶菁、曹娅、张胜

译后记

华、张欢、曹梦轲、余琳娟、李敏飞、黄喆、杨伟国、谢鑫斌、许丽玲、宋艳昌、王靖茹、肖浩鸣、周骏隽、杨亚辉、谢章成,以及2013级研究生向洁。本人所做的工作,是在原译稿的基础上进行修改和校对,并对部分章节进行了重新翻译,然后,再将所有中文译稿发回给原书作者王毅博士进行审核。

此书中文版得以出版,得益于社会科学文献出版社全球编辑室主任高明秀女士的鼓励和帮助,特此致谢!感谢编辑部许玉燕女士的精心编辑!

喻常森

2013年12月15日于

中山大学南校区

图书在版编目（CIP）数据

1949 年以来的澳中关系：60 年贸易与政治 / 王毅著；喻常森等译.
—北京：社会科学文献出版社，2014.6
　ISBN 978 - 7 - 5097 - 5691 - 1

　Ⅰ.①1… Ⅱ.①王… ②喻… Ⅲ.①中外关系 - 国际关系史 - 澳大利亚 - 现代 Ⅳ.①D829.611

中国版本图书馆 CIP 数据核字（2014）第 035369 号

1949 年以来的澳中关系：60 年贸易与政治

著　　者 / 王　毅（Yi Wang）
译　　者 / 喻常森　等

出 版 人 / 谢寿光
出 版 者 / 社会科学文献出版社
地　　址 / 北京市西城区北三环中路甲 29 号院 3 号楼华龙大厦
邮政编码 / 100029

责任部门 / 全球与地区问题出版中心（010）59367004　责任编辑 / 高明秀　许玉燕
电子信箱 / bianyibu@ ssap. cn　　　　　　　　　　责任校对 / 王绍颖
项目统筹 / 高明秀　　　　　　　　　　　　　　　责任印制 / 岳　阳
经　　销 / 社会科学文献出版社市场营销中心（010）59367081　59367089
读者服务 / 读者服务中心（010）59367028

印　　装 / 北京鹏润伟业印刷有限公司
开　　本 / 787mm×1092mm　1/16　　　印　张 / 17.25
版　　次 / 2014 年 6 月第 1 版　　　　　字　数 / 265 千字
印　　次 / 2014 年 6 月第 1 次印刷
书　　号 / ISBN 978 - 7 - 5097 - 5691 - 1
著作权合同
登 记 号 / 图字 01 - 2013 - 9283 号
定　　价 / 69.00 元

本书如有破损、缺页、装订错误，请与本社读者服务中心联系更换
△ 版权所有　翻印必究